图解新能源汽车关键技术与维修精要

东莞凌泰教学设备有限公司　组织编写
初长宝　张乐平　主　编

TUJIE XINNENGYUAN QICHE
GUANJIAN JISHU YU
WEIXIU JINGYAO

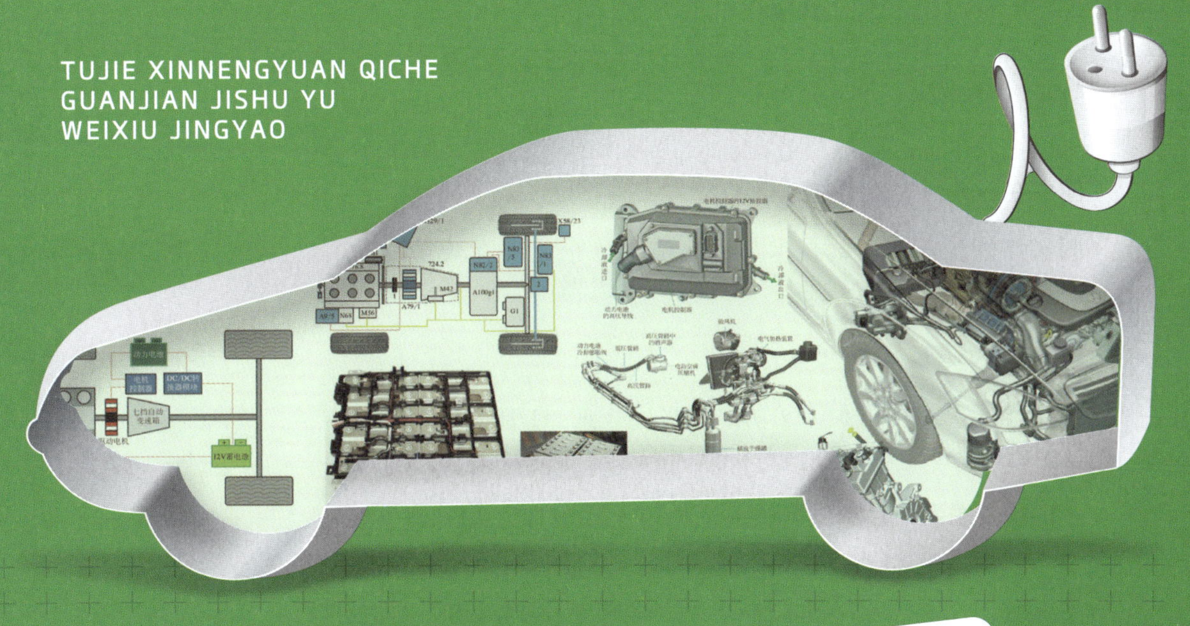

化学工业出版社
·北京·

图书在版编目（CIP）数据

图解新能源汽车关键技术与维修精要 / 东莞凌泰教学设备有限公司组织编写；初长宝，张乐平主编. —北京：化学工业出版社，2019.3

ISBN 978-7-122-33756-6

Ⅰ. ①图… Ⅱ. ①东…②初…③张… Ⅲ. ①新能源 - 汽车 - 车辆修理 - 图解 Ⅳ. ① U469.707-64

中国版本图书馆 CIP 数据核字（2019）第 011761 号

责任编辑：周 红 文字编辑：张燕文
责任校对：宋 玮 装帧设计：王晓宇

出版发行：化学工业出版社（北京市东城区青年湖南街 13 号 邮政编码 100011）
印 装：北京缤索印刷有限公司
787mm×1092mm 1/16 印张 13¼ 字数 318 千字 2019 年 4 月北京第 1 版第 1 次印刷

购书咨询：010-64518888 售后服务：010-64518899
网 址：http://www.cip.com.cn
凡购买本书，如有缺损质量问题，本社销售中心负责调换。

定 价：88.00 元

前言

PREFACE

在我国政策和市场的双重引导下，国内新能源汽车市场呈现出一片繁荣的景象。北汽、比亚迪、吉利、长安、江淮、日产、宝马、大众等国产自主品牌及合资车企推出了各自的新能源汽车，产品线涵盖家用小型客车及客货运物流汽车。新能源汽车作为未来发展趋势，尽管目前还有诸多不足，如续驶里程短、充电时间长、充电站相对较少等，但作为汽车后市场从业人员必须尽快了解、掌握新能源汽车的基本构造与维修方法。

本书先以图解的形式介绍新能源汽车各系统构造与原理，再介绍目前市面上流行的新能源汽车的维修方法，另外在本书的最后还增加了电动客车方面的维修。

内容组织方面只讲解目前流行的混合动力汽车和纯电动汽车构造，如动力电池部分只讲述目前在用的高压动力电池和低压蓄电池构造，对于已经淘汰或不常用的技术则一笔带过或不再讲述。驱动电机部分简单介绍分类，重点讲述目前常用的永磁同步电机基本原理和构造。

新能源汽车维修部分选择的车型为目前比较流行的混合动力汽车和纯电动汽车，如丰田混合动力（适用车型有普锐斯、卡罗拉双擎、雷凌双擎等），奥迪 Q5 混动版，奔驰 S400/S500 混动版，宝马 530Le 插电混动版，比亚迪秦混动版以及宝马 i3 纯电动汽车，北汽 EV160/EV200 纯电动汽车，荣威 E50 纯电动汽车，比亚迪 e6 纯电动汽车和比亚迪 K9 电动客车等。在此部分主要讲述了这些车辆新能源技术如动力电池、驱动电机、高低压系统、动力系统变速器、电动空调等部分。与传统内燃机汽车相同的其他部分则不再提及，做到重点突出，有的放矢。

本书采用大量精美图示展现新能源汽车的结构。力求文字精练，语言通俗易懂，资料翔实、全面、可靠。本书适合广大维修一线技术人员提升技能使用，同时各职业院校相关专业在校师生也可作为辅助教材使用，另外还适合对新能源汽车感兴趣的汽车爱好者阅读。

本书由东莞凌泰教学设备有限公司组织编写，初长宝、张乐平主编。参加编写的还有于海东、邓冬梅、谭强、邓晓蓉、邢磊。

由于笔者水平有限，书中难免有不当之处，敬请广大读者批评指正。

编者

CONTENTS
目录

Chapter 7 第 7 章 纯电动汽车维修

第 1 章 新能源汽车基础

Chapter 1

1.1 新能源汽车的发展

1.1.1 新能源汽车的发展历史

19 世纪末到 20 世纪初，从美国人托马斯制造出第一辆用直流电机驱动的电动车开始，到 1899年 5 月世界首辆车速超过 100km/h 的电动汽车“Jamais Contente（永不满足号）”的出现，电动汽车进入商业化阶段。英国、法国和美国先后涌现了一批著名的电动汽车制造公司，如最早的电动汽车制造厂 Morris 和 Salom。1830 年～ 1900 年，匈牙利、美国、荷兰、英国、法国、奥地利和德国，都有人曾制造出电动汽车。到 1912 年，美国约有 34000 辆注册的电动汽车，几乎涵盖了各种车型。这一时期也成为早期电动汽车发展的黄金时期。

从 1886 年内燃机开始出现，到内燃机大规模进入汽车市场，让电动汽车的发展遭受了一个巨大的挑战。而 Ford 公司大规模生产工艺的进步，使汽车价格降低，更加速了电动汽车的消失。因此从 20 世纪 30 ～ 60 年代，电动汽车步入冬眠期。

20 世纪 70 年代初蔓延全球的中东石油危机爆发，让内燃机市场受到冲击，从而使电动汽车重新进入各大厂家视线，欧洲、亚洲的各个国家投入大量的人力物力再次重新致力于电动汽车的开发和研究，美国三大汽车制造商通用、福特和克莱斯勒都开发了相应的电动汽车，1991 年 12 月宝马公司在法兰克福车展上推出了 E1J 电动汽车，电动汽车的春天又一次到来。

从 20 世纪 90 年代开始，在能源和环境的双重压力下，电动汽车的研究开发再次进入一个活跃期。这一时段世界各大汽车制造商纷纷推出各自的电动汽车。在美国，通用、福特、特斯拉等汽车公司，在电动汽车的发展中起着非常重要的作用。在日本，几乎所有的汽车生产商，如丰田、日产、马自达、三菱、铃木、大发、五十菱等汽车公司都制定了各自的商业化电动汽车发展规划。欧洲的许多国家，尤其是法国、德国、意大利和英国都纷纷进入电动汽车市场，其中活跃的汽车公司有雪铁龙、雷诺、宝马、奔驰、奥迪、大众、菲亚特等。

日产公司于 1947 年发布了其研发的第一款电动汽车。在此之后，相继发布了多款电动汽车，而聆风（LEAF）（图 1-1-1）作为日产公司推行的电动汽车专项产品计划，于 2012 年 12 月在美国和日本同步上市。该车在锂离子动力电池的支持下，一次充电可行驶 160km。

除了日本的汽车制造商在研发和销售电动汽车外，美国各大汽车制造商也纷纷推出了各自的电动汽车。美国通用汽车公司从 1916 年就开始了电动汽车的研发，并在 2012 年发布了雪佛兰 Spak EV 纯电动汽车。福特汽车公司也于 20 世纪 60 年代发布了第一辆电动汽车 Comuta，其后，于 20 世纪 60 年代后期开始，相继研发了 Cortina 商用电动汽车及 Fiesta、Escort 和 ETX 型电动汽车等多款电动汽车。

特斯拉（Tesla）汽车公司 2003 年成立于美国加利福尼亚州，是以设计、生产和销售纯电动汽车为主的公司，于 2008 年推出第一款纯电动豪华跑车 Roadster，2012 年又推出了

Model S 型（图 1-1-2）纯电动汽车。

图 1-1-1　聆风

图 1-1-2　特斯拉

在欧洲，意大利菲亚特汽车公司也是较早从事电动汽车研发的企业，在 1974 年研发了第一辆试验性电动汽车 X1/23，1990 年又推出城市用实用型电动汽车 Panda Elettra。20 世纪 90 年代，菲亚特汽车公司又陆续推出了 Cinquecento Elettra 电动客车、Ducato Elettra 电动货车、两座电动汽车 Zic 和四座电动汽车 Seicento Elettra 等。

德国宝马汽车公司在 1989 年推出了它的新一代电动汽车 E30E，1991 年研制出改进的电动汽车 E36E，同年正式推出了专门设计的两门四座电动汽车 E1，1992 年又推出四门四座电动汽车 E2。2013 年底，BMW i3 纯电动汽车正式售卖；量产版的 BMW i3 输出转矩达 250N・m，0 ～ 100km/h 加速时间少于 8s，最高车速为 150km/h，由一组高性能可充电的 220kW・h 锂离子动力电池组提供电能。

法国雪铁龙汽车公司在 20 世纪 90 年代也开始发展电动汽车，以适应环保和节能要求。在 1990 年，其投放市场的是 Peugeot106 和 Citroen ax 电动轿车，随后又推出了 Peugeot lon 和 Citroen Citela 等。

国内各大汽车生产厂家也纷纷踏进电动汽车领域。目前，比亚迪新能源策略为双驱战略，即公共交通和个人交通全面发力。公共交通领域推广比亚迪自主研发的电动大巴 K9，个人市场领域推广插电式混合动力车。其中，比亚迪 K9 大巴已经在国内主要城市宝鸡、长沙、西安以及英国、荷兰、哥伦比亚等国家进行了市场化运营。2015 年比亚迪还推出了四款新能源汽车，其中比亚迪唐（图 1-1-3）在 2015 年 1 月 20 日上市，而之后比亚迪宋、元也陆续上市，其中宋和元还同步推出了燃油版。

图 1-1-3　比亚迪唐

深圳比亚迪戴姆勒新技术有限公司（腾势汽车）成立于 2010 年，公司专注于纯电动汽车的生产，其中汽车动力核心技术由比亚迪提供，车身技术由奔驰提供，合资公司的经营范围主要包括设计研究和开发乘用车。

上海汽车集团股份有限公司在战略上非常重视新能源汽车市场。2014 年 9 月，其举行了“新能源汽车万里行”的推广活动。2015 年上汽集团开拓了十几个新能源汽车市场，就

北京市场而言，加大了纯电动汽车的推广。此外，2016 年推出了新的插电式混合动力车型，2018 年还推出了纯电动汽车，其中包括 SUV 车型。

北京新能源汽车股份有限公司（以下简称北汽新能源），是一家以环保乘用车为主要经营范围的新能源科技公司。成立于 2009 年，经过 4 年多的发展积累，北汽新能源已掌握了整车系统集成与匹配、整车控制系统、电驱动系统三大关键核心技术，旗下 EC180、EU260、EX260、EV160、EH300、物流车等多款产品已投入市场或示范运营。目前，北汽新能源已与大洋电机、普莱德蓄电池、爱思开蓄电池等多家公司展开了战略合作，并与美国 Atieva 公司签订了股权认购协议，成为后者的第一大股东。

1.1.2 新能源汽车的发展现状

目前在车用动力源方面，主要有四种技术路线：锂离子电池、氢燃料电池、超级电容器和铝空气电池。其中锂离子电池、氢燃料电池和超级电容器得到了广泛的应用，而铝空气电池尚处于实验室研究阶段。能源补给方面，锂离子电池、超级电容器适用于纯电动汽车，但是需要外部充电，而氢燃料电池则需要外部氢气加注，铝空气电池则需要补充铝板和电解液。就目前情况来看，锂离子电池在未来相当长的一段时间内仍会占据主要发展空间。

就锂离子电池而言，目前，三元锂电池和磷酸铁锂电池以及钛酸锂电池在电动车领域都有应用。由于三元锂电池能量密度高、续驶里程相对较长，国内车企乘用车纷纷转向使用三元锂电池，包括北汽（北京汽车集团有限公司）、比亚迪、江淮等。但三元锂电池却存在安全性差、耐高温性差、寿命短等缺点。

相比三元锂电池，磷酸铁锂电池由于安全性能稳定、高温性能好、重量轻等优势，越来越多地活跃在电动客车市场。但因其低温性能差、正极材料振实密度小等缺陷，在微型电池方面不具有优势。钛酸锂电池是锂离子电池中寿命最长、安全性最高的电池。论生命周期，普通锂离子电池为 1000 ～ 2000 次循环，钛酸锂电池则是 3 万次循环，是前者的 15 ～ 30 倍。但是这种材料的电池有一种天然的缺憾，能量密度偏低、容量小。目前正在研究通过钛酸锂电池和燃料电池的结合，以解决新能源汽车续驶里程短的难题。

当前，日本在锂离子电池领域居技术领先地位，已制订至 2030 年发展规划，系统地安排研发课题，以维持长期的领先地位，松下、NEC、索尼等著名公司都建有大规模锂离子电池生产线。韩国 LG 化学供应的锂离子电池已驱动超过 30 万辆电动汽车上路，三星 SDI 也已成为全球主要的动力电池供应商，提供电池给宝马、菲亚特、法拉利等。

美国政府曾通过经济刺激方案，将 20 亿美元专门用于支持美国车用锂离子电池产业的发展，特斯拉与松下联手在内华达州兴建投资 20 亿美元的超级锂离子电池工厂。美国制订了动力电池研发路线，包括由金属锂、硅合金等材料作为负极，高电压材料、空气硫作为正极的新体系结构动力电池，以及非锂体系动力电池等。

随着我国新能源汽车产业的快速发展，越来越多的国外动力电池企业在我国投资建厂。三星 SDI、LG 化学已分别在西安和南京合资建厂投产，松下大连工厂正在建设中，博世和 SK 也筹划在我国建设动力电池工厂。

我国的锂离子电池研究项目一直是“863 计划”的重点项目，经过二十多年的持续支持，大部分材料实现了国产化，由追赶期开始向同步发展期过渡，本土总产能居世界第一，支撑了我国新能源汽车的示范推广。

目前，我国已形成了包括关键原材料（正极、负极、隔膜、电解液等）、动力电池、系统集成、示范应用、回收利用、生产装备、基础研发等在内的完善的锂离子动力电池产业链体系，掌握了动力电池的配方设计、结构设计和制造工艺技术，生产线逐步从半自动中试向全自动规模制造技术过渡。

在产业布局方面，我国形成了珠江三角洲、长江三角洲、中原地区和京津冀区域为主的四大动力电池产业化聚集区域。据统计，目前有近 100 家动力电池企业开展动力电池的研发及产业化工作，有近 1000 亿元产业资金投入，形成近 40GW·h 年产能，技术研发、产业化进展显著，有力地支撑了新能源汽车产业的快速发展。

预计至 2020 年进入技术提升阶段。新型锂离子电池实现产业化，能量型锂离子电池单体比能量达到 350W·h/kg，能量功率兼顾型动力电池单体比能量达到 200W·h/kg。动力电池实现智能化制造，产品性能、质量大幅度提升，成本显著降低，纯电动汽车的经济性与传统汽油车基本相当，插电式混合动力汽车步入普及应用阶段。

预计至 2025 年进入产业发展阶段。新型动力电池技术取得显著进展。动力电池产业发展与国际先进水平接轨，形成 2 ～ 3 家具有较强国际竞争力的大型动力电池公司，国际市场占有率达到 30%。固态电池、锂硫电池、金属空气电池等新体系电池技术不断取得突破，比能量达到 400W·h/kg 以上。

预计至 2030 年进入产业成熟阶段。新体系电池实现实用化，电池单体比能量达到 500W·h/kg 以上，成本进一步下降；动力电池技术及产业发展处于国际领先水平。

未来相当一段时期内，我国节能与新能源汽车将以普及应用插电式混合动力汽车、纯电动汽车等新能源汽车为主要任务，迫切期待动力电池降低成本、提高性能。研发新型锂离子电池和新体系电池、提升动力电池智能制造水平、完善验证测试方法和标准体系，既是我国节能与新能源汽车的发展需求，也是我国动力电池发展的关键任务，具有紧迫性。

总之，新能源汽车竞争的核心是技术，最迫切的是实现动力电池技术的突破。在电动汽车关键零部件中，动力电池是技术门槛最高、也是利润最集中的部分。如果不能掌握动力电池的核心技术，我国新能源汽车注定将举步维艰。而电池技术的突破，将成为我国进入新能源汽车领域，抢占未来行业制高点的最佳切入点。

1.2 新能源汽车的分类

1.2.1 纯电动汽车

纯电动汽车（图 1-2-1）是完全由可充电电池（如铅酸电池、镍镉电池、镍氢电池或锂离子电池等）提供动力源的汽车。纯电动汽车与内燃机汽车在外观上没有什么区别，两种汽车的转向装置、悬架装置及制动系统基本上是相同的，它们都采用橡胶轮胎，车轮与地面之间相互接触，并产生相互作用，进而实现车辆的不同工况，两者的力学过程也不存在

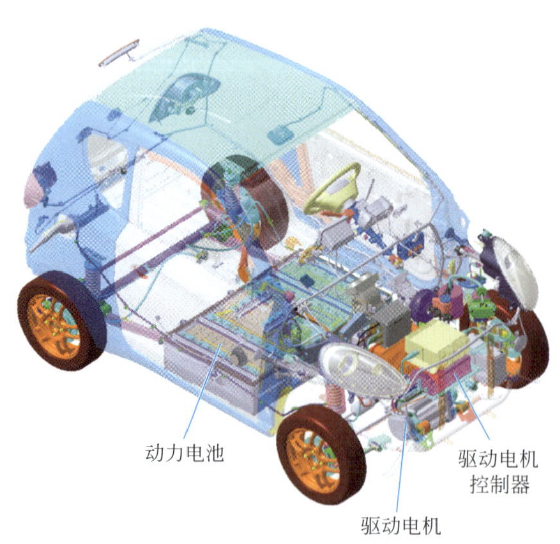

图 1-2-1　纯电动汽车

本质的区别。因此，电动汽车的操纵稳定性、平顺性及通过性与内燃机汽车完全相同。电动汽车本身除具有再生制动性能外，与内燃机汽车的制动性能也是相同的。

纯电动汽车与燃油汽车的主要区别在于它们的驱动系统不同，传统的燃油汽车用液态的汽油或柴油作燃料，由内燃机驱动。而纯电动汽车用电机驱动，用动力电池、燃料电池、超级电容器等作相应的能源。纯电动汽车的能量供给和消耗与动力电池的性能密切相关，直接影响电动汽车的动力性和续驶里程，同时影响纯电动汽车行驶的成本效益。由于电机驱动的一些特点，使纯电动汽车的结构和动力性能与燃油汽车存在较大的差别。

1.2.2　混合动力汽车

广义上说，混合动力汽车（图 1-2-2）是指车辆驱动系统由两个或多个能同时运转的单个驱动系统联合组成的车辆，车辆的行驶功率依据实际的车辆行驶状态由单个驱动系统单独或共同提供。通常所说的混合动力汽车，一般是指油电混合动力汽车，即采用传统的内燃机（柴油机或汽油机）和电机作为动力源，也有的发动机经过改造使用其他替代燃料，如压缩天然气、丙烷和乙醇等燃料。

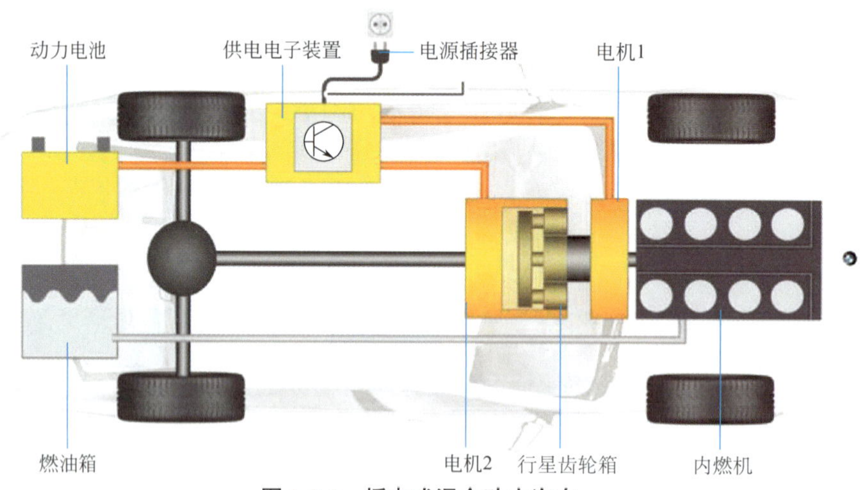

图 1-2-2　插电式混合动力汽车

随着世界各国环境保护的措施越来越严格，混合动力车辆由于其节能、低排放等特点成为汽车研究与开发的一个重点，并已经开始商业化。混合动力汽车使用的电动力系统中包括高效强化的电动机 / 发电机、发电机和动力电池。动力电池使用的有铅酸电池、镍 - 锰氢电池和锂离子电池，以及氢燃料电池。混合动力汽车的动力总成主要包括发动机、发电机、电动机 / 发电机、动力电池（电容）及变速器等。

1.2.3　燃料电池电动汽车

燃料电池电动汽车（简称燃料电池汽车）（图 1-2-3）是利用氢气等燃料和空气中的氧在催化剂的作用下在燃料电池中经电化学反应产生电能，并作为主要动力源驱动的汽车。燃料电池电动汽车在车身、动力传动系统、控制系统等方面，与普通汽车基本相同，主要区别在于动力电池的工作原理不同。燃料电池电动汽车有其独特的优势，如能量转化率高、零排放、不污染环境等。北美各大汽车公司加入了美国政府支持的国际燃料电池联盟，各公司分别承担相应任务，生产以新的燃料电池作为动力的汽车，美国通用汽车公司在美国能源部的资助下推出了以质子交换膜燃料电池（PEMFC，也称离子交换膜燃料电池或固体高聚合物电解质燃料电池）和动力电池并用提供动力的轿车；美国福特汽车公司现已研制出从汽油中提取氢的新型燃料电池，其燃料效率比内燃机提高一倍，而产生的污染物质只有内燃机的 5%。我国在燃料电池电动汽车领域的研究水平与发达国家接近，由清华大学和北京富源新技术开发总公司联合研发的我国第一辆质子交换膜燃料电池的电动旅游观光车，展示了国内研制电动车的最新技术。

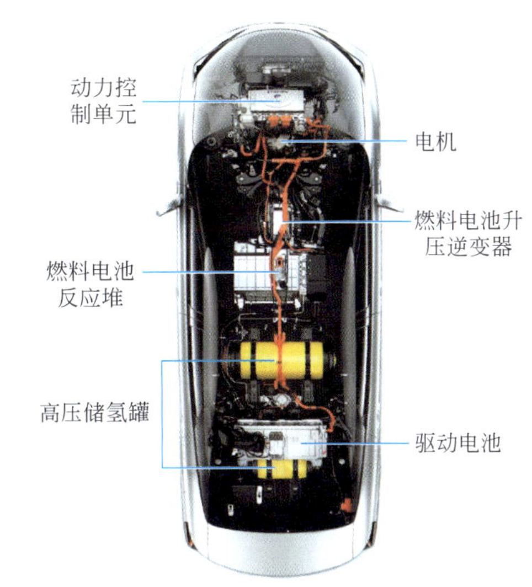

图 1-2-3　燃料电池汽车

燃料电池电动汽车是以电力驱动为唯一的驱动模式，其电气化和自动化程度大大高于传统内燃机汽车。在结构组成上，燃料电池汽车仍然保留了传统内燃机汽车的车身形式、悬架系统、转向系统和制动系统等，不同之处在于它的动力驱动系统。在整车布置上除与内燃机汽车相同的部分外，燃料电池汽车还包括氢气存储罐或甲醇改质系统、燃料电池发动机系统、电气控制系统和电机驱动系统等。这些核心部件的布置不仅要考虑布置方案的优化及零部件性能实现的便利，还必须考虑氢泄漏等传统汽车所不涉及的安全性问题。

1.3　混合动力汽车的结构与分类

1.3.1　混合动力汽车的结构

混合动力汽车不同车系与车型的系统布置形式及组成存在或多或少的差异，其部件定位如图 1-3-1 所示。

（1）动力电池

混合动力汽车配备了两个电池，即动力电池和辅助电池。其中，动力电池用于存储 MG1 和 MG2 产生的电能，为直流电压 12V 系统充电。同时，当使用电机驱动车辆时，动

力电池向带转换器的逆变器总成供电，以驱动 MG1 和 MG2。而辅助电池（直流电压 12V）向电气部件（如前照灯、音响设备以及各 ECU）供电。为控制车辆，动力电池和辅助电池都需要正常工作。

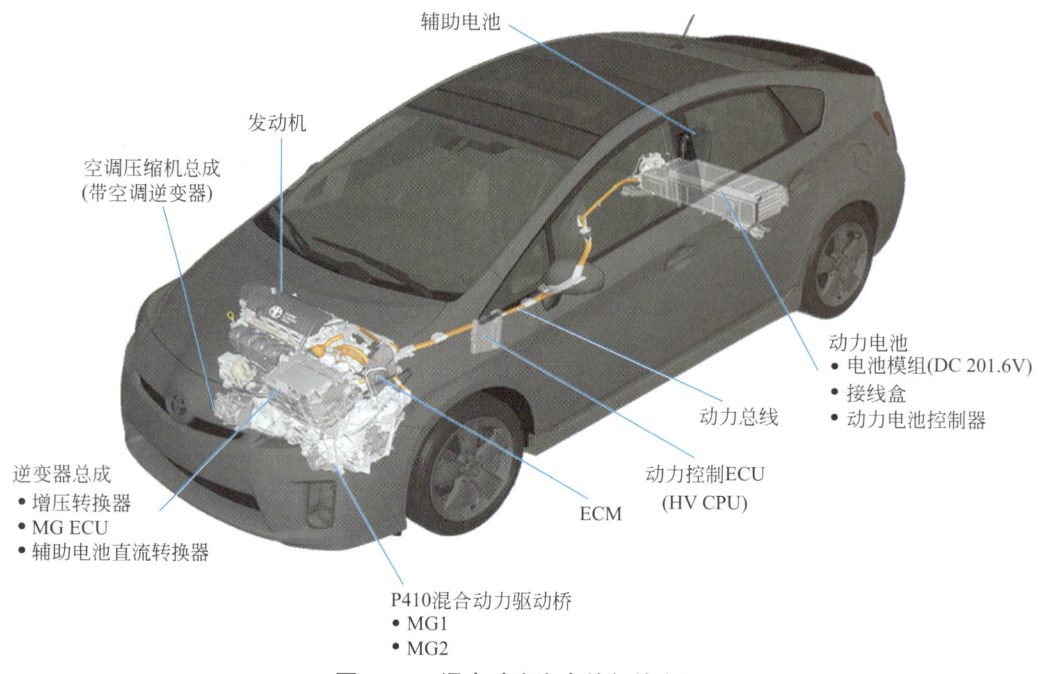

图 1-3-1　混合动力汽车的部件定位

动力电池总成如图 1-3-2 所示。

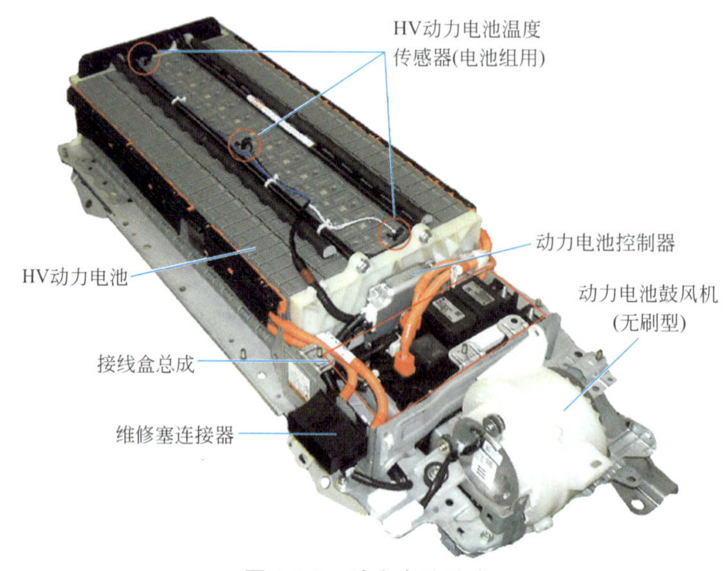

图 1-3-2　动力电池总成

（2）带转换器的逆变器总成

带转换器的逆变器总成主要由以下四个部件组成，如图 1-3-3 所示。

① MG ECU　控制逆变器和增压转换器。

② 逆变器　将直流电转换为用于驱动 MG1 和 MG2 的三相交流电，并将 MG1 和 MG2 产生的交流电转换为直流电以对动力电池充电。

③ 增压转换器　将动力电池（直流电压 201.6V）的电压最高升至直流电压 650V，并将其输出至逆变器。也可降低 MG1 和 MG2 产生的电压以对动力电池充电。

④ DC/DC 转换器　将动力电池的电压降至直流电压 14V（用于对电气零部件供电并对辅助电池再充电）。

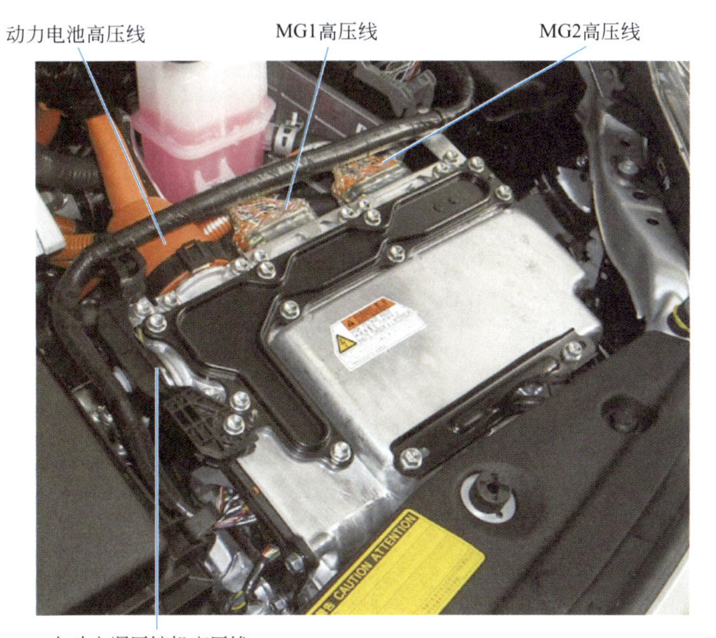

图 1-3-3　带转换器的逆变器总成

（3）混合动力驱动桥

以丰田 P410 混合动力驱动桥为例，该驱动桥具有三轴结构，由 MG2、MG1、复合齿轮装置、传动桥阻尼器、中间轴齿轮、减速齿轮、差速器齿轮机构和油泵组成。复合齿轮装置、传动桥阻尼器、油泵、MG1 和 MG2 连接至输入轴。中间轴从动齿轮和减速主动齿轮连接至第二轴。减速从动齿轮和差速器齿轮机构连接至第三轴。如图 1-3-4 所示，电机 MG1 作为起动机启动发动机，并可利用发动机动力发电。电机 MG2 主要用来补充发动机动力以提高行驶性能，在使用电机驱动车辆时，系统自行利用 MG2 驱动车辆，此外，其在车辆减速时可利用再生制动发电。

（4）动力控制 ECU（HV CPU）

用于控制混合动力高压系统的 ECU 与动力控制 ECU 集成为一体，接收驾驶员输入的以及来自各传感器和各 ECU 的车辆行驶状况信息，并根据此信息计算所需的 MG2 转矩和发动机功率输出以控制驱动力。动力管理控制系统示意如图 1-3-5 所示。

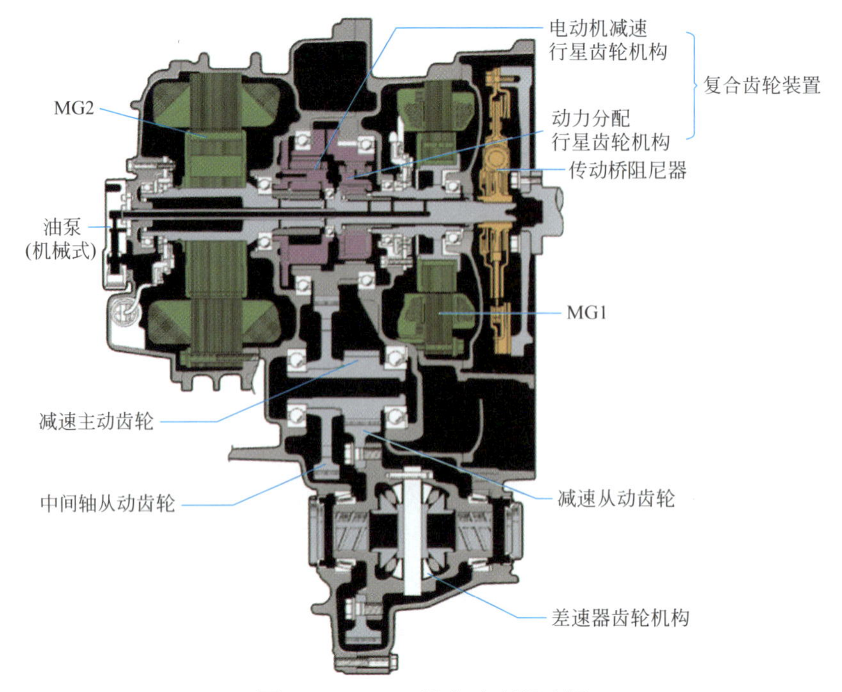

图 1-3-4 P410 混合动力驱动桥

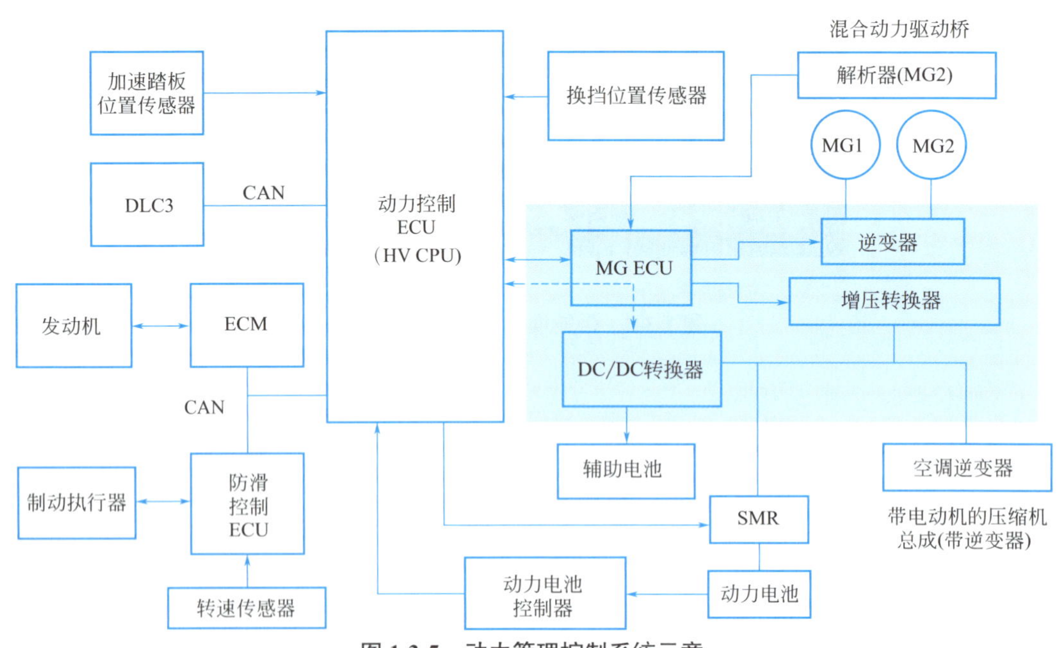

图 1-3-5 动力管理控制系统示意

（5）发动机

混合动力系统中的发动机产生动力以驱动车辆并发电，图 1-3-6 所示是为混合动力系统设计的高效阿特金森循环发动机。丰田车系 2ZR-FXE 发动机中的“X”表示该发动机使用阿特金森循环。阿特金森循环是一个热循环，可使特定机构的压缩行程和膨胀行程彼此单独设定。通过使膨胀行程长于压缩行程并在充分降低燃烧后的压力后排放气体，可获取燃烧过程中产生的所有可用能量（高热效率）。

现有发动机中，压缩行程量和膨胀行程量几乎相同。由于存在该情况，因此提高膨胀比的同时也将提高压缩比，从而不可避免地出现发动机爆震。这也限制了提高膨胀比所做的任何努力。为处理该情况，在压缩行程初期延迟关闭进气门，并使吸入气缸的部分空气返回至进气歧管。这可有效地延迟压缩，并在不提高实际压缩比的情况下获得较高的膨胀比。其中，膨胀比=(膨胀行程量+燃烧室容积)/燃烧室容积，压缩比=(压缩行程量+燃烧室容积)/燃烧室容积。

图 1-3-6　2ZR-FXE 发动机

1.3.2　混合动力汽车的分类

（1）按混合动力总成配置和部件的组合方式分

根据混合动力总成配置和部件的组合方式不同，一般把混合动力汽车分为串联式混合动力汽车、并联式混合动力汽车和混联式混合动力汽车三类。

① 串联式混合动力汽车主要由发动机、发电机、驱动电机三大动力总成以串联方式组成 HEV 的动力系统，如图 1-3-7 所示。

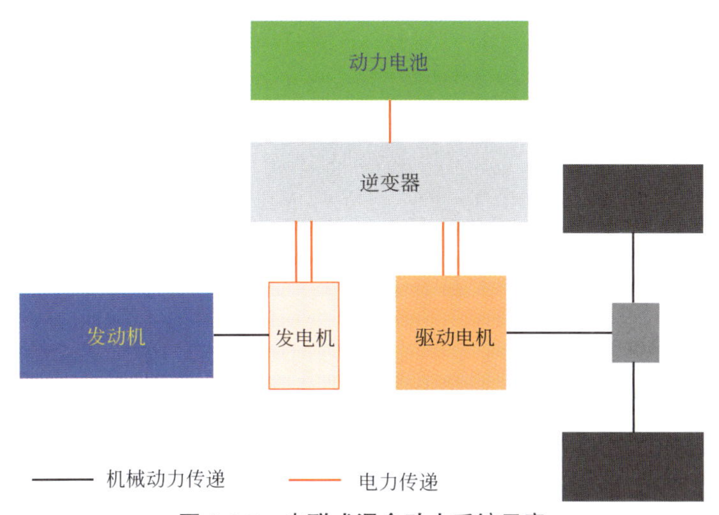

图 1-3-7　串联式混合动力系统示意

② 并联式混合动力汽车的发动机和电动机 / 发电机都是动力总成，两大动力总成的功率可以根据使用要求互相叠加输出，也可以单独输出，如图 1-3-8 所示。

③ 混联式混合动力汽车在结构上综合了串联式和并联式系统的特点，主要由发动机、电动机 / 发电机和驱动电机三大动力总成组成，如图 1-3-9 所示。

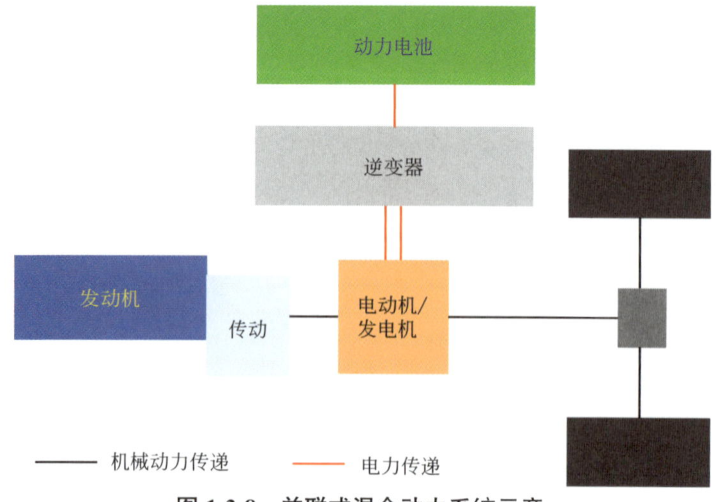

图 1-3-8 并联式混合动力系统示意

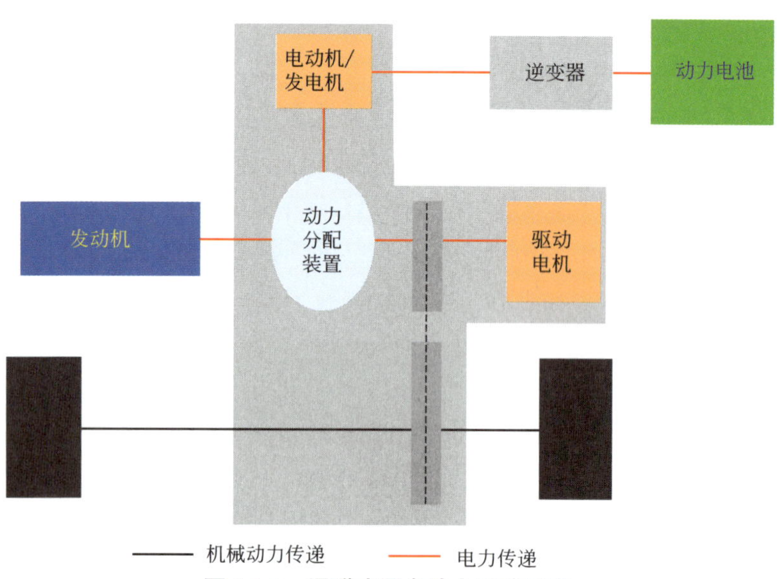

图 1-3-9 混联式混合动力系统示意

（2）按混合动力系统中混合度分

根据在混合动力系统中混合度的不同，混合动力系统还可以分为以下五类。

① 微混合动力系统（BSG）。它是指在传统发动机基础上，加装皮带驱动启动电机，一般这个电机都为发电启动一体式发电机，用来控制发动机的启动和停止。代表的车型是PSA（标致雪铁龙）的混合动力版 C3 和丰田的混合动力版 Vitz。

② 轻混合动力系统（ISG）。车辆可以在减速、制动等工况下进行能量回收，采用电机带动车辆，以节省燃油。一般 ISG 的混合度在 20% 以下。代表车型是通用的混合动力皮卡车。

③ 中混合动力系统。发动机为主要动力来源，大转矩助力电机作为辅助动力来源，与主要动力相连，可以在一定条件下加速时辅助发动机驱动车辆，这个比重一般为 30% 左右，目前技术已经成熟，应用广泛。本田旗下混合动力的 Insight、Accord 和 Civc 都属于这种系统。

④ 完全混合动力系统。丰田的 Pius 属于完全混合动力系统。该系统采用了 272 ～ 650V 的高压启动电机，混合程度更高。与中混合动力系统相比，完全混合动力系统的混合度可以达到甚至超过 50%。技术的发展将使完全混合动力系统逐渐成为混合动力技术的主要发展方向。

⑤ 外接式充电混合动力汽车，又称插电式混合动力汽车或增程式混合动力汽车。它兼具了纯电动汽车和混合动力汽车的基本特征，在一定行驶里程内使用纯电模式驱动，超过这个里程就会启动发动机，采用混合模式驱动。

1.4 纯电动汽车的结构与分类

1.4.1 纯电动汽车的结构

纯电动汽车的结构主要由电机驱动控制系统（包含驱动电机、电机控制器等）、汽车底盘、车身以及各种辅助装置等组成。纯电动汽车基本组成如图 1-4-1 所示。除了电机驱动控制系统，其他部分的功能及其结构组成与传统汽车基本相同，不过有些部件根据所选的驱动方式不同，已被简化或省去了。所以电机驱动控制系统既决定了整个纯电动汽车的结构组成及其性能特征，也是纯电动汽车的核心，它将传统汽车中的发动机基本功能与其他功能以机电一体化方式相结合，这也是区别于传统内燃机汽车的最大不同点。

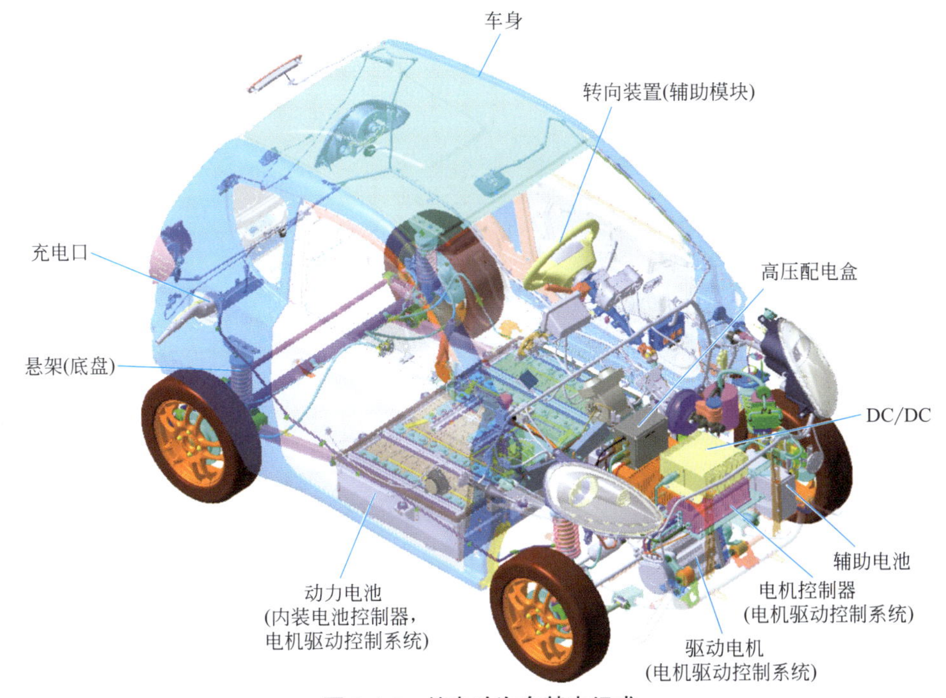

图 1-4-1　纯电动汽车基本组成

（1）汽车底盘

汽车底盘是整个汽车的基体，不仅起着支承动力电池、电机、驱动控制器、汽车车身、

空调及各种辅助装置的作用，同时也将驱动电机的动力进行传递和分配，并按驾驶人的意图（加速、减速、转向、制动等）行驶。按传统汽车的归类或表述习惯，汽车底盘应包括传动系统、行驶系统、转向系统和制动系统四大系统。对纯电动汽车，其传动系统根据所选驱动方式不同，不少被简化或干脆省掉。

行驶系统包括车桥、车架、悬架、车轮与轮胎。如采用轮毂电机驱动车桥也就省去了；车架是整个汽车的装配基体，其作用主要是连接汽车的各零部件，承受来自车内和车外的各种载荷；悬架是车架（或车身）与车轮（或车桥）之间的一切传力连接装置的总称，它主要由弹性元件、减振器和导向机构等组成，它与充气轮胎一起减缓不平路面对车辆的冲击振动；车轮主要由轮辋、轮辐等组成，其内部还需安装制动器，还可能需要安装轮毂电机，结构很紧凑；为减小纯电动汽车行驶时的滚动阻力，轮胎采用子午线轮胎为好。

转向系统包括转向操纵机构、转向器、转向传动机构等，它按能源不同分为机械转向系统和动力转向系统两大类，机械转向系统与传统汽车的完全一致。

制动系统由供能装置、控制装置、传动装置和制动器四个基本部分组成，按其功用不同，被分为行车制动系统、驻车制动系统、应急制动系统和辅助制动系统等。纯电动汽车由于可利用电机实现再生制动进行能量回收，并且还可利用电磁吸力实现电磁制动，因此，随着技术的发展其制动系统也将会有较大的变化。

（2）电机驱动控制系统

电机驱动控制系统的组成与工作原理如图 1-4-2 所示，按工作原理可划分为车载电源模块（动力电池、动力电池控制器、车载充电机）、电机驱动模块（整车控制器、电机控制器、驱动电机等）和辅助模块（图 1-4-2 中只画出了空调辅助系统，其余辅助系统未画出）三大部分。

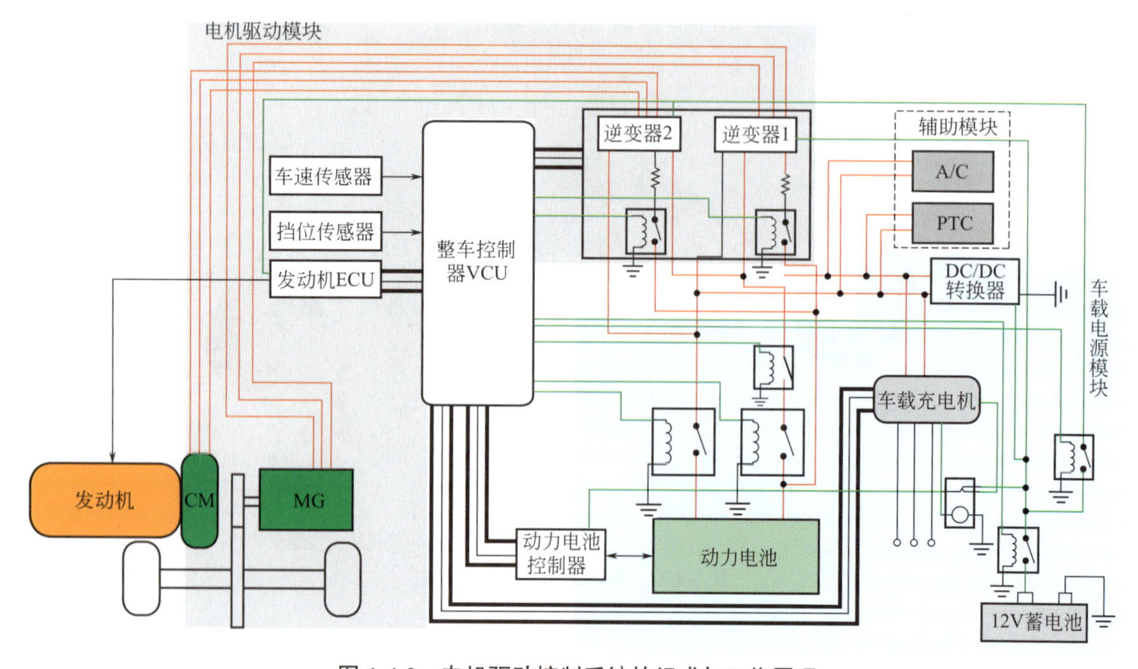

图 1-4-2　电机驱动控制系统的组成与工作原理

① 车载电源模块　主要由动力电池、动力电池控制器和车载充电机组成。动力电池是纯电动汽车的唯一能源，它除了供给汽车驱动所需的电能外，也是供电给汽车上各种辅助装置的工作电源。吉利帝豪 PHEV 车型车载电源模块位置如图 1-4-3 所示。动力电池控制器的主要功能是在汽车行驶过程中分配能源，协调各功能部分工作的能量管理，使有限的能源最大限度地得到利用。车载充电机是把电网供电制式转化为动力电池充电要求的制式，即把交流电转换为相应电压的直流电，并按照充电方式控制其充电电流。

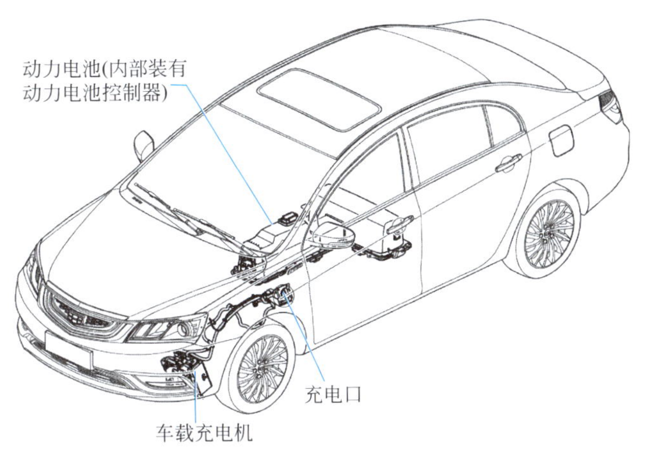

图 1-4-3　吉利帝豪 PHEV 车载电源模块位置

② 电机驱动模块　主要由整车控制器、电机控制器、驱动电机、机械传动装置组成。整车控制器是电机驱动模块的控制中心，其根据加速踏板与制动踏板的输入信号向电机控制器发出相应的控制指令，对电机进行启动、加速、降速和制动控制。吉利帝豪 PHEV 电机驱动模块组成如图 1-4-4 所示。

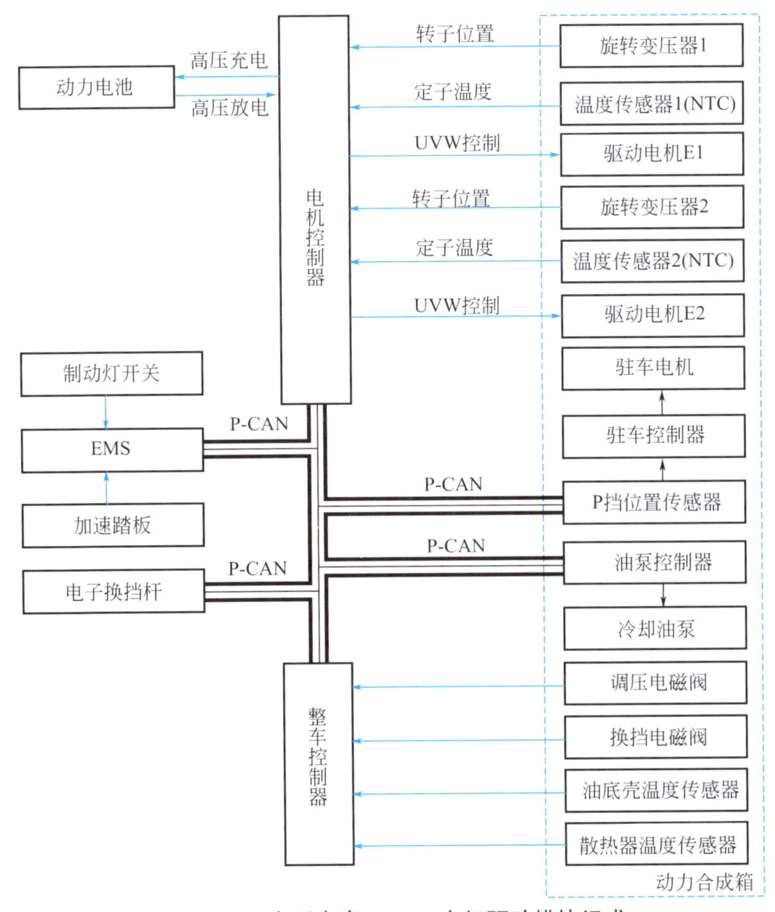

图 1-4-4　吉利帝豪 PHEV 电机驱动模块组成

电机控制器的功能是按照整车控制器的指令、电机的速度和电流反馈信号，对电机的速度、驱动转矩和旋转方向进行控制。电机在纯电动汽车中要承担电动和发电的双重功能，即在正常行驶时发挥其电动功能，将电能转化为机械能，而在降速和下坡滑行时进行发电，将车轮的惯性动能转化成电能。

③ 辅助模块　包括辅助动力源、动力转向单元、驾驶室显示操纵台和各种辅助装置等。辅助动力源是供给纯电动汽车其他各种辅助装置所需的动力电源，一般为 12 V或 24V 的直流低压电源，它主要给动力转向、制动力调节控制、照明、空调、电动门窗等各种辅助装置提供所需的能源。

转向装置是为实现汽车的转弯而设置的，它由转向盘、转向器、转向机构与转向轮等组成，如图 1-4-5 所示。作用在转向盘上的控制力，通过转向器、转向机构使转向轮偏转一定的角度，实现汽车的转向。

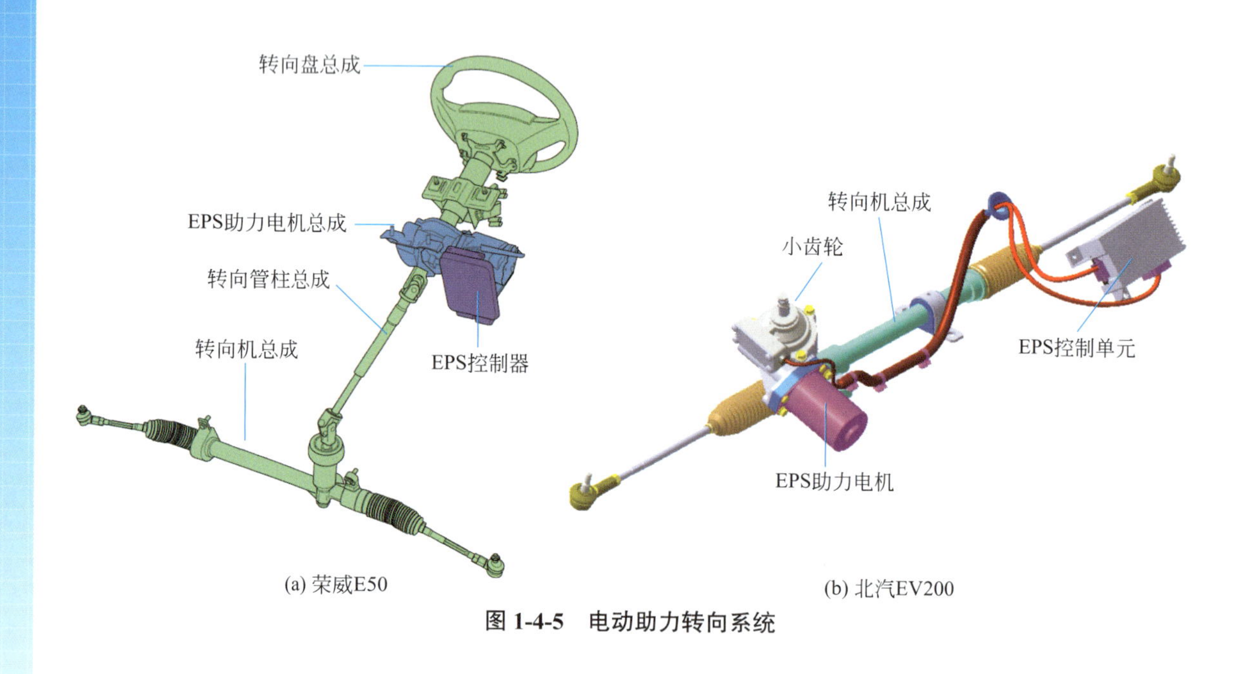

图 1-4-5　电动助力转向系统

1.4.2　纯电动汽车的分类

纯电动汽车种类较多，通常按车辆用途、蓄能装置以及驱动系统的组成进行分类。

（1）按车辆用途分类

纯电动汽车可分为电动轿车、电动货车和电动客车三种。

① 电动轿车是最常见的纯电动汽车。除了一些概念车，纯电动轿车已经批量生产，并进入汽车市场。

② 用作公路运输的电动货车也在逐渐增多，而在矿山、工地及一些特殊场地，则早已出现了大吨位的纯电动载货汽车。

③ 纯电动小客车较少见，纯电动大客车用作公共汽车，在一些城市的公交线路以及世博会、世界性的运动会上，已经有了良好的表现。

（2）按蓄能装置分类

目前纯电动汽车所采用的蓄能装置可分为二次动力电池、超级电容器和飞轮动力电池三大类。

① 二次动力电池又称可充电动力电池，主要有铅酸动力电池、镍 - 氢动力电池、锂离子动力电池、镍 - 金属物动力电池。

② 超级电容器又称电化学电容器，是新型双电层电容器，具有电容量大的特点。

③ 飞轮动力电池又称飞轮储能器，是利用飞轮高速旋转储存和释放电能的装置。

（3）按驱动系统的组成分类

纯电动汽车根据驱动系统不同，可分为直流有刷电机电动汽车、直流无刷电机电动汽车、交流异步电机电动汽车和磁阻电机电动汽车等。

① 直流有刷电机电动汽车车载电源可直接供电给电机，这种电机采用晶闸管式控制器斩波方式调速。目前电动汽车用直流有刷电机已经能满足电动汽车使用要求，但由于产量有限和成本很高，品种规格不多，选择余地较小。

② 直流无刷电机电动汽车以调节电源脉冲宽度来调节电机转速，其优点是体积小、重量轻。电机能国产化，控制器的关键元器件均由国外公司生产，成本降下来的可能性不大，且目前这种电机与电动汽车一样属研发阶段，形不成批量。

③ 交流异步电机电动汽车的驱动电机优点是体积小、重量轻，国产质量不差，由于车载电源系直流电，需将电源经逆变器转换成交流电，汽车电机电压为 380V 左右，功率在几十千瓦不等，其逆变器功率不小，成本高，交流电机调速由变频方式调速，交流异步电机采用变频变压控制和磁场定向控制（FOC），也称矩量控制或解耦控制、变极控制。

④ 磁阻电机电动汽车正在研发中，由电子控制器来控制调速。

第 2 章
新能源汽车动力电池

Chapter 2

2.1 动力电池的分类与性能要求

2.1.1 动力电池的分类

电动汽车使用的动力电池可分为化学电池、物理电池和生物电池三大类（图 2-1-1）。

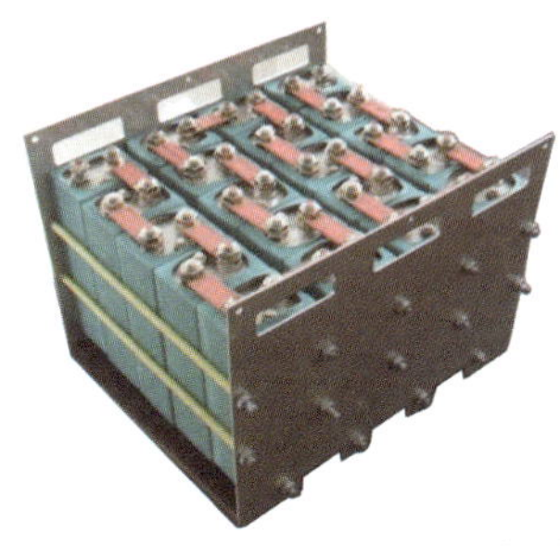

图 2-1-1 各类动力电池

（1）化学电池

化学电池是指将化学能直接转变为电能的装置。其主要部分是电解质溶液及浸在溶液中的正、负电极和连接电极的导线。

按工作性质分为原电池、动力电池、燃料电池和储备电池四种。

按电解质分为酸性电池、碱性电池、中性电池、有机电解质电池、非水无机电解质电池、固体电解质电池等。

按电池的特性分为高容量电池、密封电池、高功率电池、免维护电池、防爆电池等。

按正、负极材料分为锌锰电池系列、镍镉和镍氢电池系列、铅酸电池系列、锂离子电池系列等。

（2）物理电池

物理电池是利用光、热、物理吸附等物理能量发电的电池，如太阳能电池、超级电容器、飞轮动力电池等。

太阳能电池又称太阳能芯片或光电池，是指通过光电效应或光化学效应直接把光能转化成电能的装置。利用太阳光直接发电的光电半导体薄片只要被太阳光照到，短时间内就可输出电压及电流，在物理学上称为太阳能光伏，英文缩写为 PV，简称光伏。

太阳能电池以依据光电效应原理工作的薄膜式太阳能电池为主流，而依据光化学效应原理工作的湿式太阳能电池则还处于萌芽阶段。

（3）生物电池

生物电池是指将生物质能直接转化为电能的装置（生物质蕴含的能量绝大部分来自于

太阳能，是绿色植物和光合细菌通过光合作用转化而来的）。从原理上来讲，生物质能能够直接转化为电能主要是因为生物体内存在与能量代谢关系密切的氧化还原反应。这些氧化还原反应彼此影响，互相依存，形成网络，进行生物的能量代谢。常见的生物电池有微生物电池、酶电池、生物太阳能电池等。

2.1.2 对动力电池的性能要求

动力电池最重要的特点就是高功率和高能量。高功率意味着更大的充放电强度，高能量表示更高的质量比能量和体积比能量。这两个指标的要求其实是矛盾的，为了提高功率也就要提高充放电电流，电池结构设计要求增大等效反应面积和减小接触阻抗，要求增大体积和重量，从而降低比能量。动力电池系统设计需要按照最优化的整车设计应用指标设计电池系统。

从使用角度而言，动力电池的应用可以总结为以下七个特点。

（1）高能量

高能量对于电动车辆而言，意味着更长的纯电动续驶里程。作为交通工具，续驶里程的延长可有效提升车辆应用的方便性和适用范围，因此电动汽车对动力电池能量密度的追求是永不会停下的。锂离子动力电池能够在电动车辆上广泛推广和应用，主要原因就是其能量密度是铅酸动力电池的 3 倍，并且还有继续提高的可能性。

（2）高功率

车辆作为交通工具，追求高速化，也就是对车辆动力性提出了高的要求，实现良好的动力性要求驱动电机有较大的功率，进而要求动力电池组能够满足驱动电机高功率输出的要求。长期大电流、高功率放电对于电池的使用寿命和充放电效率会产生负面影响，甚至影响电池使用的安全性，因此在功率方面还需要一定的功率储备，避免使动力电池在全功率工况下工作。

（3）长寿命

现有铅酸动力电池使用寿命在深充深放工况下可达到 400 次，锂离子动力电池可以达到 1000 次以上。据日本丰田公司报告，混合动力汽车用镍氢电池现在的使用寿命已经可以达到 10 年以上。动力电池长寿命，直接关系到动力电池的成本。车辆应用过程中电池更换的费用，是电动汽车使用成本的重要组成部分。在动力电池成组集成应用方面，考虑动力电池单体寿命的一致性以保证电池组的使用寿命与单体电池相近也是研究的主要内容之一。

（4）低成本

动力电池的成本与电池的新技术含量、材料、制作方法和生产规模有关，目前新开发的高比能量的电池成本较高，使电动汽车的造价也较高，开发和研制高效、低成本的动力电池是电动汽车发展的关键。

（5）安全性好

动力电池为电动汽车提供了高达 300V 以上的驱动电压，可能危及人身安全和车载用电设备的使用安全。用电安全是电动汽车区别于传统内燃机汽车的重要特点之一。除此之外，动力电池作为高能量密度的储能载体，自身也存在一定的安全隐患。现以锂离子电池为例具体说明如下。

① 充放电过程如果发生热失控反应，可能导致电池短路起火，甚至爆炸。

② 锂离子电池采用的有机电解质，在4.6V左右易发生氧化，并且溶剂易燃，若出现泄漏等情况，也会引起电池着火燃烧，甚至爆炸。

③ 发生碰撞、挤压、跌落等极端的状况，导致电池内部短路，也会引起危险状况的出现。

基于上述原因，对于车用动力电池的检验非常严格，我国已经制定了动力电池及电池模块进行安全性检验的标准。对动力电池在高温、高湿、穿刺、挤压、跌落等极端状况下进行检验，要求在这些状况下不发生动力电池的燃烧、起火现象。

（6）工作温度适应性强

车辆应用一般不应受地域的限制，不同的空间和时间应用，需要车辆适应不同的温度。仅以北京地区的车辆应用为例，北京夏季地表温度可达50℃以上，冬季可低至-15℃以下，在该温度变化范围内，动力电池应可以正常工作，因此动力电池需要具有良好的温度适应性。现在的动力电池系统设计，考虑到电池的温度适应性问题，一般都需要设计相应的冷却系统或加热系统来达到动力电池的最佳工作温度。

（7）可回收性好

按照动力电池使用寿命的标准定义，电池在其容量衰减到额定容量的80%时，确定为动力电池寿命终结。随着电动汽车的大量应用，必然出现大量废旧动力电池的回收问题。对于动力电池的可回收性，在电化学性能方面，首先要求做到电池电极及电解液等材料无毒，对环境无污染。其次是研究电池内部各种材料的回收再利用。对于动力电池的再利用还存在梯次利用问题，即按照动力电池寿命标准，将达到额定容量80%以下而被淘汰的电池转移到对电池容量和功率要求相对较低的领域继续使用。

2.2 动力电池的结构与工作原理

2.2.1 镍氢电池

（1）镍氢电池的结构

镍氢电池正极（氧化镍电极）活性物质为氢氧化镍，负极（储氢电极）活性物质为金属氢化物，也称储氢合金。由活性物质构成电极极片的工艺方式主要有烧结式、拉浆式、泡沫镍式、纤维镍式、嵌渗式等，不同工艺制备的电极在容量、大电流放电性能上存在较大差异，一般依据使用条件的不同，采用不同的工艺。通信等民用电池大多采用拉浆式负极、泡沫镍式正极构成电池。常见镍氢电池的结构如图2-2-1所示。

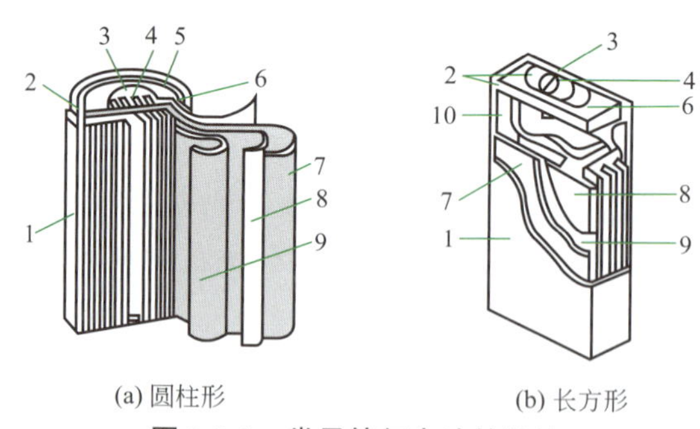

图 2-2-1　常见镍氢电池的结构

1—负极端子（外壳）；2—绝缘垫圈；3—正极端子；4—安全阀；5—密封板；6—绝缘环；7—负电极；8—隔膜；9—正电极；10—绝缘层

(2) 镍氢电池的工作原理

镍氢电池在充放电过程中的反应原理如图 2-2-2 所示。

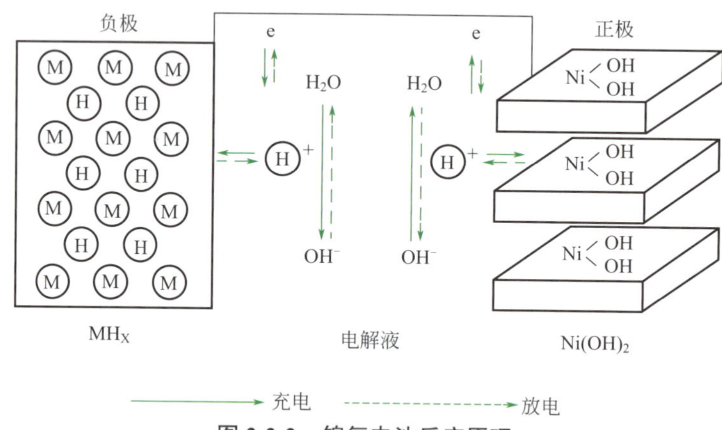

图 2-2-2　镍氢电池反应原理

电池在设计中一般采用负极过量的方法，氧化镍电极全充电状态时产生氧气，经扩散在负极重新化合成水，这样，既保持了电池内压的恒定，同时又使电解液浓度不致发生巨大变化。

另外，负极活性物质原子态氢能以相当高的密度吸附于储氢合金中，在这样的电极上，吸放氢反应能平稳地进行，放电性能较镍镉电池而言得以提高。

(3) 镍氢电池的性能

同镍镉电池相比，镍氢电池具有以下显著优点。

① 能量密度高，同尺寸电池容量是镍镉电池的 1.5 ～ 2 倍。

② 环境相容性好，无镉污染。

③ 可大电流快速充放电，充放电倍率高。

④ 无明显的记忆效应。

⑤ 低温性能好，耐过充放电能力强。

⑥ 工作电压与镍镉电池相同，为 1.2V。

镍氢电池是镍镉电池的换代产品，电池的物理参数如尺寸、重量和外观完全可与镍镉电池互换，电性能也基本一致，充放电曲线相似，放电曲线非常平滑，电量快要消耗完时，曲线才会突然下降，故使用时完全可替代镍镉电池，而不需要对设备进行任何改造。

镍氢电池的成本很高，不同的储氢合金具有不同的储氢能力，价格也不相同。我国自行研制了稀土系的储氢合金，已达到世界水平，为我国推广生产镍氢电池提供了有利条件。目前高档电动汽车多采用镍氢电池或锂离子电池。

镍氢电池的缺点是自放电情况与寿命不如镍镉电池，但也能达到 500 次循环寿命和国际电工委员会的推荐标准。储氢电极自放电包括可逆自放电和不可逆自放电。可逆自放电的主要原因在于环境压力低于电极中金属氢化物的平衡氢压，氢原子会从电极中脱附出来形成氢气。当储氢电极与氧化镍电极组成 MH/Ni 电池时，这些逸出的氢气与正极活性物质 NiOOH 反应生成 $Ni(OH)_2$，形成放电反应，该部分自放电可以通过再充电复原。不可逆自放电主要是由于负极的化学或电化学因素所引起的，如合金表面电势较低的稀土元素与电解液反应形成氢氧化物等，例如 La 稀土元素在表面偏析，并生成 $La(OH)_3$ 使合金组成发生变化，储氢能力下降，这种情况无法用充电方法复原。

2.2.2　锂离子电池

（1）锂离子电池的结构

锂离子动力电池主要由外壳、正极、负极、隔膜板和安全阀等组成，锂离子电池的基本结构如图 2-2-3 所示。

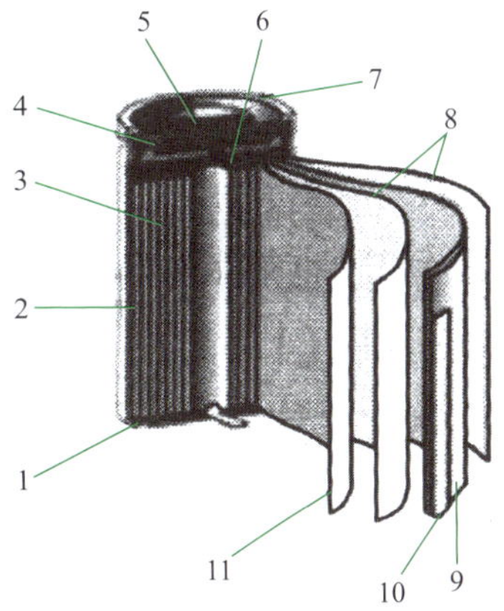

正极物质由含有锂离子的过渡金属氧化物组成，在锰酸锂离子动力电池中以锰酸锂为主要原料，在磷酸铁锂离子动力电池中以磷酸铁锂为主要原料，在镍钴锰锂离子动力电池中以镍钴锰锂为主要材料。

负极活性物质由碳材料与胶黏剂的混合物再加上有机溶剂调和制成糊状，并涂覆在铜基上，呈薄层状分布。负极材料是决定锂离子电池综合性能优劣的关键因素之一，比容量高、容量衰减率小、安全性能好是对负极材料的基本要求。

图 2-2-3　锂离子电池的基本结构

1—外壳；2—负极端子；3—绝缘体；4—垫圈；5—顶盖；6—正极端子；7—排气阀；8—隔膜板；9—负极；10—负极板；11—正极板

隔膜板的功能是关闭或阻断通道，一般使用聚乙烯或聚丙烯材料的微多孔膜。关闭或阻断功能是指电池出现异常温度上升时，关闭或阻断作为离子通道的细孔，使动力电池停止充放电反应。隔膜板可以有效防止因外部短路等引起的过大电流而使电池产生异常发热现象。这种现象即使只产生一次，电池也不再能正常使用。

为了保证锂离子动力电池的使用安全性，一般对外部电路控制或者在动力电池内部设有异常电流切断的安全装置。即使这样，在使用过程中也有可能因其他原因引起动力电池内压异常上升，因此设置安全阀释放气体，以防止动力电池破裂。安全阀实际上是一次性非修复式保护破裂膜。

（2）锂离子电池的工作原理

锂离子电池是以锂离子嵌入化合物为正极材料电池的总称。锂离子电池的充放电过程，就是锂离子的嵌入和脱嵌过程。在锂离子的嵌入和脱嵌过程中，同时伴随着与锂离子等当量电子的嵌入和脱嵌（习惯上正极用嵌入或脱嵌表示，而负极用插入或脱插表示）。在充放电过程中，锂离子在正、负极之间往返嵌入/脱嵌和插入/脱插，被形象地称为“摇椅电池”，如图 2-2-4 所示。

锂离子电池实际上是一种锂离子浓差电池，正、负电极由两种不同的锂离子嵌入化合物组成，正极采用锂化合物 $LiCoO_2$、$LiNiO_2$ 或 $LiMn_2O_4$，负极采用锂碳层间化合物 LiC_6，电解质为 $LiPF_6$ 和 $LiAsF_6$ 等有机溶液。经过锂离子在正、负电极间的往返嵌入和脱嵌形成电池的充电和放电过程。充电时，锂离子从正极脱嵌经过电解质嵌入负极，负极处于富锂状态，正极处于贫锂状态，同时，电子的补偿电荷从外电路供给到负极，保持负极的电平衡。放电时则相反，锂离子从负极脱嵌，经过电解质嵌入到正极，正极处于富锂状态，负极处于贫锂状态。正常充放电情况下，锂离子在层状结构的碳材料和层状结构氧化物的层间嵌入和脱出，一般只引起层面间距的变化，不破坏晶体结构。在放电过程中，负极材料的化学结构基本不变。因此，从充放电的可逆性看，锂离子电池反应是一种理想的可逆反应。

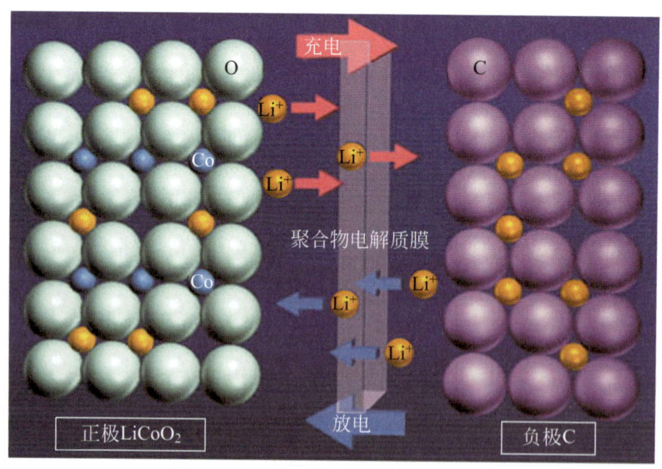

图 2-2-4　锂离子电池工作原理

（3）锂离子电池的分类

锂离子电池根据所用电解质材料的不同，可以分为液态锂离子电池（IIB）和聚合物锂离子电池（LP）两大类。

液态锂离子电池和聚合物锂离子电池所用的正极和负极材料是相同的，电池的工作原理也基本一致。一般正极使用含锂离子的过渡金属氧化物，负极使用各种碳材料如石墨，同时使用铝、铜作为集流体。它们的主要区别在于电解质不同，液态锂离子电池使用的是液体电解质，而聚合物锂离子电池则以聚合物电解质来代替。这种聚合物可以是干态的，也可以是胶体，目前大部分采用聚合物胶体电解质。

汽车用锂离子动力电池按照正极材料的不同，主要分为锰酸锂离子动力电池、磷酸铁锂离子动力电池、钴酸锂离子动力电池、镍钴锰锂离子动力电池等。

(4)锂离子电池的特点

①锂离子电池优点

a. 单体电压高。钴酸锂离子电池的单体电压为3.6V，锰酸锂离子电池的单体电压为3.7V，磷酸铁锂离子电池的单体电压为3.2V，而镍氢、镍镉电池的单体电压仅为1.2V。

b. 能量密度高。锂离子电池正极材料的理论能量密度可达200W·h/kg以上，实际应用中由于不可逆容量损失，能量密度通常低于这个数值，但也可以达到140W·h/kg，该数值仍为镍镉电池的3倍，镍氢电池的1.8倍。

c. 循环寿命长。目前，锂离子电池在深度放电情况下，循环次数可达1000次以上；在低放电深度条件下，循环次数可达上万次，其性能远远优于其他电池。

d. 自放电小。锂离子电池月自放电率仅为总电容量的6%～8%，大大缓解了传统的二次电池放置时由自放电所引起的电能损失问题。

e. 无记忆效应。

f. 环保性高。相对于传统的铅酸电池、镍镉电池甚至镍氢电池废弃可能造成的环境污染问题，锂离子电池中不包含汞、铅、镉等有害元素，是真正意义上的“绿色”电池。

②锂离子电池的缺点

a. 正极材料钴酸锂的价格较高，但按单位瓦时的价格来计算，已经低于镍氢电池，与镍镉电池持平，但高于铅酸动力电池。

b. 必须有特殊的保护电路，以防止过充。锂离子电池主要问题是快速充电和放电的性能较差，需要配备专用的充电器，进一步解决对其过充和过放的控制和保护。对于大容量锂离子电池组，还需解决单元电池的可靠性和各个单元电池之间的一致性问题。

c. 锂离子电池若采用钴系列正极，在过充电状态时可能引起电池爆炸，主要原因是大的短路电流使电池中局部温度升高，从而导致正极中氧和有机电解质溶剂发生剧烈反应，引起电池起火甚至爆炸。随着电池单体容量的大幅度增加和串联数量的增加（提高电池组的电压），锂离子电池的安全性问题更为突出，需要用安全阀来防止电解液受高温汽化后产生的压力升高，并安装自动温度调控装置进行过充电保护。

第 3 章 新能源汽车驱动系统

Chapter 3

3.1 新能源汽车对驱动电机的要求

新能源汽车驱动电机在需要充分满足汽车运行功能的同时，还应满足行驶的舒适性、环境适应性等性能以及对车辆一次充电续驶里程的要求。新能源汽车驱动电机具有比普通工业电机更为严格的技术规范和标准要求，其主要性能要求如下。

（1）体积小、重量轻

为了充分利用有限的车载空间，减小车辆重量，降低运行中的能量消耗，应尽量减小驱动电机的体积和重量。电机可以采用铝合金外壳，各种控制装置和冷却系统等也要求尽可能轻量化和小型化。

（2）全速段高效运行

一次充电续驶里程长，特别是在车辆频繁起步、停止或变速运行的情况下，驱动电机应具有较高的效率。

（3）低速大转矩及宽范围的恒功率特性

即使没有变速器，驱动电机本身应能满足所需的转矩特性，以获得在启动、加速、行驶、减速、制动等各种运行工况下的功率和转矩要求。驱动电机应具有自动调速功能，可以减轻驾驶员的操纵强度，提高驾驶的舒适性，并且能够达到与传统内燃机汽车同样的控制响应。

（4）高可靠性

在任何运行工况下都应具有高可靠性，以确保车辆的行驶安全。

（5）高电压

在允许的范围内尽可能采用高电压，可以减小电机的尺寸和控制器、导线等设备的尺寸，特别是可以降低逆变器的成本。

（6）安全

动力电池组、驱动电机等强电部件的工作电压能达到 300V 以上，对电气系统和控制系统的安全性提出了更高的要求，新能源汽车驱动电机必须符合相关车辆电气控制的安全性能标准和规定。

（7）高转速

与低转速电机相比，高转速电机的体积和重量小，有利于降低整车装备的重量。

（8）使用寿命长

为降低新能源汽车的使用成本，驱动电机的使用寿命应和车辆保持一致，真正实现节能环保的目标。

同时，驱动电机还要求具有耐温和耐潮性能好、运行噪声低、结构简单、成本低、适合批量生产、使用维护方便等特点。

3.2 驱动电机的分类

驱动电机可分为两大类，即有刷电机和无刷电机，如图 3-2-1 所示。习惯上将有刷的直流电机简称为直流电机。由于技术成熟、控制简单，直流电机曾在电力驱动领域有着突出的地位。各类直流电机（包括串励、并励、他励、复励和永磁无刷直流电机）都曾在电动汽车上得到应用，但其电刷和换向器需要经常维护，可靠性低，正在被交流无刷电机取代。

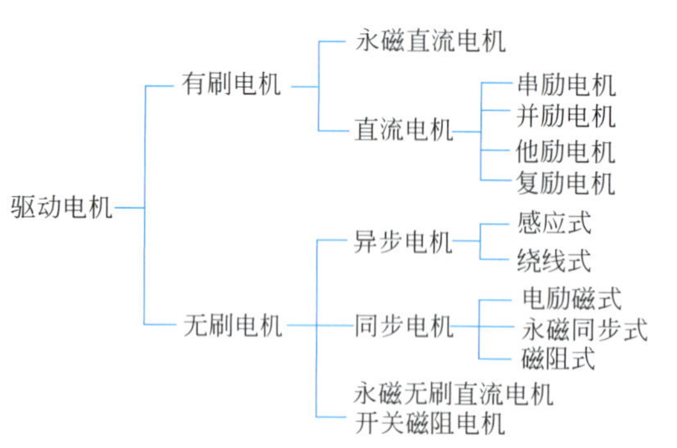

图 3-2-1　驱动电机的分类

无刷电机包括感应电机、永磁同步电机、永磁无刷直流电机、开关磁阻电机等。无刷电机在效率、功率密度、运行成本、可靠性等方面明显优于传统的直流电机，因此在现代电动汽车中获得广泛应用。各种电机的主要性能参数对比见表 3-2-1。

表 3-2-1　各种电机的主要性能参数对比

性能参数	直流电机	交流异步电机	永磁同步电机	开关磁阻电机
功率密度	差	一般	好	一般
转矩转速性能	一般	好	好	好
转速范围 /（r/min）	4000 ～ 6000	9000 ～ 15000	4000 ～ 10000	>15000
最大功率 /kW	85 ～ 89	94 ～ 95	95 ～ 97	<90
可操作性	差	好	好	好
结构坚固性	差	好	一般	好
体积和重量	大、重	一般、一般	小、轻	小、轻

3.3 直流电机

3.3.1　直流电机的结构与分类

电动汽车发展的早期，纯电动汽车多采用直流电机作为驱动电机，这类电机技术较成熟，有着控制方式容易、调速优良的特点，曾经在调速电机领域内有着最为广泛的应用。但是由于直流电机有着复杂的机械结构（如电刷和机械换向器等），导致其瞬时过载能力和电机转速的进一步提高受到限制，而且在长时间工作的情况下，电机的机械结构会产生损耗，提高了维护成本。

直流电机主要由定子和转子两大部分组成。转子主要包括电枢铁芯、电枢绕组、换向器、轴等。图 3-3-1 所示为汽车启动用直流电机结构。

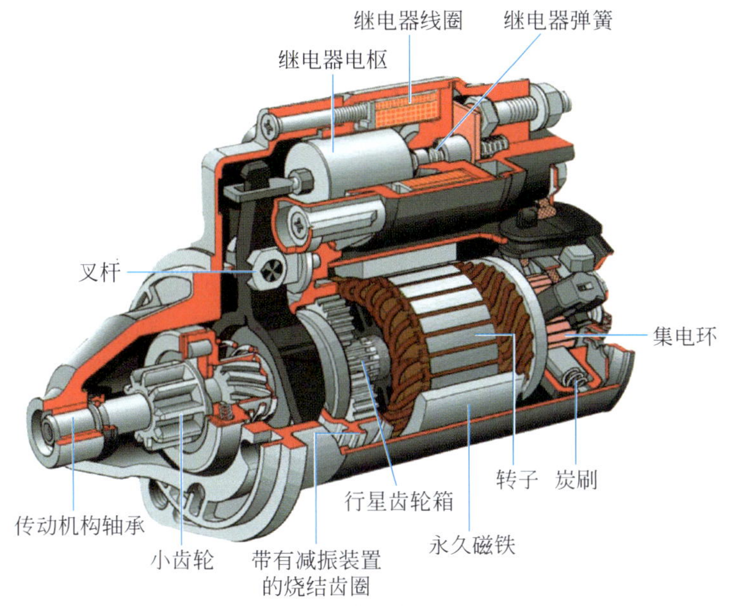

图 3-3-1　直流电机结构

直流电机分为绕组励磁式直流电机和永磁式直流电机。在新能源汽车所采用的直流电机中，小功率电机采用的是永磁式直流电机，大功率电机采用的是绕组励磁式直流电机。绕组励磁式直流电机根据励磁方式可分为他励式、并励式、串励式和复励式四种类型。他励直流电机的励磁绕组与电枢绕组无连接关系，而由其他直流电源对励磁绕组供电，因此励磁电流不受电枢端电压或电枢电流的影响。并励直流电机的励磁绕组与电枢绕组并联，共享同一电源，性能与他励直流电机基本相同。串励直流电机的励磁绕组与电枢绕组串联后，再接于直流电源，这种直流电机的励磁电流就是电枢电流。复励直流电机有并励和串励两个励磁绕组，电机的磁通由两个绕组内的励磁电流产生。

3.3.2　直流电机的控制

（1）直流电机的启动

对电机启动的基本要求是有足够大的启动转矩且启动电流小于允许值。要求电机的启动电流不要超过额定电流的 2 ～ 2.5 倍。通常是在保证有足够大的启动转矩的前提下，尽量减小启动电流。另外，在启动前使气隙磁通尽可能大些，以便使一定的电枢电流产生较大的电磁转矩。在启动前应将磁场调节电阻短路，使励磁电流为最大值。

直流电机常用的启动方法有直接启动、电枢回路串变阻器启动和降压启动三种方式。直接启动只适用于小型直流电机，其优点是操作简单，无需复杂的启动设备。串变阻器启动所需设备不多，在中小型直流电机中广泛应用，其缺点是启动变阻器笨重，能耗较大。降压启动的优点是启动电流小，启动过程平滑，能量损耗少，故容量大的电机应采用降压启动，缺点是电源投资较高。

（2）直流电机的调速

直流电机具有良好的调速性能，能在宽广的范围内平滑而经济地调速，因此在调速性能要求高的生产机械拖动系统中，仍然得到广泛的应用。

直流电机有三种调速方法：电枢串电阻调速、改变电压调速、改变磁通调速。对直流电机进行调速，实际上就是通过改变电机的机械特性，使电机的工作点运行在不同的机械特性上，从而在一定负载下得到不同的转速。

（3）直流电机的反转

要改变电机的转向，只需改变电磁转矩的方向。直流电机电磁转矩的方向取决于电枢电流与主磁场的方向。因此，对于并励和他励电机，改变转向有两种方法：改变电枢电流的方向，保持励磁电流方向不变，即主磁场方向不变，对调电枢绕组接入电源的两出线端；改变主磁场的方向，保持电枢电流方向不变，对调励磁绕组接入电源的两出线端。若电枢电流和主磁场的方向同时改变，则电机的转向将不变。在实际应用中，常采用改变电枢电流方向来使电机反转。这是因为励磁绕组的电感大，励磁电流改变方向的过程较慢，时间较长，而且绕组改接瞬间会产生较大的自感电动势，易危及励磁绕组的绝缘。

3.4 交流电机

3.4.1 三相异步感应电机的结构

交流异步电机是目前应用十分广泛的一类电机，其特点是定子、转子由硅钢片叠压而成，两端用铝盖封装，定子、转子之间没有相互接触的机械部件，结构简单，运行可靠，耐用，维修方便。交流异步电机与同功率的直流电机相比效率更高，重量减轻了1/2左右。如果采用矢量控制的控制方式，可以获得与直流电机相媲美的可控性和更宽的调速范围。由于具有效率高、比功率较大、适于高速运转等优势，交流异步电机是大功率电动汽车上应用最广的电机。

目前，交流异步电机已经大规模化生产，有各种类型的成熟产品可以选择。但在高速运转的情况下电机的转子发热严重，工作时要保证电机冷却，同时异步电机的驱动和控制系统很复杂，电机本体的成本也偏高，相比于永磁电机和开关磁阻电机而言，异步电机的效率和功率密度偏低，对于提高电动汽车的续驶里程不利。

交流异步电机主要由定子和转子两大部分组成，此外，还有端盖、轴承、外壳和风扇等部件。定子主要由定子铁芯、定子绕组构成，其作用是通入三相交流电后产生旋转磁场。转子主要由转子铁芯和转子绕组构成，转子绕组分为笼型和绕线式两种。

当三相正弦交流电输入到交流异步电机定子绕组中时，因三相交流电存在相位差，就会在电机内部形成一个旋转磁场。在这个旋转磁场的作用下，转子绕组切割磁力线而产生感应电动势，并形成感应电流。当转子绕组通电后，在磁场中受电磁力的作用而产生电磁转矩，并使转子沿着定子旋转磁场的旋转方向转动。

由三相交流异步电机电磁转矩产生的原理可知，只有当转子的转速 n 低于定子旋转磁场的转速 n_0，转子与定子间产生相对运动时，转子绕组才会切割磁力线而产生感应电动势并产生感应电流，才能产生电磁力并形成电磁转矩，从而使转子转动起来。也就是说，电机能够工作的基本条件是 $n<n_0$，因此这种电机被称为交流异步电机。

3.4.2　三相异步感应电机的特点

（1）优点

① 效率较高。交流异步电机的效率高于直流电机，这一特点对于车载能量有限的电动汽车来说格外重要。

② 结构简单、体积较小、重量轻。相比于直流电机，交流异步电机转子的结构简单，尺寸小，重量轻。

③ 工作可靠、使用寿命长。交流异步电机无电刷和换向器，不存在换向火花问题，因而工作可靠性较高，使用寿命也较长。

④ 免维护。不存在换向火花问题，无电刷磨损问题，因而在使用中无需维护。

（2）缺点

① 调速性能相对较差。由于转子的转速与定子旋转磁场的旋转速度存在转差率，因而调速性能较差。

② 配用的控制器成本较高。交流异步电机的控制相对较复杂，配用的控制器成本较高。

3.4.3　三相异步感应电机的控制

交流异步电机的控制大体分为两种：矢量控制（FOC）和直接转矩控制（DTC）。

（1）矢量控制

矢量控制的思想是模拟直流电机，求出交流电机电磁转矩与之对应的磁场和电枢电流，并分别加以控制。其特点如下。

① 可以从零转速开始进行控制，调速范围很宽。

② 转速控制响应速度快，且调速精度较高。

③ 可以对转矩实行较为精确的控制，电机的加速特性也很好。

④系统受电机参数变化的影响较大，且计算复杂，控制相对繁琐。

目前矢量控制理论比较完善，并日趋成熟，可基本满足电动汽车的动力性要求。

（2）直接转矩控制

在定子坐标下，通过检测电机定子电压和电流计算电机的磁链和转矩，并根据与给定值比较所得差值，实现磁链和转矩的直接控制。不受转子参数随转速变化而变化的影响，简化了控制结构，动态响应快，因此受到了广泛的关注。其特点如下。

① 调速精度较高，响应速度快。计算简单，而且控制思想新颖，控制结构简单，控制手段直接。

② 信号处理的物理概念明确，动、静态性能均佳。

③ 调速范围较窄，低速特性有脉动现象。

在技术实现上，直接转矩控制往往很难体现出优越性，调速范围不及矢量控制宽，其根源主要在于低速时其转矩脉动的存在以及负载能力的下降，这些问题制约了直接转矩控制进入实用化的进程。

3.5 永磁同步电机

3.5.1 永磁同步电机的结构与原理

永磁同步电机具有高效、高控制精度、高转矩密度、良好的转矩平稳性及低振动噪声等特点，通过合理设计永磁三路结构能获得较高的弱磁性能，在电动汽车驱动方面具有很高的应用价值，受到国内外电动汽车界的高度重视，是最具竞争力的电动汽车驱动电机系统。永磁同步电机分为正弦波驱动电流的永磁同步电机和方波驱动电流的永磁同步电机。

永磁同步电机的结构和传统电机一样，主要由定子壳体总成和转子总成两大部分构成，如图 3-5-1 所示。

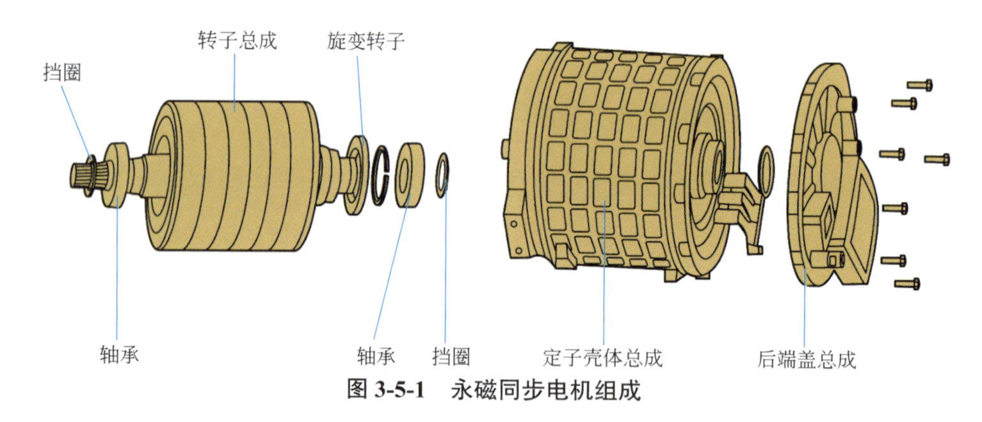

图 3-5-1　永磁同步电机组成

定子与普通电机基本相同，由电枢铁芯和电枢绕组构成。电枢铁芯一般采用 0.5mm 硅钢冲片叠压而成，对于具有高效率指标或频率较高的电机，为了减少铁耗，可以考虑使用 0.35mm 的低损耗冷轧无取向硅钢片。电枢绕组则普遍采用分布、短距绕组；对于极数较多的电机，则普遍采用分数槽绕组；需要进一步改善电动势波形时，也可以考虑采用正弦绕组或其他绕组。

转子主要由永磁体、转子铁芯和转轴等构成。其中永磁体主要采用铁氧体永磁材料和钕铁硼永磁材料；转子铁芯根据磁极结构的不同，选用实心钢，或采用钢板或硅钢片冲制后叠压而成。

与普通电机相比，永磁同步电机还必须装有转子永磁体位置检测器，用来检测磁极位置，并以此对电枢电流进行控制，达到对永磁同步电机驱动控制的目的。按照永磁体在转子上位置的不同，永磁同步电机的磁极结构可分为表面式和内置式两种。

永磁同步电机的驱动电路中，定子绕组产生旋转磁场的机理与感应电机是相同的，其转子通过永久磁铁产生磁场，两个磁场相互作用产生转矩，定子绕组产生的旋转磁场，可视为一对旋转磁极吸引转子的磁极随其一起旋转，如图 3-5-2 所示。水磁同步电机带负载时，气隙磁场是永磁体磁动势和电枢磁动势共同建立的，电枢磁动势对气隙磁场有影响，电枢磁动势的基波对气隙磁场的影响称为电枢反应。

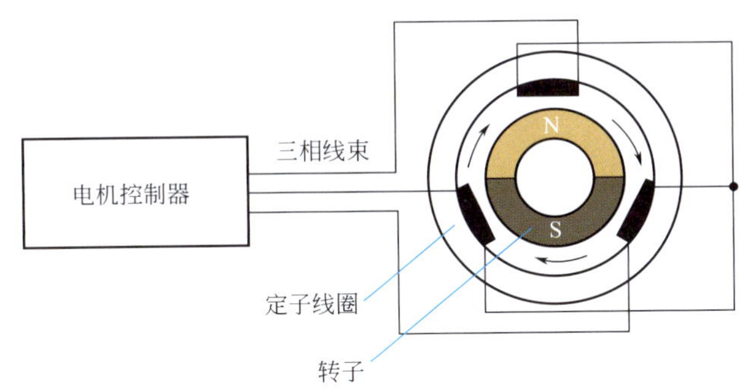

图 3-5-2　驱动电动机的工作原理

3.5.2　永磁同步电机的特点

（1）优点

① 用永磁体取代绕线式同步电机转子中的励磁绕组，从而省去了励磁线圈、集电环和电刷，以电子换相实现无刷运行，结构简单、运行可靠。

② 永磁同步电机的转速与电源频率间始终保持准确的同步关系，控制电源频率就能控制电机的转速。

③ 永磁同步电机具有较硬的机械特性，对于因负载的变化而引起的电机转矩的扰动具有较强的承受能力，瞬间最大转矩可达到额定转矩的 3 倍以上，适合在负载转矩变化较大的工况下运行。

④ 永磁同步电机的转子为永久磁铁，无需励磁，因此电机可以在很低的转速下保持同步运行，调速范围宽。

⑤ 永磁同步电机与异步电机相比，不需无功励磁电流，因此功率因数高，定子电流和定子铜耗小，效率高。

⑥ 体积小、重量轻。近些年来随着高性能永磁材料的不断应用，永磁同步电机的功率密度得到很大提高，比起同容量的异步电机，体积和重量都有较大的减少，使其适合应用在许多特殊场合。

⑦ 结构多样化，应用范围广。永磁同步电机由于转子结构的多样化，产生了特点和性能各异的许多品种，从工业到农业，从民用到国防，从日常生活到航空航天，从简单电动工具到高科技产品，几乎无所不在。

（2）缺点

① 由于永磁同步电机转子为永磁体，无法调节，必须通过加定子直轴去磁电流分量来

削弱磁场，这会增大定子的电流，增加电机的铜耗。

② 永磁同步电机的磁钢价格较高。

永磁同步电机体积小、重量轻、转动惯量小、功率密度高（可达 1kW/kg），适合电动汽车空间有限的特点；另外，转矩惯量比大、过载能力强，尤其低转速时输出转矩大，适合电动汽车的启动加速。因此，永磁同步电机得到国内外电动汽车界的广泛重视，并已在日本得到了普遍应用，日本新研制的电动汽车大都采用永磁同步电机驱动，比较典型的如丰田普锐斯混联式混合动力汽车上的应用。

第 4 章 新能源汽车充电、能量管理、驱动电机控制系统

Chapter 4

4.1 充电系统

4.1.1 电动汽车充电方式

电动汽车充电方式主要有常规充电方式、快速充电方式、无线充电方式、移动充电方式和电池更换方式等。

（1）常规充电方式

常规充电方式是采用恒压、恒流的传统充电方式对电动汽车进行充电，充电机的工作和安装成本相对较低。电动汽车家用充电设施（车载充电机）和小型充电站多采用这种充电方式。车载充电机是电动汽车的一种最基本的充电设备，充电机作为标准配置固定在车上或放在行李厢里。由于只需将车载充电机的插接器插到停车场或家中的电源插座上即可进行充电，因此充电过程一般由客户自己独立完成。这种充电方式可直接从低压照明电路取电，充电功率较小，由 220V/16A 规格的标准电网电源即可供电。典型的充电时间为 8 ～ 10h（SOC 值达到 95% 以上）。由于在家中充电通常是晚上或者是在用电低谷期，有利于电能的有效利用。常规充电站如图 4-1-1 所示。

图 4-1-1　常规充电站

常规充电方式主要优点是充电技术成熟，技术门槛低，使用方便，容易推广普及；充电设施配置简单，占地面积较小，投资少；电池充电过程缓和，电池能够深度充满；充电时电池发热低，不易发生高温短路或爆炸危险，安全性较高；接口和相关标准较低；充电功率相对低，对配电网要求低，基础设施配套需求小；一般选择夜间充电，可避开傍晚用电高峰期。

常规充电方式主要缺点是充电时间长，续驶里程有限，使用受到限制；只能用于有慢速充电需求的停车场所，如住宅小区停车场、社会公共停车场等。

（2）快速充电方式

快速充电方式以 150 ～ 400A 的高充电电流在短时间内为动力电池充电，与常规充电方式相比，设备安装成本相对较高。快速充电也可称为迅速充电或应急充电，其目的是在短时间内给电动汽车充满电。大型充电站多采用这种充电方式，如图 4-1-2 所示。它主要针对长距离旅行或需要进行快速补充电能的情况，充电机功率很大，一般都大于 30kW，采用三相四线制 380V 供电。其典型的充电时间是 10 ～ 30min。

图 4-1-2 大型充电站的快速充电方式

快速充电方式主要优点是技术较为成熟，接口标准要求较低；充电速度快，增加电动汽车长途续驶能力，是一种有效的补充方案。

快速充电方式主要缺点是充电功率较大，对接口和用电安全要求高，电池散热成为重要因素；电池不能深度充电，一般为电池容量的 80% 左右，容易损害电池寿命，电池折旧成本高；短时用电消耗大，对配电网要求较高，基础设施配套需求巨大。

（3）电池更换方式

采用更换电池的方式迅速补充车辆电能，电池更换可在 10min 内完成，理论上无限提升了车辆续驶里程。图 4-1-3 所示为利用换电机器人为电动汽车更换电池。

图 4-1-3 利用换电机器人为电动汽车更换电池

电池更换方式的主要优点是电池更换客户的感受接近于传统的加油站加油；用户只需购买裸车，电池采用租赁的方式，大幅降低了车辆价格；采用适合的充电方式保证电池的健康以及电池效能的发挥，电池集中管理便于集中回收和维护，减小环境污染；选择夜间用电低谷时段慢速充电，降低服务机构运行成本，对电网起到错峰填谷作用。

电池更换方式的主要缺点是基础设施建设成本较高，占用场地大，电网配套要求高；需解决电动汽车更换电池方便的问题，如电池设计安装位置、电池拆卸难易程度等；需要电动汽车行业众多标准的严格统一，包括电池本身外形和各项参数的标准化、电池和电动汽车接口的标准化、电池和外置充电设备接口的标准化等；电池更换容易导致电池接口接

触不良等问题，对电池及车辆接口的安全可靠要求提高；电池租赁带来的资产管理、物流配送、计价收费等一系列问题，运作复杂性和成本提高。

（4）其他充电方式

对电动汽车动力电池而言，最理想的情况是电动汽车在路上行驶时充电，即移动充电。这样，电动汽车用户就没有必要去寻找充电站、停放车辆并花费时间去充电。移动充电系统埋设在一段路面下，即充电区，不需要额外的空间。

电动汽车无线充电方式是利用无线电能传输技术对动力电池进行充电的一种新型充电方式，主要有电磁感应充电方式、磁共振充电方式和微波充电方式。

4.1.2 电动汽车充电设备的类型和要求

（1）电动汽车充电设备的类型

电动汽车充电设备的类型很多，一般分为非车载充电机、车载充电机、交流充电桩、直流充电桩和交直流充电桩等。

① 非车载充电机　指安装在电动汽车车体外，将电网的交流电能变换为直流电能，采用传导方式为电动汽车动力电池充电的专用装置。非车载充电机一般由高频开关电源模块、监控单元、人机操作界面、与电动汽车相连的电气接口、计量系统和通信接口等组成。

② 车载充电机　指固定安装在电动汽车上运行，将交流电能转换为直流电能，采用传导方式为电动汽车动力电池充电的专用装置。车载充电机由交流输入接口、功率单元、控制单元、直流输出接口等部分组成。充电过程中，由车载充电机提供电池管理系统、充电接触器、仪表盘、冷却系统等低压用电电源。

③ 交流充电桩　指固定在电动汽车外、与交流电网连接，采用传导方式为具有车载充电装置的电动汽车提供交流电源的专用供电装置。交流充电桩只提供电力输出，没有充电功能，需连接车载充电机为电动汽车充电。

交流充电桩由桩体、电气模块和计量模块三部分组成。桩体外部结构包括外壳和人机交互界面；电气模块包括充电插座、供电电缆、电源转接端子排、安全防护装置等；计量模块包括电能表、计费管理系统、非接触式读写装置等。

④ 直流充电桩　指固定在电动汽车外、与交流电网连接，可以为非车载电动汽车动力电池提供小功率直流电源的供电装置。直流充电桩的输入电压采用三相四线交流电（380V），频率为50Hz，输出为可调直流电，直接为电动汽车的动力电池充电。

直流充电桩主要由监控器、刷卡区、充电指示灯、插枪接口、充电桩体等部分组成。

⑤ 交直流充电桩　采用交直流一体的结构，既可实现直流充电，也可以交流充电。白天允电业务多时，使用直流充电方式进行快速充电，当夜间充电站用户少时，可用交流充电方式进行慢充操作。

车载充电机和交流充电桩是电动汽车最主要、应用最广泛的充电设备。

（2）电动汽车对充电设备的要求

电动汽车充电设备是指与电动汽车或动力电池相连接，并为其提供电能的设备，是电动汽车充电站最主要的设备。电动汽车对充电设备具有以下要求。

① 安全　电动汽车充电时，要确保人员的人身安全和动力电池组的安全。

② 易用　充电设备应具有较高的智能性，不需要操作人员过多干预充电过程。

③ 经济　成本经济、价格低廉的充电设备有助于降低整个电动汽车的成本，提高运行效益，促进电动汽车的商业化推广。

④ 高效率　这是对现代充电设备最重要的要求之一，效率的高低对整个电动汽车的使用普及具有重大影响。

⑤ 低污染　对供电电源污染小。采用电力电子技术的充电设备是一种高度非线性的设备，会对供电网及其他用电设备产生有害的谐波污染。而且由于充电设备功率因数低，在充电系统受载增加时，对其供电网的影响也不容忽视。

4.2 动力电池控制系统

4.2.1 动力电池控制系统的组成

不同种类的电动汽车动力电池控制系统构成不同，因而其控制系统的软、硬件系统装置构成不同。纯电动汽车动力电池控制系统的输入参数有各电池组的状态参数（如工作电压、放电电流和电池温度等）、车辆运行状态参数（如行驶速度、电机功率等）和车辆操纵状态参数（如制动、启动、加速和减速等）等。动力电池控制系统具有对检测的状态参数进行实时显示的功能。控制单元对检测的状态参数按预定的算法进行推理与计算，并向动力电池、电机等发出合适的控制和显示指令等，实现动力电池能量的优化管理与控制。动力电池控制系统组成如图 4-2-1 所示。

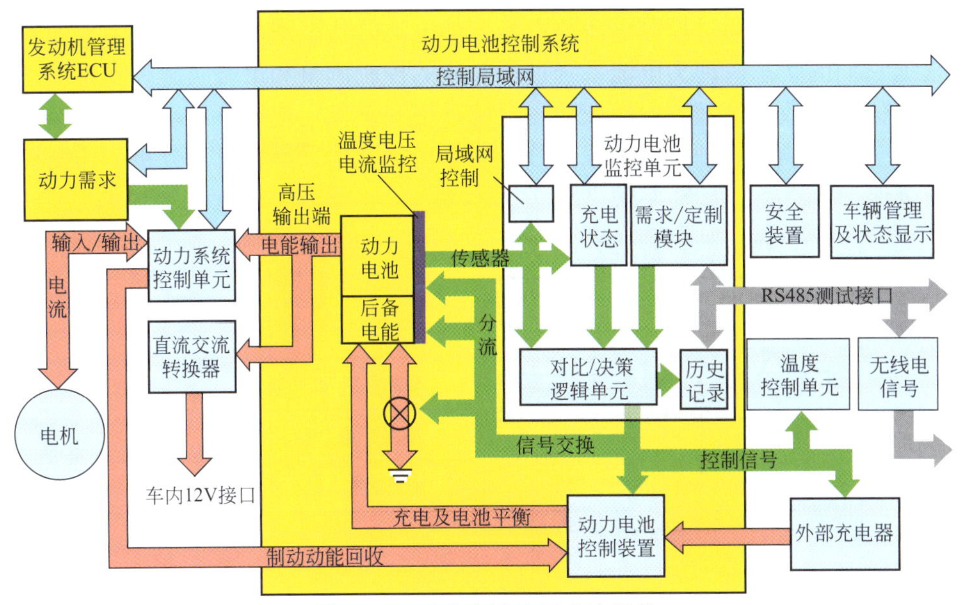

图 4-2-1　动力电池控制系统组成

电动汽车动力电池携带的能量是有限的，也是非常宝贵的。为了增加电动汽车的续驶里程，对动力电池系统进行全面的、有效的管理是十分必要的。动力电池管理的主要任务是保持电动汽车动力电池性能良好，并优化动力电池的电性能和保存、显示测试数据等。典型的动力电池管理功能如图 4-2-2 所示。

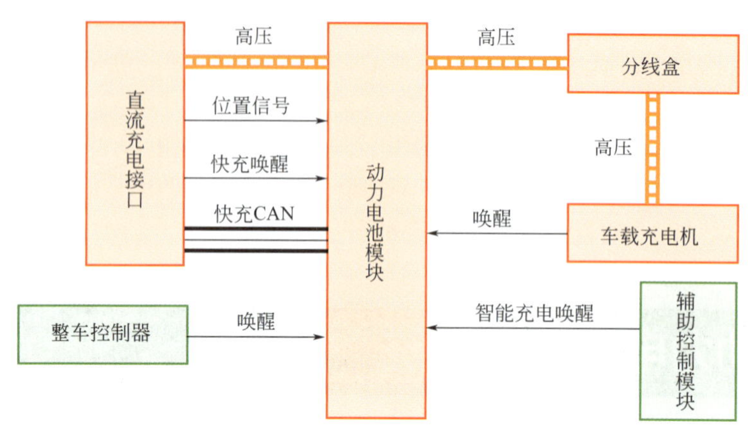

图 4-2-2 典型的动力电池管理功能

电动汽车制动能量回收主要由两部分组成，即驱动电机再生制动部分和传统液压摩擦制动部分。制动系统可视为机电复合制动系统。电动汽车再生制动是利用驱动电机的电动机 / 发电机可逆性原理来实现的。在电动汽车需要减速或滑行时，可以利用驱动电机的控制电路实现电机的发电运行，使减速制动时的能量转换成对动力电池充电的电流，从而得到再生利用。由于摩擦制动一般采用液压形式，所以所提到的机电复合制动系统也可称为再生液压混合制动系统。从保证制动安全和提高能量利用率的角度来考虑，再生液压混合制动系统是最适合电动汽车的综合制动系统。

4.2.2 动力电池控制系统的基本功能

动力电池控制系统通过检测电池组中各单体电池的状态来确定整个动力电池系统的状态，并根据它们的状态对动力电池系统进行对应的控制调整和策略实施，实现对动力电池系统及各单体的充放电管理，以保证动力电池系统安全稳定地运行。动力电池控制系统的基本功能可分为检测、管理、保护三部分，具体包括数据采集、状态分析、均衡控制、热管理、安全保护等功能，如图 4-2-3 所示。

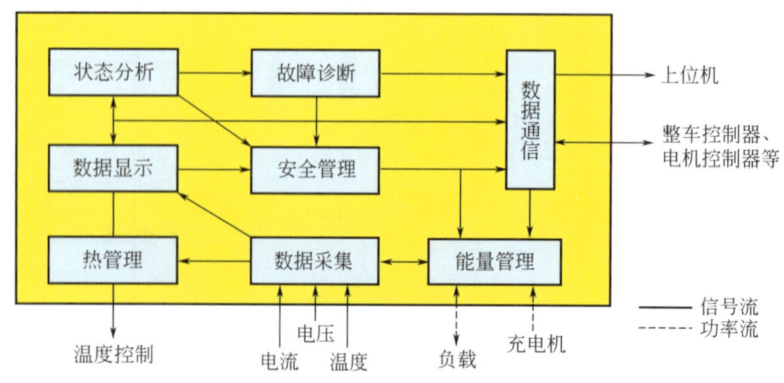

图 4-2-3 动力电池控制系统的基本功能

(1) 数据采集

作为动力电池控制系统中其他功能的基础与前提，数据采集精度的高低和速度的快慢反映了动力电池控制系统的优劣。动力电池控制系统的其他功能，如SOC状态分析、均衡管理、热管理功能等都是以采集获取的数据为基础进行分析及处理的。

数据采集的对象一般为电压、电流、温度。在实际使用过程中，电池在不同温度下的电化学性能不同，导致电池所放出的能量是不同的。锂离子动力电池对电压和温度比较敏感，因此在对电池的SOC进行评估时必须考虑温度的影响。

(2) 状态分析

对电池状态的分析主要包括电池剩余电量及电池老化程度这两个方面，即电池的荷电状态（SOC）评估和充电倍率（SOH）评估。SOC能够让驾驶员获得直接的信息，了解到剩余的电量对续驶里程的影响。SOC的分析会受到SOH的影响，电池的SOH在使用过程中受温度、电流等持续影响而需要不断进行分析，以确保SOC分析的准确性。在对SOC的分析上，主要有电荷计量法、开路电压法、卡尔曼滤波法、人工神经网络算法和模糊逻辑法等。

(3) 均衡控制

由于生产制造和工作环境的影响会造成电池单体的不一致性，在电压、容量、内阻等性质上出现差别，导致每个单体电池在实际使用过程中的有效容量和充放电电量是不一样的。因此，为保证动力电池的整体性能和延长使用寿命，为减少单体电池之间的差异性而对电池进行均衡控制是十分必要的。

均衡控制有助于电池容量的保持和放电深度的控制。如果没有对电池进行均衡控制，由于动力电池控制系统的保护功能设置，就会出现某个电池单体充满电时其他电池单体没有充满，或者某个最小电量的单体电池放电截止时其他电池还没有达到放电截止限制的现象。一旦电池出现过充电或过放电，电池内部会发生一些不可逆的化学反应，导致电池的性质受到影响，从而影响电池的使用寿命。

(4) 热管理

动力电池在不同运行工况下由于其自身有一定的内阻，在输出功率、电能的同时产生一定的热量，从而产生热量累积使电池温度升高，空间布置的不同使各处电池温度并不一致。当电池温度超出其正常工作温度区间时，必须限功率工作，否则会影响电池的寿命。为了保证动力电池系统的电性能和寿命，必须进行热管理。

动力电池控制系统在热管理上的主要功能是对动力电池温度进行准确的测量和监控，在动力电池温度过高时的有效散热和通风用以保证动力电池温度场的均匀分布。在低温的条件下，能够进行快速加热使电池组处于能够正常工作的状态。

(5) 安全保护

安全保护作为整个动力电池控制系统最重要的功能，是基于前面四个功能而进行的，主要包括过电流保护、过充过放保护、过温保护和绝缘监测。

① 过电流保护　由于单体电池都具有一定的内阻，当动力电池在工作时电流过大会造成动力电池内部发热，热量积累增加造成动力电池温度上升，从而导致动力电池的热稳定性下降。对于锂离子电池来说，正、负极材料脱嵌锂离子能力是一定的，当充、放电电流

大于其脱嵌能力时，将导致动力电池的极化电压增加，导致动力电池的实际容量减小，影响动力电池使用寿命，严重时会影响动力电池的安全性。动力电池控制系统会判断电流值是否超过安全范围，一旦超过则会采取相应的安全保护措施。

② 过充过放保护　在充电过程中，充电电压超过电池充电截止电压时，将会引起正极晶格结构被破坏，导致单体电池容量变小，并且电压过高时会造成正、负极短路发生爆炸的隐患，因此过充电是被严格禁止的。动力电池控制系统会检测系统中单体电池的电压，当电压超过充电限制电压时，会断开充电回路从而保护动力电池。

在放电过程中，放电电压低于电池放电截止电压时，单体电池负极上的金属集流体将被溶解，给单体电池造成不可逆的损害。给过度放电的单体电池充电时会有内部短路或漏液的可能。当电压超过放电限制电压时，动力电池控制系统会断开放电回路从而保护电池系统。

③ 过温保护　对于过温保护，需要结合上面的热管理功能进行。动力电池活性在不同温度下有所不同。长时间处在高温环境下，动力电池材料的结构稳定性会变差，缩短动力电池使用寿命。低温下动力电池活性受限，会造成可用容量减小，尤其是充电容量将变得很低，同时可能产生安全隐患。动力电池控制系统能够在动力电池温度超过高温限制值或低于低温限制值时，禁止进行充、放电。

④ 绝缘监测　此功能也是保证动力电池安全的重要功能之一。动力电池电压通常有几百伏，一旦出现漏电将会对人形成危险，所以绝缘监测功能就显得相当重要。动力电池控制系统会实时监测总正和总负对车身搭铁的绝缘阻值，如果出现绝缘阻值低于安全范围，则会上报故障并断开高压电。

4.3 驱动电机控制系统

（1）驱动电机控制系统的组成和功用

驱动电机控制系统是电动汽车三大核心之一，是车辆行驶的主要执行机构，其特性决定了车辆的主要性能指标，直接影响车辆动力性、经济性和用户驾乘感受。驱动电机控制系统由动力总成（驱动电机）、高压配电箱、电机控制器（MCU）、高低压线束和相关传感器等组成。

如图 4-3-1 所示，整车控制器（VCU）根据驾驶员意图发出各种指令，电机控制器响应并反馈，实时调整驱动电机输出，以实现整车的怠速、前行、倒车、停车能量回收以及驻坡等功能。电机控制器另一个重要功能是通信和保护，实时进行状态和故障检测，保护电机系统和整车安全可靠运行。

电机控制器又称智能功率模块，以 IGBT（绝缘栅双极型晶体管）模块为核心，辅以驱动集成电路、主控集成电路，对所有的输入信号进行处理，并将电机系统运行状态的信息通过网络发送给整车控制器。电机控制器内含故障诊断电路，当诊断出异常时，会激活一个错误代码，发送给整车控制器，同时也会存储该故障码和数据。

使用以下传感器来提供电机系统的工作信息：电流传感器，用以检测电机工作的实际电流（包括母线电流、三相交流电流）；电压传感器，用以检测供给电机控制器工作的实际电压（包括动力电池电压、12V 辅助电池电压）；温度传感器，用以检测电机系统的工作温度（包括 IGBT 模块温度、电机控制器板载温度）。

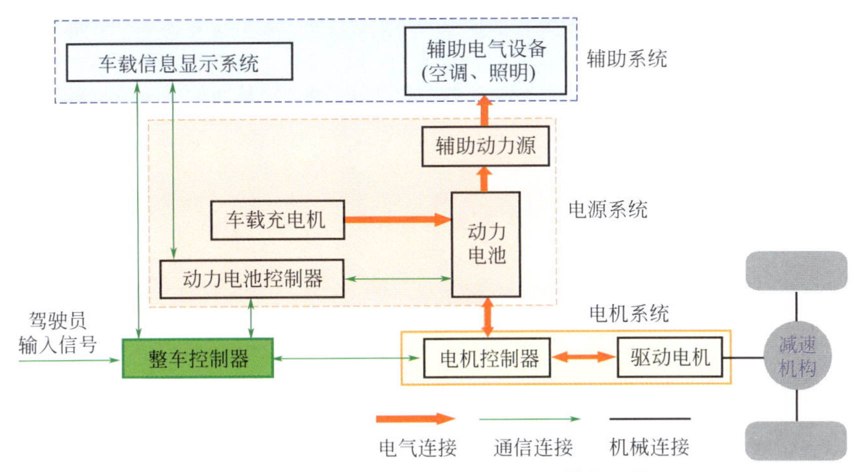

图 4-3-1　纯电动汽车的驱动单元基本结构

电机控制器的技术指标包括输入电压、工作电压范围、控制电源（通常为 9 ～ 12V）、标称容量、防护等级、尺寸等。电机控制器主要由接口电路、控制主板、IGBT 模块（驱动）、超级电容、放电电阻、电流传感器等组成。

电机系统工作必须满足以下条件：高压电源输入正常（一般绝缘性能大于 20MΩ）；低压 12V 电源供电正常（电压范围 9 ～ 16V）；与整车控制器通信正常；电容放电正常；旋变传感器信号正常；三相交流输出电路正常，电机及电机控制器温度正常，开盖保持开关信号正常。

（2）驱动电机控制系统的高压电路

通常纯电动汽车整车共分为五段高压线束，如图 4-3-2 所示。

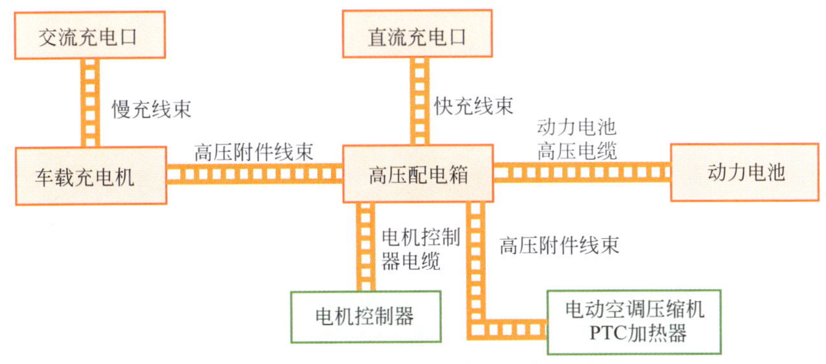

图 4-3-2　比亚迪 e6 高压配电系统

① 动力电池高压电缆　连接动力电池到高压配电箱之间的电缆。

② 电机控制器电缆　连接高压配电箱到电机控制器之间的电缆。

③ 快充线束（直流充电口）　连接快充口到高压配电箱之间的线束。

④ 慢充线束（交流充电口）　连接慢充口到车载充电机之间的线束。

⑤ 高压附件线束（高压线束总成）　连接高压配电箱到 DC/DC、车载充电机、电动空调压缩机、PTC 加热器之间的线束。

第 5 章
新能源汽车空调系统

Chapter 5

5.1 新能源汽车空调系统的组成

新能源汽车空调系统与传统汽车空调系统工作原理大致相同，主要区别是压缩机的驱动方式，纯电动汽车的空调采用电动方式来驱动压缩机，有别于传统汽车通过发动机曲轴皮带驱动的形式。

新能源汽车制冷系统示意如图 5-1-1 所示。下面以比亚迪 e6 为例，介绍空调系统的组成。

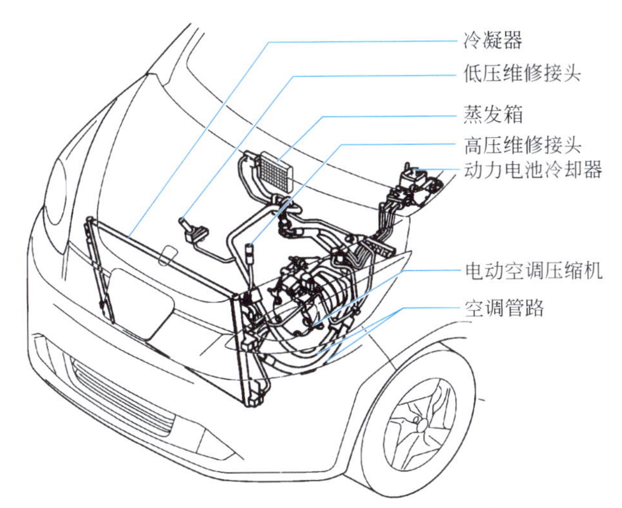

图 5-1-1 新能源汽车制冷系统示意

比亚迪电动空调系统的组成与传统车型相似，主要由空调器总成（HVAC）、空调管路、电动空调压缩机 冷凝器、空调控制面板及相关传感器、空调驱动器等组成（图 5-1-2）。其中空调驱动器与 DC/DC 转换器布置于同一壳体中，位于前舱左侧。

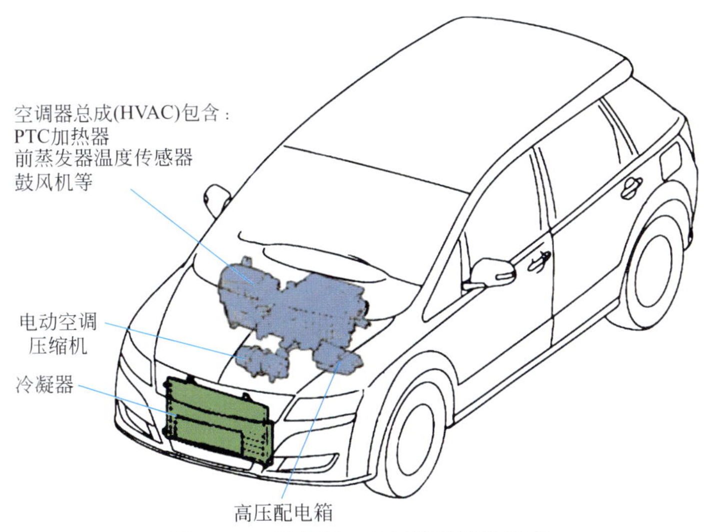

图 5-1-2 比亚迪 e6 空调系统的组成

5.2 新能源汽车电动空调压缩机

涡旋式压缩机包括一个定涡盘和一个动涡盘，两个相互啮合的涡盘的线形是相同的，它们相互错开 180° 安装在一起，即相位角相差 180°。涡旋式压缩机的工作原理如图 5-2-1 所示，定涡盘固定在机架上，动涡盘由电机直接驱动。动涡盘是不能自转的，只能围绕定涡盘作很小回转半径的公转运动。当驱动电机旋转带动动涡盘公转时，制冷气体通过滤芯进入定涡盘的外围部分。随着驱动轴的旋转，动涡盘在定涡盘内按一定轨迹运转，使动、定涡盘之间形成由外向内体积逐渐缩小的六个腔，即 A 腔、B 腔、C 腔、D 腔、E 腔和 F 腔。制冷气体在动、定涡盘所形成的六个月牙形压缩腔内被逐步压缩，最后被压缩的制冷气体从定涡盘中心孔通过阀片连续排出。

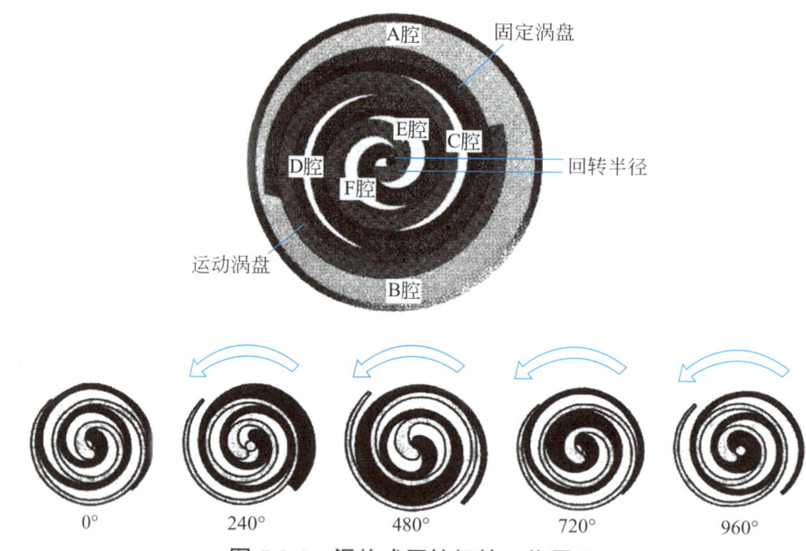

图 5-2-1　涡旋式压缩机的工作原理

在压缩机整个工作过程中，所有工作腔均由外向内逐渐变小且处于不同的压缩状况，从而保证涡旋式压缩机能连续不断地吸气、压缩和排气。虽然涡旋式压缩机每次排出制冷气体的量较小（27 ～ 30cm^3），但由于动涡盘可作转速高达 9000 ～ 13000r/min 的公转，所以总排气量足够大，能满足车辆空调制冷的需求，当然压缩机的功耗也较大，可达 4 ～ 7kW。

第 6 章 混合动力汽车维修

Chapter 6

6.1 丰田混合动力汽车

6.1.1 概述

(1)典型特征

丰田混合动力系统 - Ⅱ(THS- Ⅱ)具有以下典型特征。

① 采用了带有转换器的逆变器总成，为电机 MG1 和 MG2 提供系统电压。带有转换器的逆变器总成由可将系统工作电压升至最高电压(直流 650V)的增压转换器和可将直流电转换为交流电的逆变器组成。

② 电机减速行星齿轮机构的作用是降低电机转速，用来使高转速、大功率的 MG2 适合混合动力传动桥内的动力分配行星齿轮机构进行动力分配。丰田 THS- Ⅱ组成如图 6-1-1 所示。

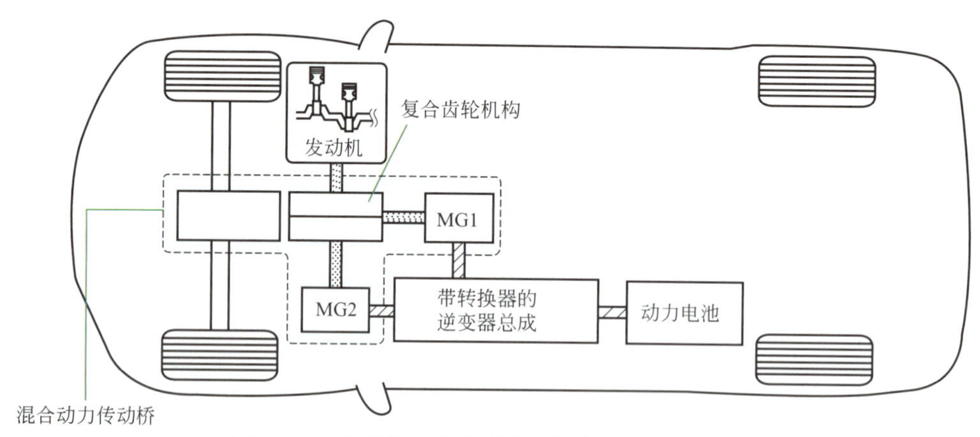

图 6-1-1 丰田混合动力系统 - Ⅱ(THS- Ⅱ)组成

(2)变压系统

在丰田混合动力系统 - Ⅱ(THS- Ⅱ)中，带转换器的逆变器总成内使用增压转换器。增压转换器将系统工作电压升至最高电压(直流 650V)且逆变器将直流电转换为交流电，以在高压下驱动 MG1 和 MG2，并以较小电流将与供电相关的电气损失降至最低，因此可以使 MG1 和 MG2 高转速、大功率工作(图 6-1-2)。

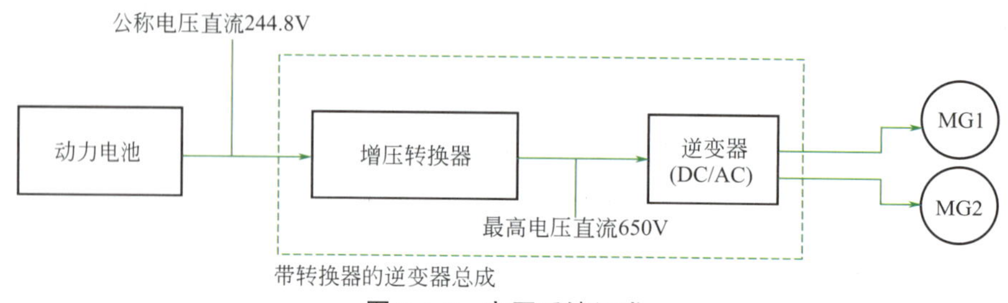

图 6-1-2 变压系统组成

（3）无离合器系统

无离合器系统通过齿轮将前轮和 MG2 机械相连。换挡杆位置传感器输出 N 位置信号，将逆变器（控制 MG1 和 MG2）内所有功率晶体管关闭，以在空挡位置切断动力，从而切断 MG1 和 MG2 电源，车轮处的驱动力变为零。

（4）P311 混合动力传动桥（E-CVT 电子无级变速器）

根据车辆驾驶条件，丰田混合动力系统 - Ⅱ（THS- Ⅱ）通过优化方式结合发动机和 MG2 的驱动力来驱动车辆。在该系统中，发动机动力是基础。P311 混合动力传动桥内的复合齿轮机构由电机减速行星齿轮机构和动力分配行星齿轮机构组成。动力分配行星齿轮机构将发动机动力分为两路，一路用来驱动车轮，另一路用来驱动 MG1，因此 MG1 可作为发电机使用。

发动机、MG1 和 MG2 由复合齿轮机构机械地连接在一起。

在电机减速行星齿轮机构中，太阳齿轮与 MG2 的输出轴耦合在一起，且行星齿轮架固定。此外，复合齿轮机构使用由 2 个行星齿圈、1 个中间轴主动齿轮和 1 个驻车挡齿轮集成在一起的复合齿轮。

P311 混合动力传动桥组成如图 6-1-3 所示。

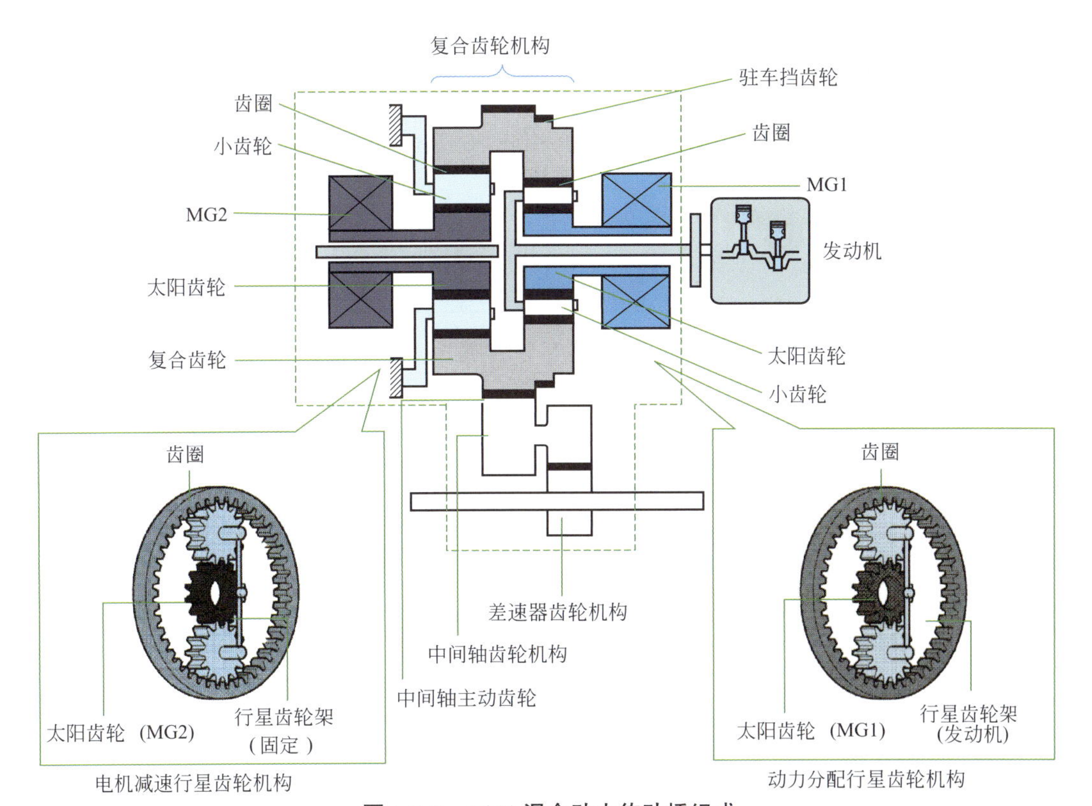

图 6-1-3　P311 混合动力传动桥组成

（5）主要零部件的布局与功能

主要零部件的布局与功能参见图 6-1-4 ～图 6-1-6 和表 6-1-1。

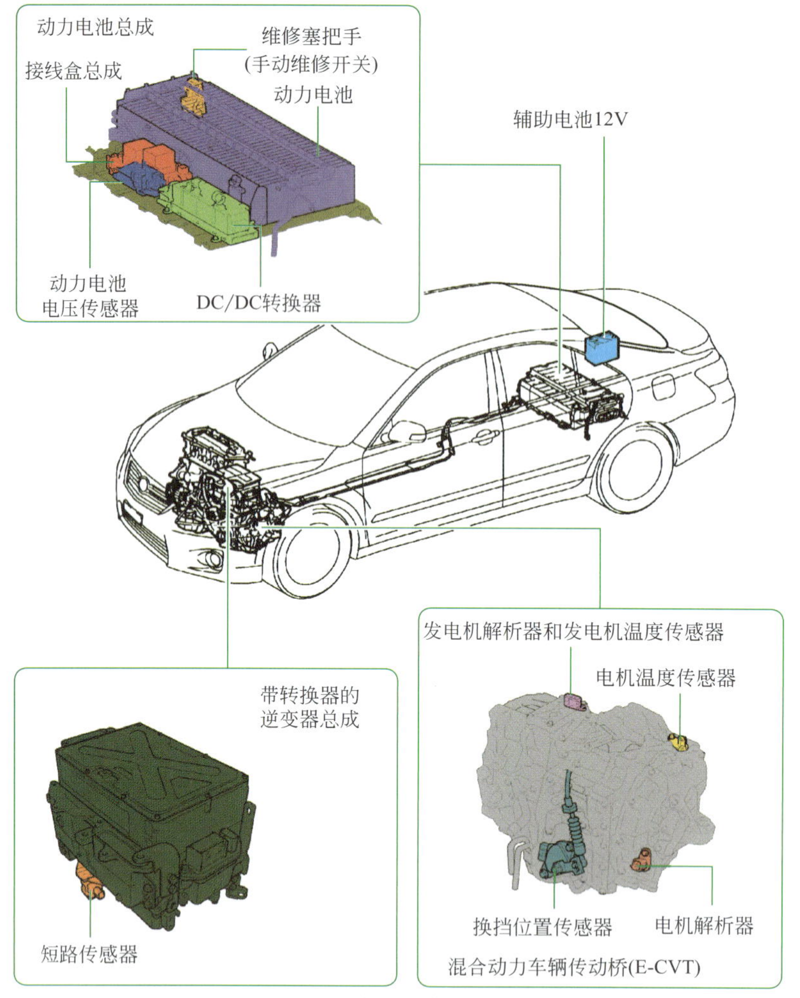

图 6-1-4　主要零部件的布局

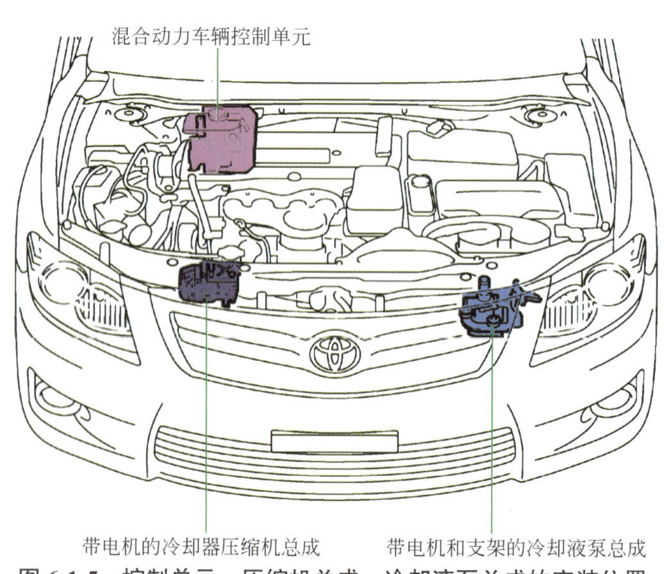

图 6-1-5　控制单元、压缩机总成、冷却液泵总成的安装位置

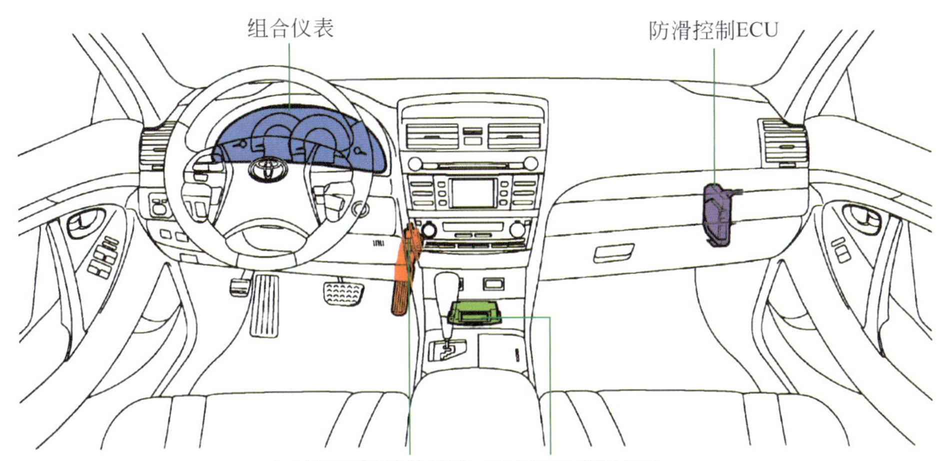

图 6-1-6 组合仪表、防滑控制 ECU、安全气囊控制单元、加速踏板位置传感器的安装位置

表 6-1-1 丰田混合动力汽车主要零部件

项目			概要
P311 混合动力传动桥（E-CVT）	MG1		由发动机驱动并产生高压电，以运行 MG2 和 / 或对动力电池充电。MG1 还可作为起动机来启动发动机 MG1 运行从而使动力分配行星齿轮机构的传动比与车辆驾驶条件最优匹配
	MG2		由来自 MG1 和 / 或动力电池的电力驱动，产生前轮驱动力 制动过程中，或未踩下加速踏板时，它将产生电力对动力电池再充电（再生制动）
	复合齿轮机构	动力分配行星齿轮	按比例分配发动机驱动力以直接驱动车辆及 MG1
		电机减速行星齿轮	位于 MG2 和动力分配行星齿轮之间，电机减速行星齿轮降低 MG2 的转速，以增加转矩
	解析器		MG1 和 MG2 各自都配备解析器 将电机的转速发送到电机 ECU（MG ECU）
	温度传感器		MG1 和 MG2 各自都配备温度传感器 测量 MG1 和 MG2 的温度
HV 动力电池总成	动力电池		根据车辆驾驶条件，向 MG1 和 MG2 供电 根据 SOC 及车辆驾驶条件 MG1 和 MG2 对其充电 具有直流 244.8V（近似）公称电压（实际电压根据各种条件，如温度、充电或放电而不同）
	DC/DC 转换器		将最高电压从直流 244.8V 降低为直流 12V，以向车身电气零部件供电，并对辅助动力电池再充电（直流 12V）
	动力电池电压传感器		监视动力电池的状态并将相关信息传输至混合动力车辆控制单元
	维修塞把手（手动维修开关）		拆下该维修塞把手时，切断动力电池的高压电路以检查或保养车辆

续表

项目		概要
带转换器的逆变器总成	逆变器	该设备将高压直流电（来自动力电池）转换为交流电（用于 MG1 和 MG2），反之亦然（将交流电转换为直流电）
	增压转换器	将动力电池最高电压从直流 244.8V 升高为直流 650V，反之亦然（将直流 650V 降低为直流 244.8V）
	电机 ECU（MG ECU）	根据接收混合动力车辆控制单元的信号控制逆变器和增压转换器，从而驱动 MG1 或 MG2，或使其发电
混合动力车辆控制 ECU		执行 THS-Ⅱ的综合控制，包括发动机、电子控制无级变速器（E-CVT）和动力电池 接收来自各传感器及 ECU（防滑控制 ECU 和动力转向 ECU）的信息，并基于该信息，计算出所需转矩及输出功率。混合动力车辆控制单元将计算结果发送到带转换器的逆变器总成和防滑控制 ECU 根据目标发动机转速和所需发动机驱动力控制智能电子节气门控制系统（ETC-Si） 监视动力电池的充电状态（SOC） 控制动力电池的冷却风扇和 DC/DC 转换器的冷却风扇 控制 DC/DC 转换器
防滑控制 ECU		制动过程中，计算控制所需的再生制动力并将其传输至混合动力车辆控制单元 TRC 或 VSC 工作过程中，计算控制所需的驱动力并将其传输至混合动力车辆控制单元
加速踏板位置传感器		将加速踏板位置转换为电信号，并将其输出到混合动力车辆控制单元
换挡杆位置传感器		将换挡杆位置转换为电信号，并将其输出到混合动力车辆控制单元
系统主继电器（SMR）		通过使用来自混合动力车辆控制单元的信号，连接和断开动力电池与带转换器的逆变器总成之间的高压电源电路
互锁开关（用于逆变器盖和维修塞把手）		确认逆变器盖和维修塞把手都已安装
断路器传感器		碰撞时检测施加到车辆上的冲击，并向混合动力车辆控制单元传输信号。一旦接收到该信号，混合动力车辆控制单元操作系统主继电器（SMR）以切断电源
辅助电池		通过 DC/DC 转换器（混合动力车辆转换器）由动力电池充电，向音响系统、空调系统和 ECU 供电

6.1.2 动力电池

（1）动力电池总成的组成与拆装

动力电池总成是由镍氢动力电池组、接线盒总成、动力电池电压传感器、DC/DC 转换器（混合动力车辆转换器）和维修塞把手（手动维修开关）组成，如图 6-1-7 所示。动力电池总成位于后排座椅后面的行李厢内。

动力电池电压传感器监视动力电池。

DC/DC 转换器（混合动力车辆转换器）将动力电池提供的公称电压直流 244.8V 降低至直流 12V 后，为辅助动力电池供电。

切断电路的维修塞把手（手动维修开关）安装于动力电池中部（15 号和 16 号模块之间）。

采用风冷法，利用专用冷却风扇和来自车厢内部的空气冷却动力电池。也为 DC/DC 转换器（混合动力车辆转换器）提供了专用冷却风扇，从而实现高效的空气冷却。

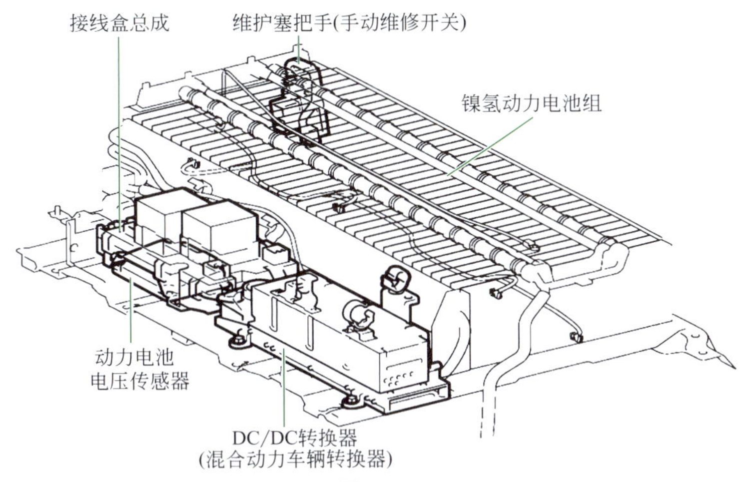

图 6-1-7

接线盒总成集成了系统主继电器搭铁（SMRG）、系统主继电器动力电池（SMRB）和动力电池电流传感器，如图 6-1-8 所示。系统主继电器（SMR）根据来自混合动力车辆控制单元的指令连接或断开高压动力系统。

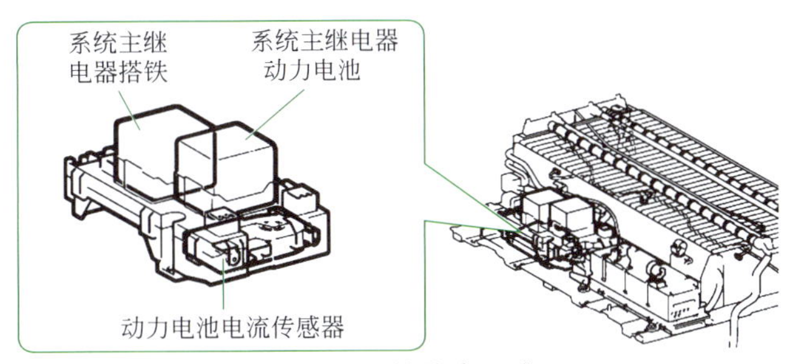

图 6-1-8　接线盒总成

动力电池组由密封镍氢（Ni-MH）单格动力电池组成。该动力电池具有大功率密度、重量轻、寿命长的特点，可适应 THS-Ⅱ的特性。车辆正常工作期间，由于执行充电 / 放电控制使动力电池保持在恒定的充电状态（SOC）范围内，因此车辆不需使用外部设备进行再充电。

动力电池组由 34 个动力电池模块组成。各动力电池模块均由 6 个镍氢单格动力电池组成，并通过母线模块串联在一起。单格动力电池在两个位置相连，以减小内部电阻和提高效率。动力电池总共有 204 个单格镍氢动力电池，公称电压为 244.8V（1.2V×204）。动力电池组的组成如图 6-1-9 所示。

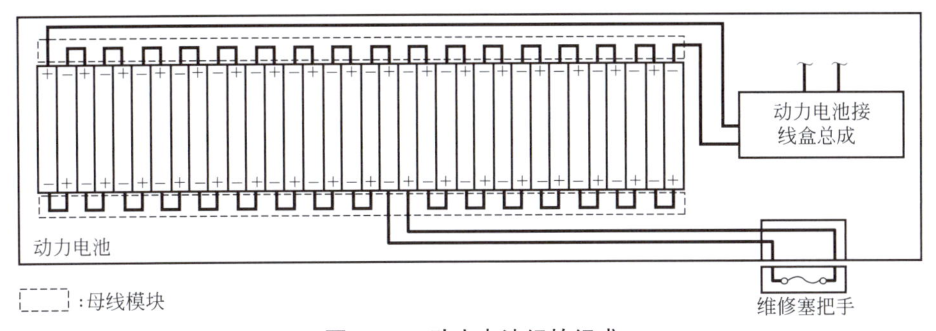

图 6-1-9　动力电池组的组成

动力电池总成零部件如图 6-1-10 所示。

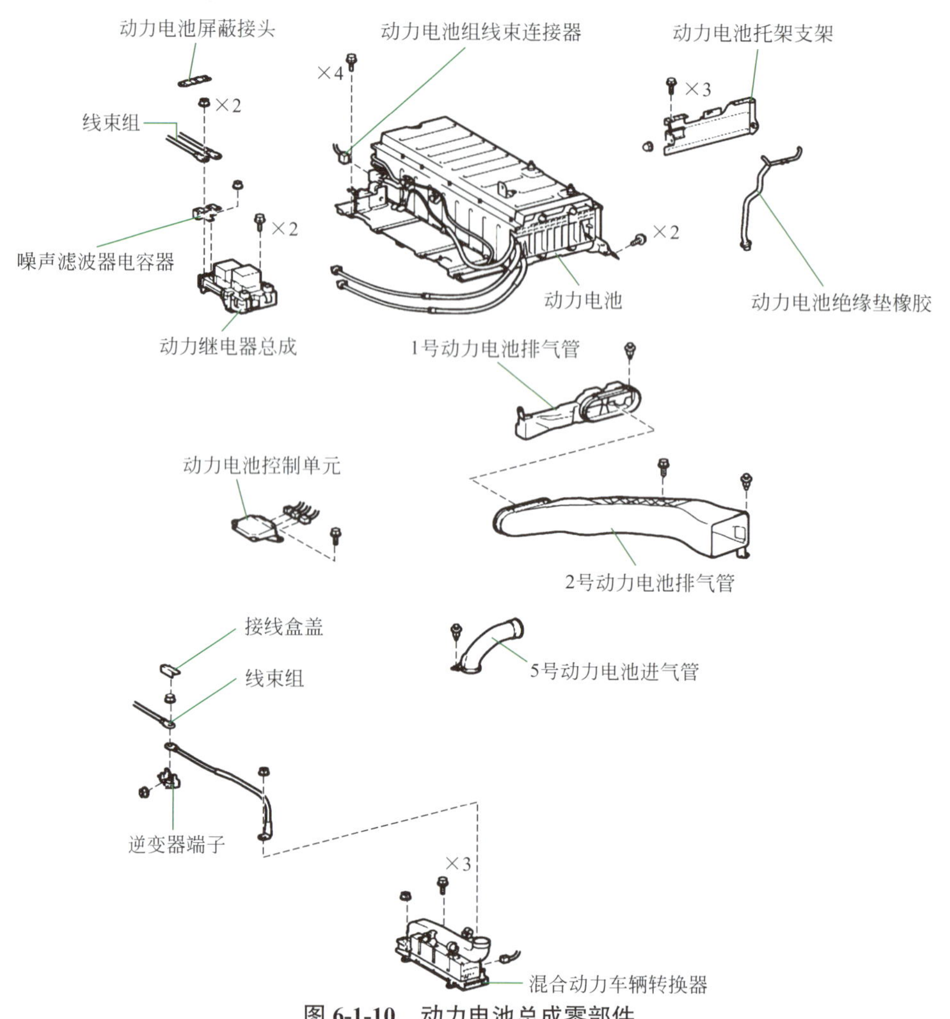

图 6-1-10　动力电池总成零部件

动力电池的拆卸步骤如下。

注意：以下操作需戴绝缘手套。

① 从 1 号动力电池盖上断开线束卡夹，如图 6-1-11 所示。

② 分离图 6-1-12 所示的 2 个卡爪，并拆下接线盒盖。

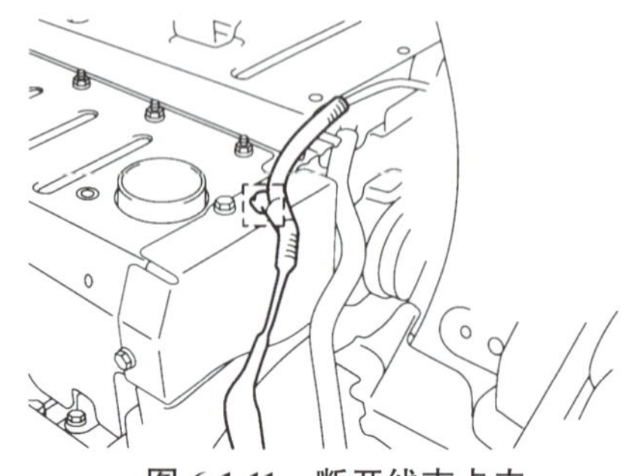

图 6-1-11　断开线束卡夹

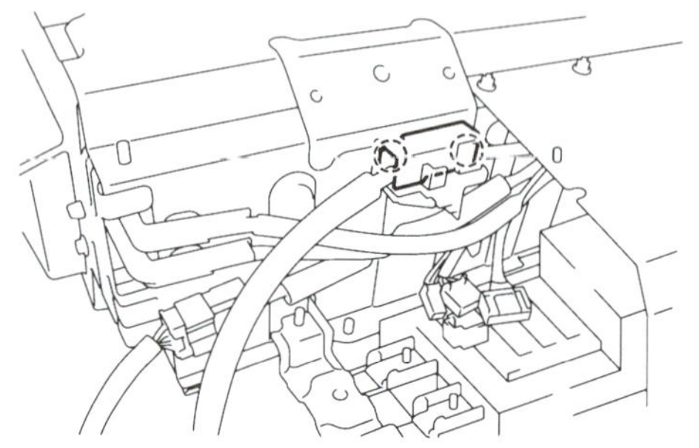

图 6-1-12　分离 2 个卡爪

③ 拆下图 6-1-13 所示的螺母并断开线束组（AMD 电缆）。

④ 断开动力电池组线束连接器，如图 6-1-14 所示。

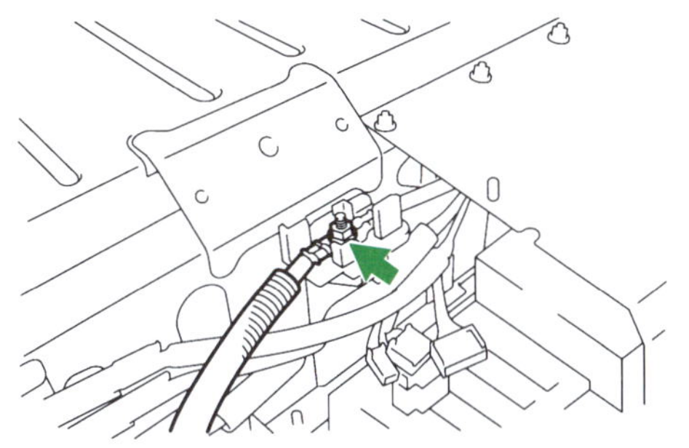

图 6-1-13 拆下螺母并断开线束组

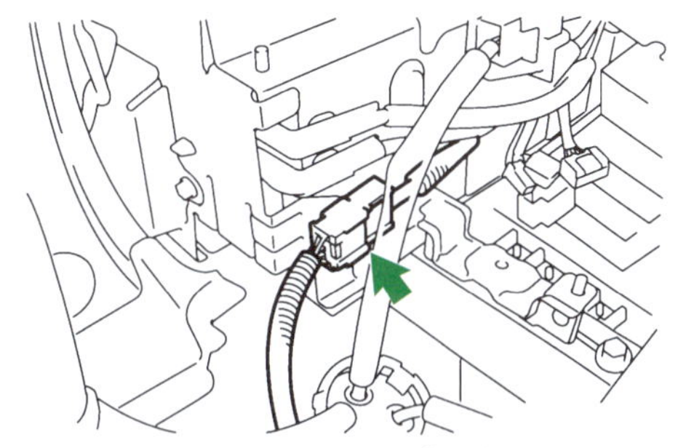

图 6-1-14 断开线束连接器

⑤ 拆下图 6-1-15 所示的动力电池绝缘垫橡胶的密封垫。

⑥ 从动力电池上拆下图 6-1-16 所示的 4 个螺栓。

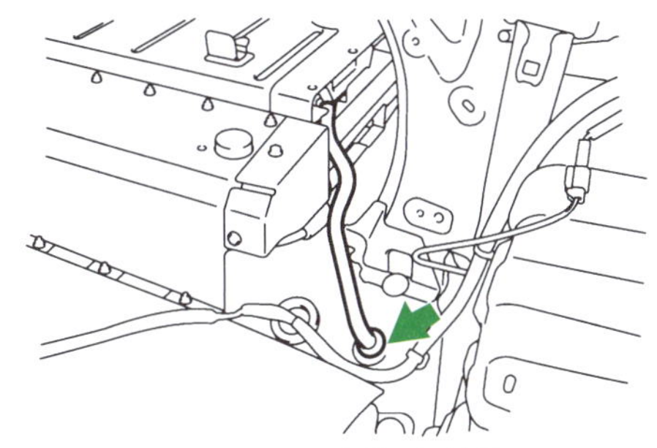

图 6-1-15 拆卸密封垫

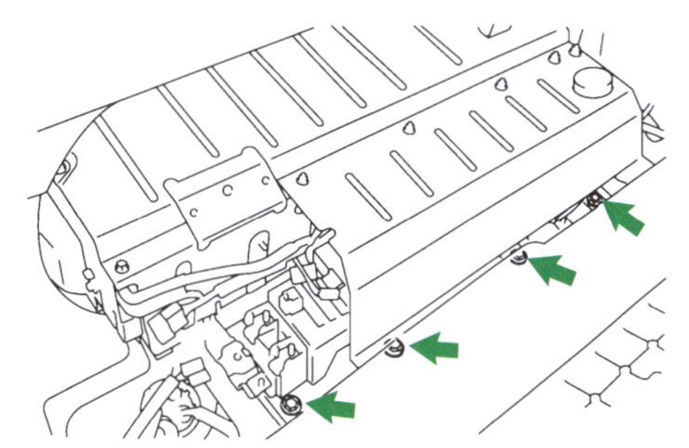

图 6-1-16 拆卸 4 个螺栓

⑦ 从动力电池上拆下 2 个支架螺栓，如图 6-1-17 所示。

⑧ 准备一张 750mm×500mm 或更大的硬纸板。

⑨ 如图 6-1-18 所示用扒胎棒支撑动力电池，插入硬纸板直到不能插入为止。

注意：移动动力电池或其他零部件时，用绝缘胶带捆绑线束组以防缠绕。

⑩ 如图 6-1-19 所示将动力电池和硬纸板拉向车辆后部。

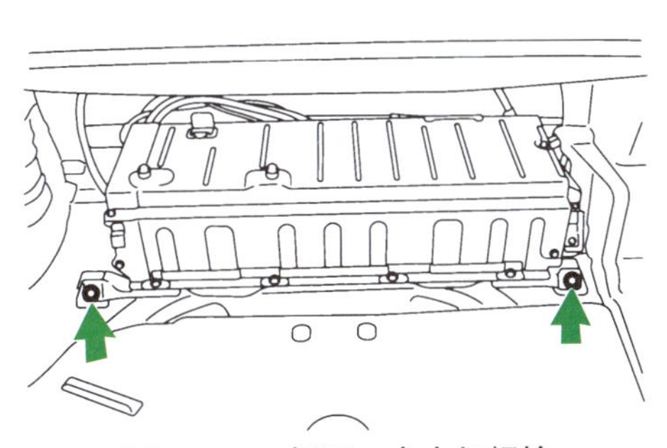

图 6-1-17 拆下 2 个支架螺栓

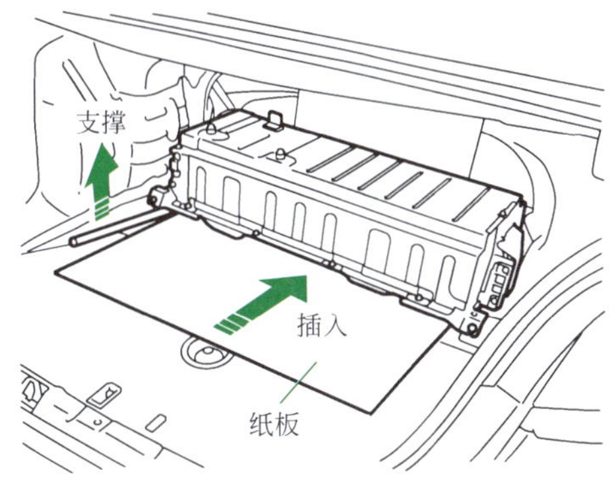

图 6-1-18 在动力电池下插入硬纸板

⑪ 动力电池后端倾斜 45° 时，用发动机吊链装置吊出动力电池（图 6-1-20）。

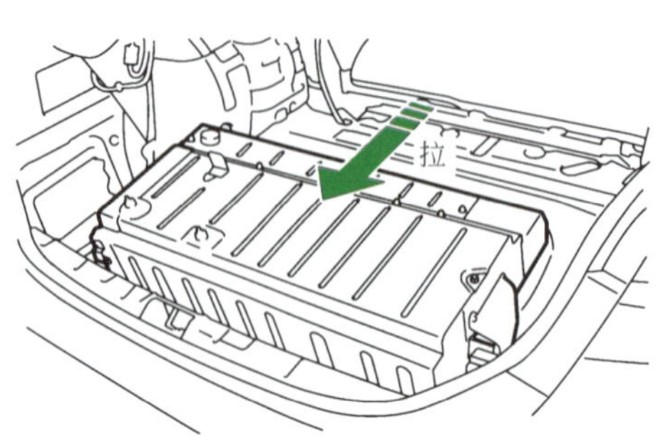

图 6-1-19　拉出动力电池

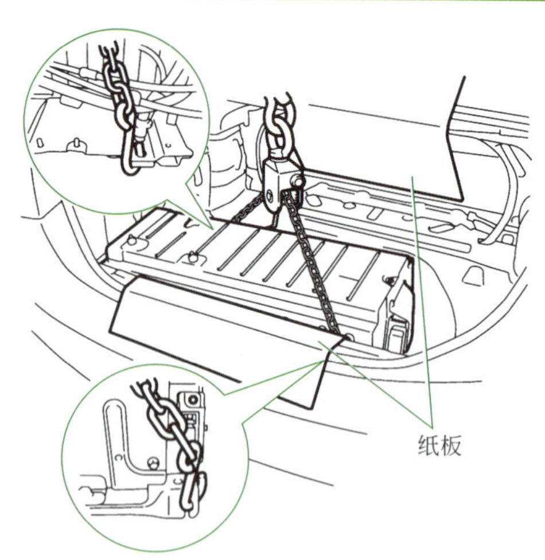

图 6-1-20　使用吊链装置吊出动力电池

注意：用硬纸板或其他类似材料以保护动力电池和车身免受损坏。

动力电池的安装按与拆卸相反的顺序进行。

（2）动力电池控制单元的组成与拆装

动力电池控制单元零部件如图 6-1-21 所示。

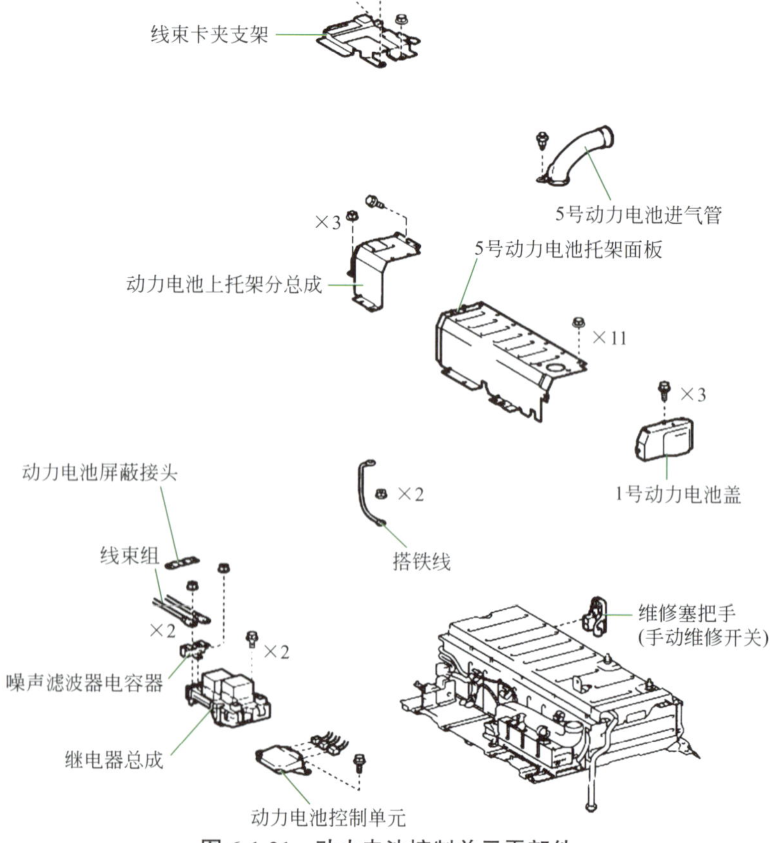

图 6-1-21　动力电池控制单元零部件

动力电池控制单元的拆卸步骤如下。

① 拆卸继电器总成。

② 拆卸动力电池控制单元。

注意：以下操作需戴绝缘手套。

a. 拆下图 6-1-22 所示螺栓和动力电池控制单元。

b. 从动力电池控制单元上断开图 6-1-23 所示的 3 个连接器。

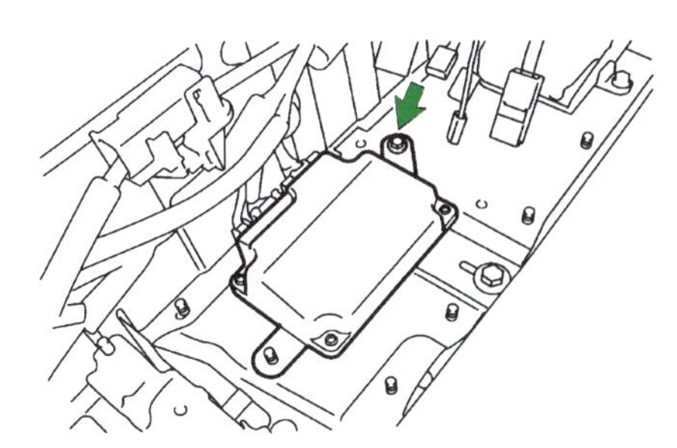

图 6-1-22　拆卸螺栓和动力电池控制单元

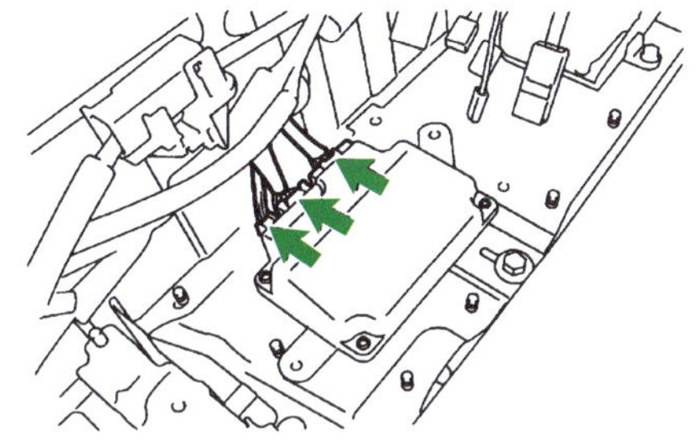

图 6-1-23　断开 3 个连接器

动力电池控制单元的安装步骤如下。

① 安装动力电池控制单元。

a. 参照图 6-1-23 将 3 个连接器连接到动力电池控制单元上。

b. 用螺母安装紧固动力电池控制单元。扭矩：8.0N • m。

② 安装继电器总成。

（3）动力电池继电器总成的组成与拆装

动力电池继电器总成零部件参见图 6-1-21。

动力电池继电器总成的拆卸步骤如下。

注意：以下操作需戴绝缘手套。

① 拆卸线束卡夹支架。

a. 用维修塞把手（手动维修开关）松开互锁按钮，如图 6-1-24 所示。

b. 拆下螺栓、螺母和线束卡夹支架。

c. 分离 2 个线束卡夹。

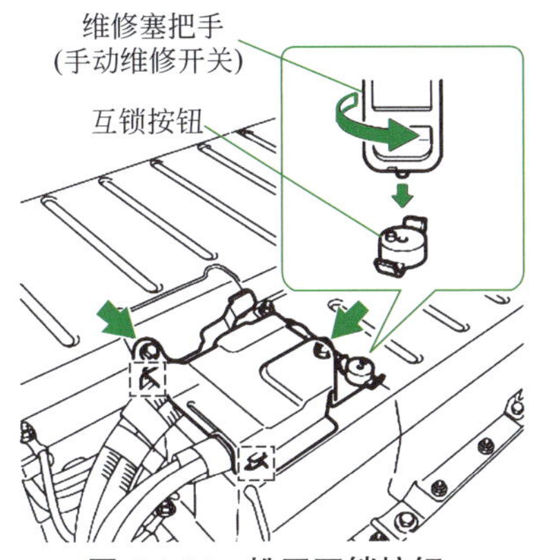

图 6-1-24　松开互锁按钮

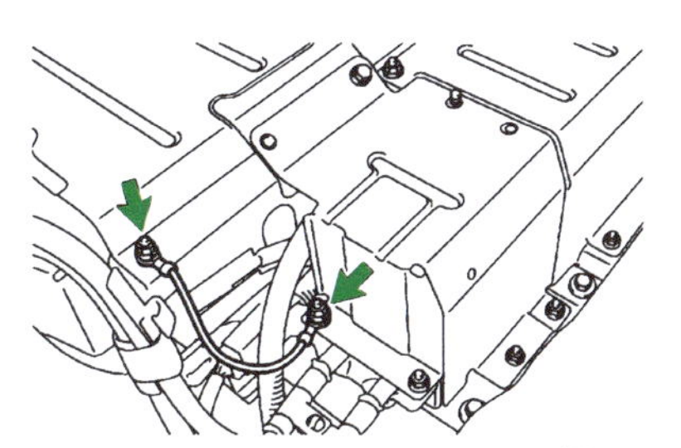

图 6-1-25　拆下 2 个螺母并取下搭铁线

② 拆卸动力电池上托架分总成。

a. 拆下 2 个螺母并取下搭铁线，如图 6-1-25 所示。

b. 拆下图 6-1-26 所示的 3 个螺母、螺栓和动力电池上托架分总成。

③ 断开线束组。

a. 拆下动力电池屏蔽接头，如图 6-1-27 所示。

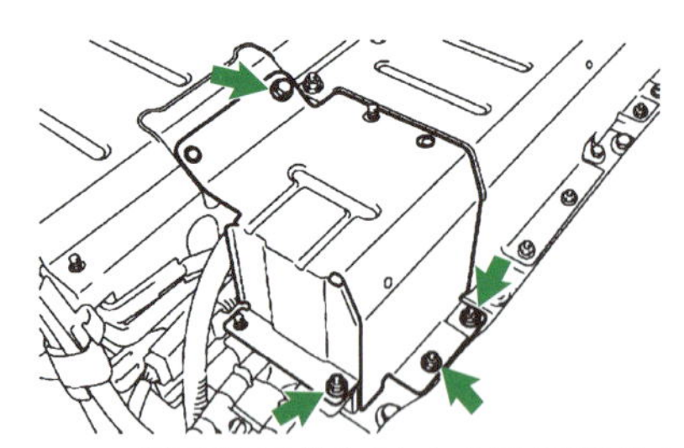

图 6-1-26　拆下紧固件和动力电池托架分总成

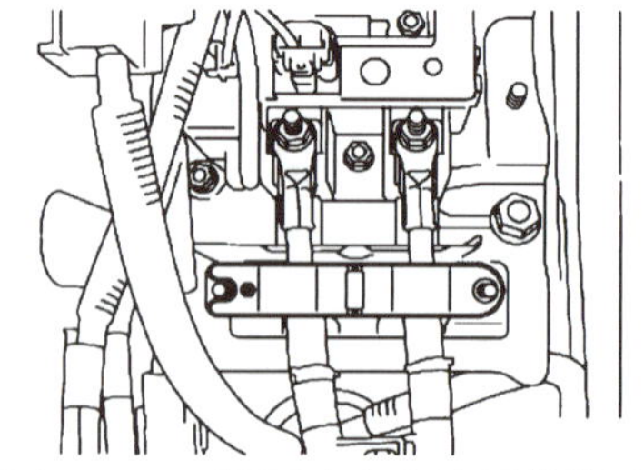

图 6-1-27　拆下动力电池屏蔽接头

b. 拆下图 6-1-28 所示 2 个螺母，并断开线束组（高压电缆）。

④ 拆卸 1 号动力电池盖。拆下图 6-1-29 所示 3 个螺栓、卡夹和 1 号动力电池盖。

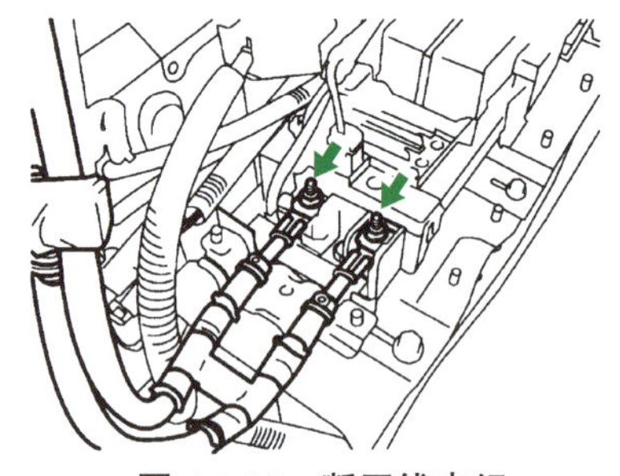

图 6-1-28　断开线束组

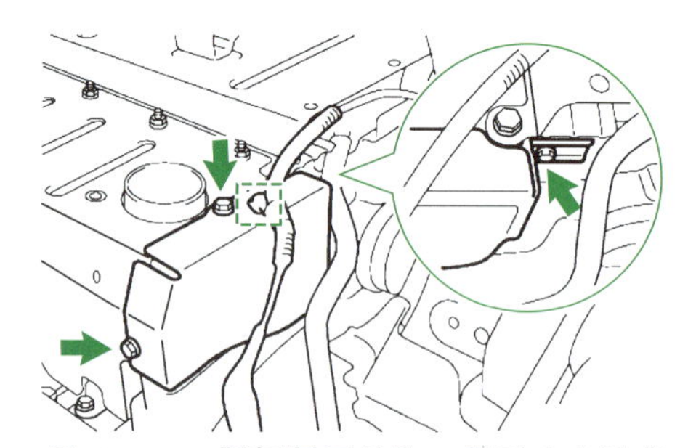

图 6-1-29　拆卸紧固件和 1 号动力电池盖

⑤ 拆卸 5 号动力电池托架面板。拆下图 6-1-30 所示 11 个螺母和 5 号动力电池托架面板。

⑥ 拆卸噪声滤波器电容器。拆下图 6-1-31 所示的螺母和噪声滤波器电容器。

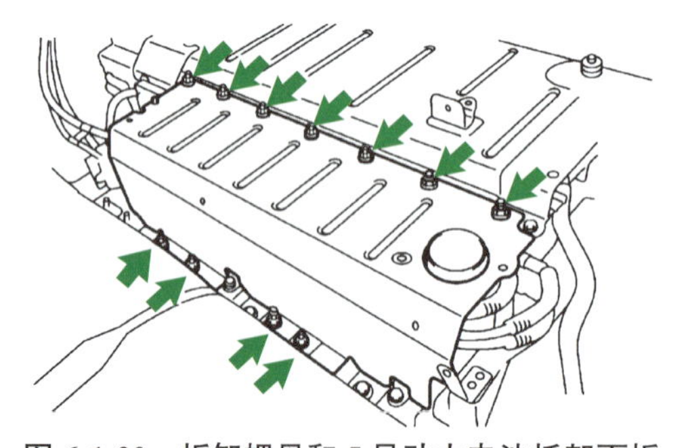

图 6-1-30　拆卸螺母和 5 号动力电池托架面板

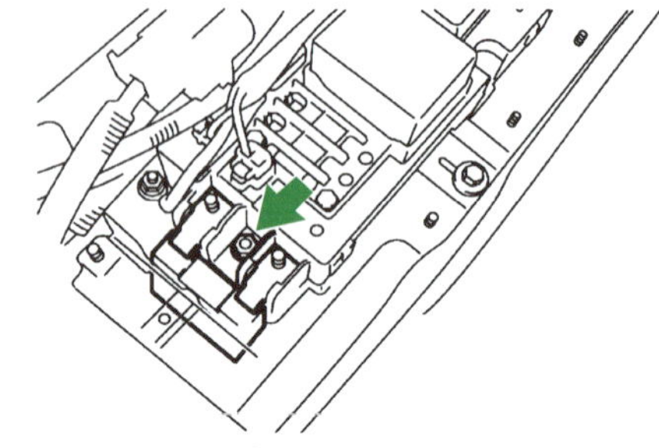

图 6-1-31　拆卸螺母和噪声滤波器电容

⑦ 拆卸动力电池继电器总成，如图 6-1-32 所示。

a. 从动力电池继电器总成上断开 7 个连接器。

b. 拆下螺母并断开搭铁线。

c. 分离线束卡夹。

d. 拆下 2 个螺栓和动力电池继电器总成。

⑧ 拆卸高压熔丝。

注意：仅在需要更换高压熔丝的情况下，执行该程序。

a. 拆下图 6-1-33 所示 2 个螺栓并取下盖板。

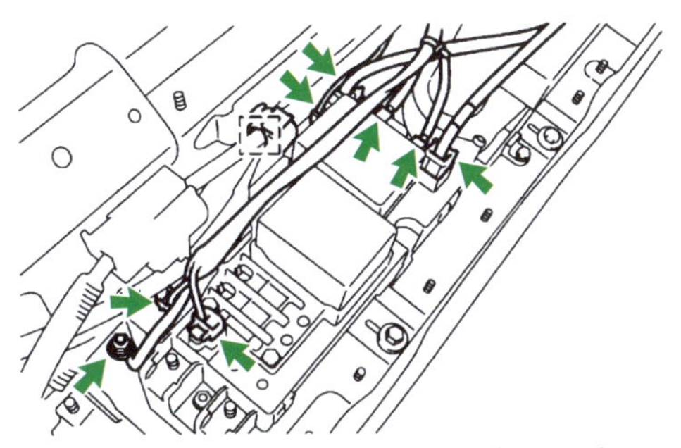

图 6-1-32　拆卸动力电池继电器总成

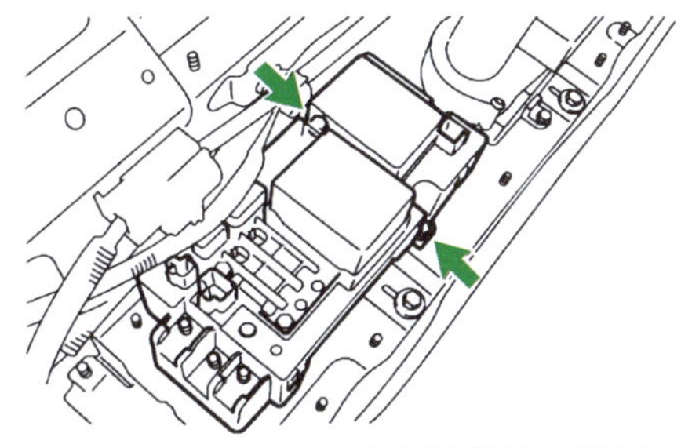

图 6-1-33　拆下 2 个螺栓并取下盖板

b. 拆下 2 个螺钉和高压熔丝，如图 6-1-34 所示。

动力电池继电器总成的安装按与拆卸相反的顺序进行。

动力电池继电器总成的检查步骤如下。

① 检查 SMRB。SMRB 电压施加方法和端子如图 6-1-35 所示。

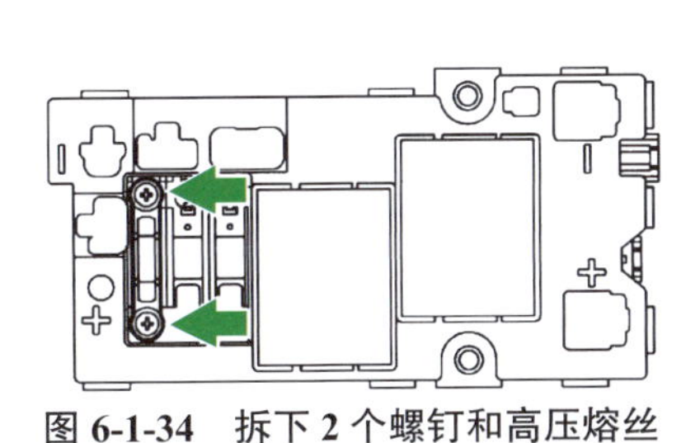

图 6-1-34　拆下 2 个螺钉和高压熔丝

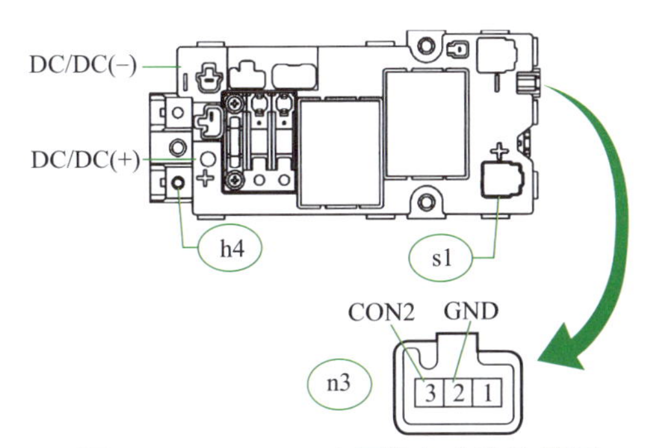

图 6-1-35　SMRB 电压施加方法和端子

a. 根据表 6-1-2 中的值测量电阻。

表 6-1-2　SMRB 标准电阻（一）

检测仪连接	条件	规定状态
h4-1 ～ s1-1	在端子 n3-3（CON2）和 n3-2（GND）之间未施加 12V 电压	10kΩ 或更大
h4-1 ～ s1-1	在端子 n3-3（CON2）和 n3-2（GND）之间施加 12V 电压	小于 1Ω

b. 根据表 6-1-3 中的值测量电阻。

表 6-1-3　SMRB 标准电阻（二）

检测仪连接	条件	规定状态
n3-3（CON2）～ n3-2（GND）	-35 ～ 80℃	18.8 ～ 32.1Ω

如果测量结果不符合规定，则更换动力电池继电器总成。

② 检查 SMRG。SMRG 端子如图 6-1-36 所示。

a. 根据表 6-1-4 中的值测量电阻。

表 6-1-4　SMRG 标准电阻（一）

检测仪连接	条件	规定状态
h3-1 ～ t1-1	在端子 n3-1（CON3）和 n3-2（GND）之间未施加 12V 电压	10kΩ 或更大
h3-1 ～ t1-1	在端子 n3-1（CON3）和 n3-2（GND）之间施加 12V 电压	小于 1Ω

b. 根据表 6-1-5 中的值测量电阻。

表 6-1-5　SMRG 标准电阻（二）

检测仪连接	条件	规定状态
n3-3（CON3）～ n3-2（GND）	-35 ～ 80℃	18.8 ～ 32.1Ω

如果测量结果不符合规定，则更换动力电池继电器总成。

（4）维修塞把手（手动维修开关）拆装

维修塞把手如图 6-1-37 所示。

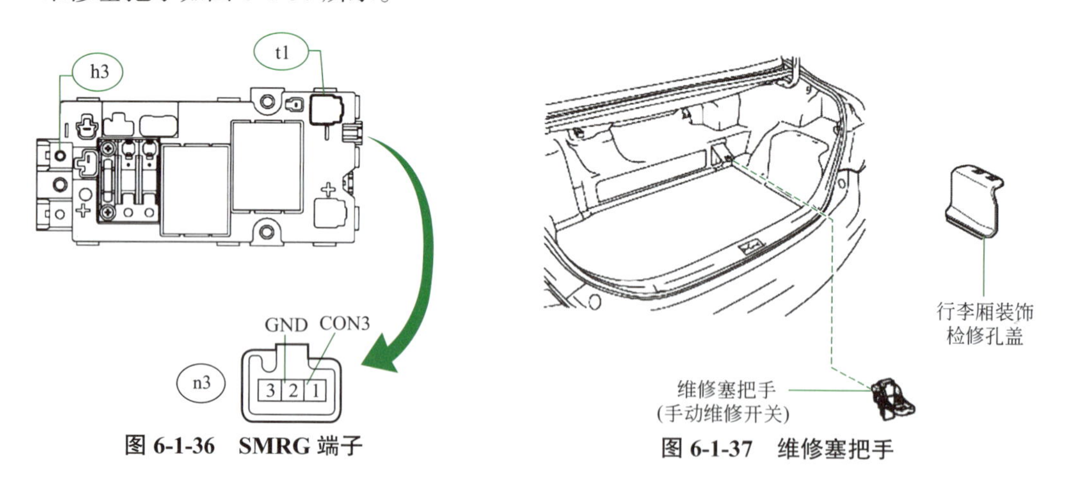

图 6-1-36　SMRG 端子　　**图 6-1-37　维修塞把手**

维修塞把手（手动维修开关）的拆卸步骤如下。

① 如图 6-1-38（a）所示向上滑动锁栓并沿箭头方向打开检修孔盖。

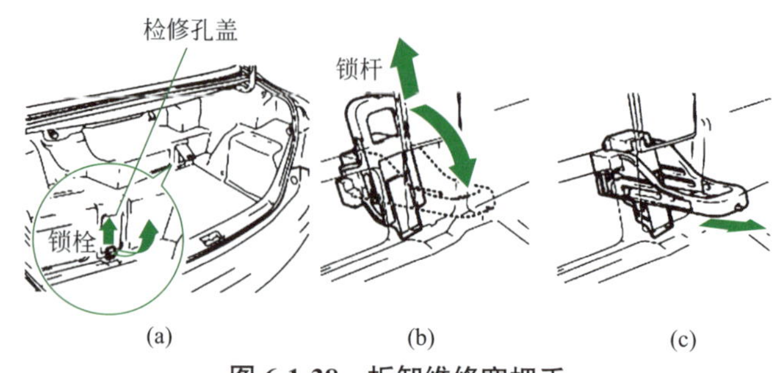

图 6-1-38　拆卸维修塞把手

② 戴绝缘手套，如图 6-1-38（b）所示向上滑动维修塞把手锁杆后，沿箭头方向扳动锁杆，最后沿图 6-1-38（c）中箭头方向拆下维修塞把手。

注意：将拆下的维修塞把手放到口袋中，以防其他人在操作者正在维修车辆时将其意外重新连接；断开维修塞把手后，至少等待 10min 再接触任何高压连接器或端子。

注意：拆下维修塞把手后，勿操作电源开关，否则可能会损坏混合动力车辆控制 ECU。

组修塞把手（手动维修开关）的安装步骤如下。

① 戴绝缘手套，安装维修塞把手。

注意：连接维修塞把手前，确保没有将零件或工具落在行李厢内，且高压端子和连接器牢固连接。

a. 按图 6-1-39（a）所示插入维修塞把手。

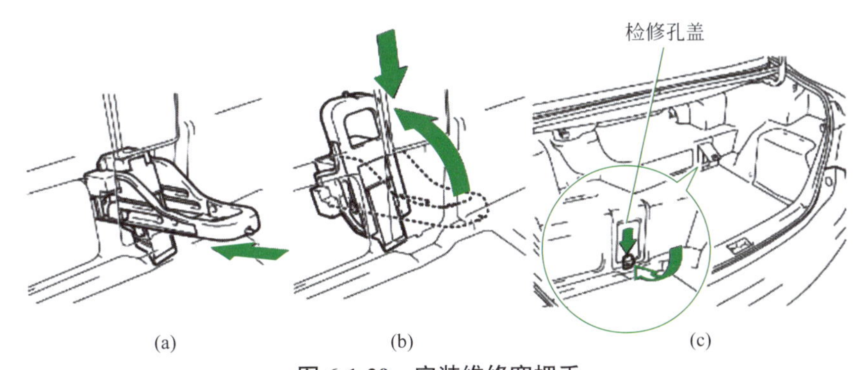

图 6-1-39　安装维修塞把手

b. 如图 6-1-39（b）所示，倾斜维修塞把手 90°，并使其向下滑动直至听到“咔嗒”声。

c. 如图 6-1-39（c）所示安装动力电池检修孔盖。

注意：确保动力电池检修孔盖安装牢固。

② 将电缆连接到动力电池负极端子上。

注意：断开并重新连接电缆后，某些系统需要初始化。

③ 安装行李厢装饰检修孔盖。

维修塞开关（手动维修开关）的检查步骤如下。

① 如图 6-1-40 所示用万用表欧姆挡连接，检查维修塞把手。

② 根据表 6-1-6 中的值测量电阻。

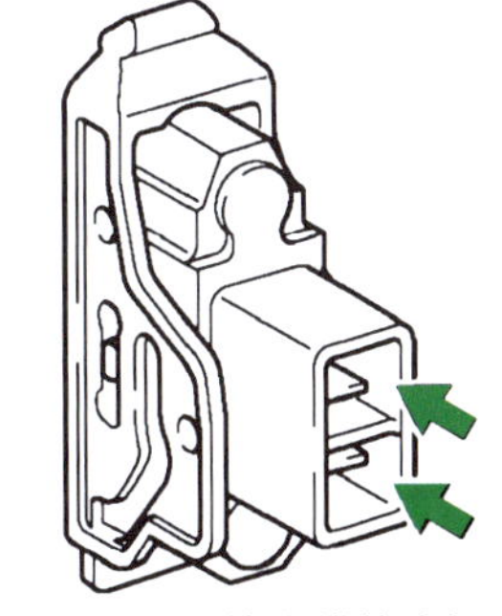
图 6-1-40　检查维修塞把手

表 6-1-6　维修塞把手标准电阻

万用表连接	规定状态
维修塞把手	小于 1Ω

6.1.3　驱动电机

（1）驱动电机的结构

MG1 和 MG2 为紧凑、轻型和高效的交流永磁电机，用来驱动车辆和提供再生制动。

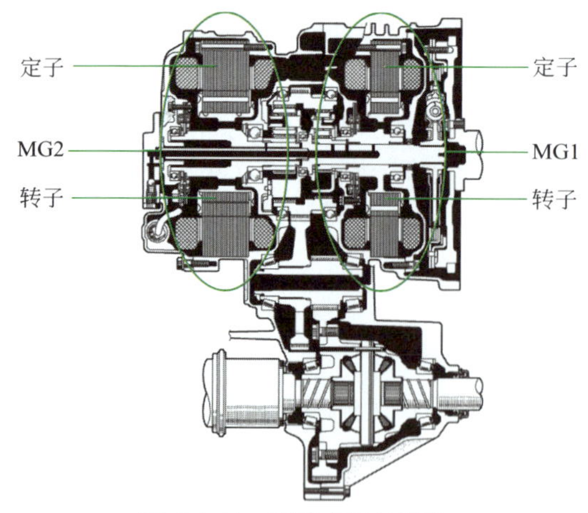

图 6-1-41　驱动电机的结构

再生制动过程中，MG2 将车辆的动能转换为电能，并储存到动力电池内。

MG1 对动力电池再充电并供电以驱动 MG2。此外，通过调节发电量（从而改变发电机转速），MG1 有效地控制传动桥的无级变速功能。同时，MG1 还可作为起动机来启动发动机。

MG1 和 MG2 所使用的转子含有 V 形布局的高磁力永久磁铁；定子由低铁芯损耗的电磁钢板和可承受高压的电机绕组线束制成。通过上述措施，MG1 和 MG2 可在紧凑结构下实现大功率和高转矩。

MG1 和 MG2 采用水冷方式进行冷却。

驱动电机的结构和参数见图 6-1-41 和表 6-1-7。

表 6-1-7　驱动电机的参数

项目	MG1	MG2
类型	永久磁铁	永久磁铁
功能	发电、发动机起动机	发电、驱动前轮
最高系统电压①	直流 650V	直流 650V
最大输出功率	—	105kW
最大转矩	—	270N・m
冷却系统	水冷	水冷

① 该电压被转换为交流电，并提供给 MG1 和 MG2。

驱动电机的安装位置如图 6-1-42 所示，传动桥齿轮齿数见表 6-1-8。

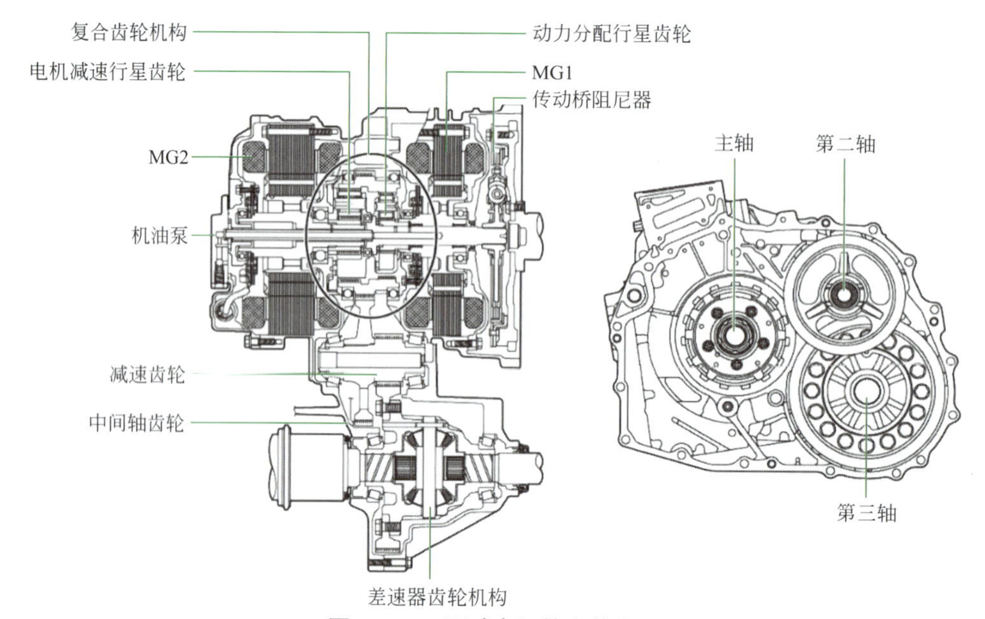

图 6-1-42　驱动电机的安装位置

表 6-1-8　传动桥齿轮齿数

<table>
<tr><td colspan="3">传动桥类型</td><td>P311</td></tr>
<tr><td colspan="2" rowspan="2">总减速比</td><td>前进挡</td><td>3.542</td></tr>
<tr><td>倒挡</td><td>3.542</td></tr>
<tr><td rowspan="6">复合齿轮机构</td><td rowspan="3">动力分配行星齿轮</td><td>齿圈齿数</td><td>78</td></tr>
<tr><td>小齿轮齿数</td><td>23</td></tr>
<tr><td>太阳齿轮齿数</td><td>30</td></tr>
<tr><td rowspan="3">电机减速行星齿轮</td><td>齿圈齿数</td><td>57</td></tr>
<tr><td>小齿轮齿数</td><td>18</td></tr>
<tr><td>太阳齿轮齿数</td><td>23</td></tr>
<tr><td colspan="2" rowspan="2">中间轴齿轮</td><td>主动齿轮齿数</td><td>54</td></tr>
<tr><td>从动齿轮齿数</td><td>55</td></tr>
<tr><td colspan="2" rowspan="2">减速齿轮</td><td>主动齿轮齿数</td><td>23</td></tr>
<tr><td>从动齿轮齿数</td><td>80</td></tr>
</table>

（2）驱动电机的管理

① 发动机启动

a. 如图 6-1-43 所示，如果 READY 指示灯点亮且换挡杆置于 P 位置时，由混合动力车辆控制单元监视的任一项指标需要启动发动机，则由混合动力车辆控制单元激活 MG1 以启动发动机。

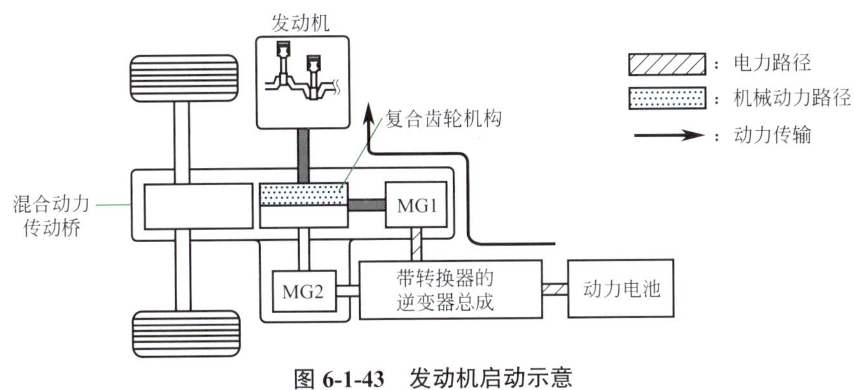

图 6-1-43　发动机启动示意

b. 发动机启动时，为防止 MG1 太阳齿轮的反作用力旋转齿圈和驱动驱动轮，将施加电流至 MG2 以防止其旋转。该功能被称为反作用控制。

c. 在下一状态下，运转的发动机使 MG1 作为发电机运行，并开始对动力电池充电，如图 6-1-44 所示。

② 起步

a. 车辆起步时，由 MG2 为车辆提供动力。仅以 MG2 行驶时，如果所需驱动转矩增加，则激活 MG1 以启动发动机，如图 6-1-45 所示。

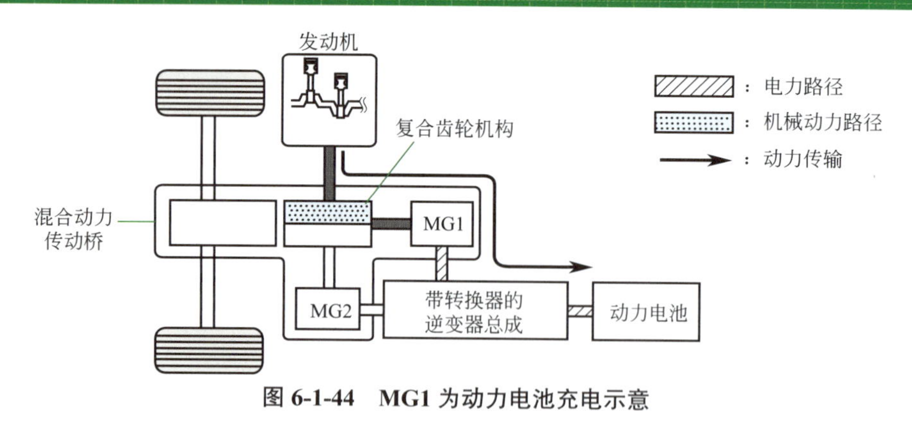

图 6-1-44　MG1 为动力电池充电示意

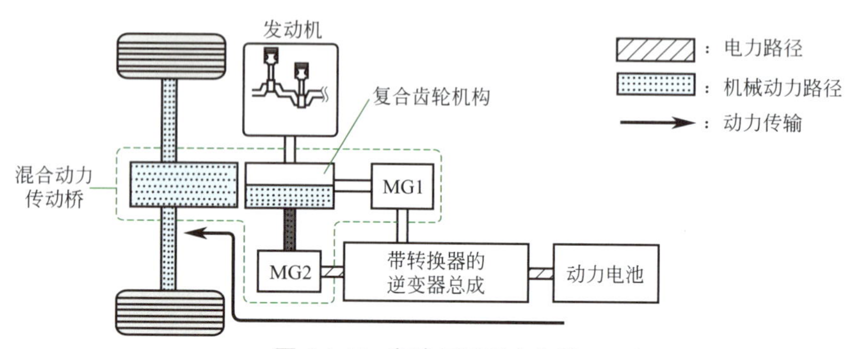

图 6-1-45　起步工况动力传递

b. 车辆在正常情况下起步时使用 MG2 驱动行驶。在此情况下行驶时，由于发动机停止，行星齿轮架（发动机）的转速为零。此外，由于 MG1 未产生任何转矩，因此没有转矩作用于太阳齿轮（MG1）。太阳齿轮沿逆时针方向自由旋转以平衡旋转的齿圈。

③ 定速巡航

a. 车辆在低负载和定速巡航状态下行驶时，动力分配行星齿轮机构传输发动机驱动力。一部分驱动力将直接输出，其余部分将用于通过 MG1 发电。通过使用逆变器将该电力传输至 MG2。如果动力电池的 SOC 水平低，则发动机驱动 MG1 对其充电，如图 6-1-46 所示。

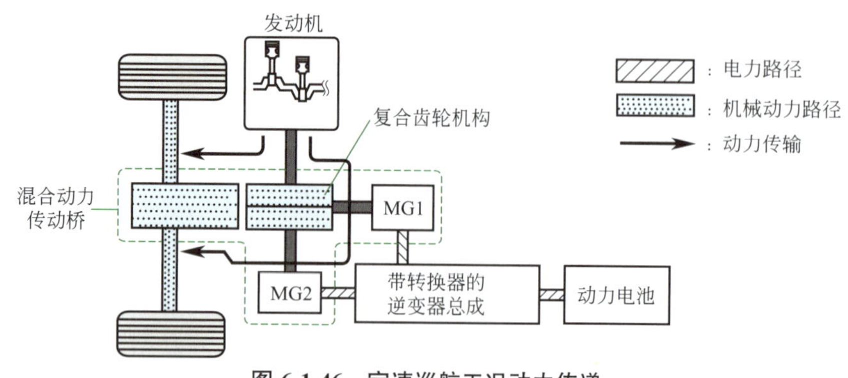

图 6-1-46　定速巡航工况动力传递

b. 来自发动机的转矩沿顺时针方向作用在行星齿轮架（发动机）上，使太阳齿轮（MG1）以负转矩作出反应。MG1 通过作用于太阳齿轮（MG1）上的负转矩来发电。

④ 节气门全开加速

a. 车辆行驶状态从低负载巡航变为节气门全开加速时，系统用来自动力电池的电力为 MG2 进行补充。

b. 为提高发动机转速而需要更多发动机动力时，相关齿轮的转速改变。来自发动机的转矩沿顺时针方向作用在行星齿轮架（发动机）上，使太阳齿轮（MG1）以负转矩作出反应。MG1 通过作用于太阳齿轮（MG1）上的负转矩来发电，如图 6-1-47 所示。

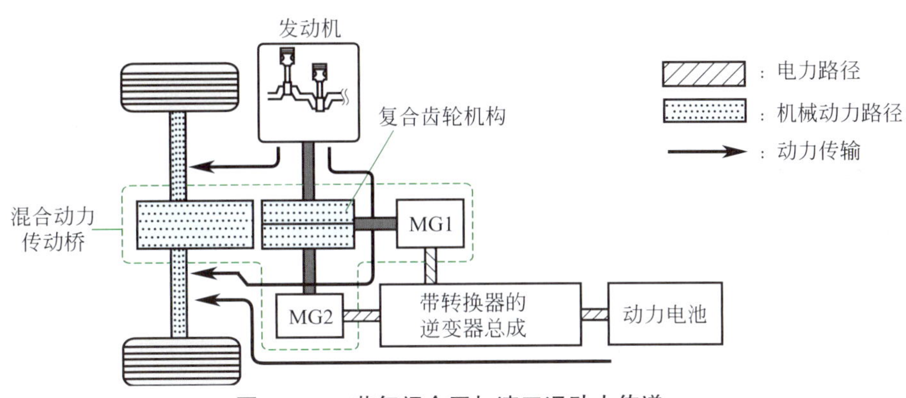

图 6-1-47 节气门全开加速工况动力传递

⑤ 减速

a. 车辆在换挡杆置于 D 位置的状态下减速时，发动机停止且驱动力变为零。此时，车轮驱动 MG2，使 MG2 作为发电机运行并对动力电池充电。如果车辆在较高车速时减速，则发动机将不停止且保持预定转速，以保护行星齿轮，如图 6-1-48 所示。

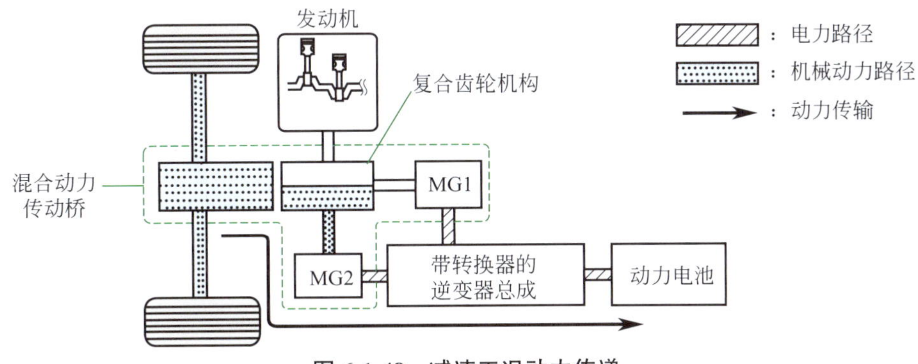

图 6-1-48 减速工况动力传递

b. 减速期间，齿圈由车轮带动旋转。在此情况下，由于发动机停止，行星齿轮架（发动机）的转速为零。此外，由于 MG1 未产生任何转矩，因此没有转矩作用于太阳齿轮（MG1）。太阳齿轮（MG1）沿逆时针方向自由旋转以平衡旋转的齿圈。

⑥ 倒挡行驶

a. 车辆倒挡行驶时，由 MG2 提供所需动力。此时，MG2 沿相反方向旋转，发动机保持停止，而 MG1 则沿正常方向旋转但不发电，如图 6-1-49 所示。

b. 行星齿轮的状态与起步工况中描述的相反。由于发动机停止，行星齿轮架（发动机）的转速为零，太阳齿轮（MG1）沿顺时针方向自由旋转以平衡齿圈的旋转。

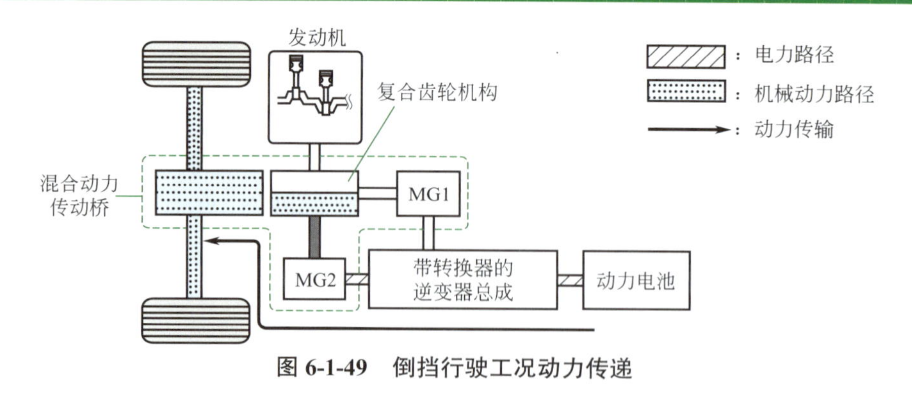

图 6-1-49　倒挡行驶工况动力传递

6.1.4　变速器

（1）传动桥装置

丰田 THS-Ⅱ传动桥结构如图 6-1-50 所示。该混合动力传动桥主要由 MG1 和 MG2、复合齿轮机构（含有电机减速行星齿轮机构和动力分配行星齿轮机构）、中间轴齿轮机构以及差速器齿轮机构组成。该传动桥具有三轴结构，复合齿轮机构、MG1 和 MG2 位于主轴上，中间轴从动齿轮和减速主动齿轮位于第二轴上，差速器齿圈和差速器齿轮机构位于第三轴上。

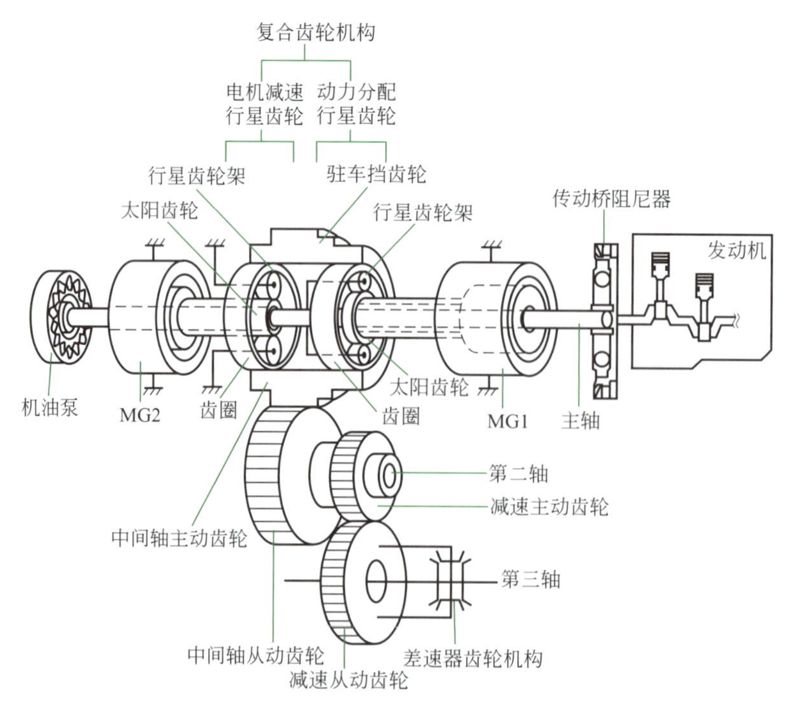

图 6-1-50　丰田 THS-Ⅱ传动桥结构

复合齿轮机构中每个行星齿轮机构的齿圈与复合齿轮整合在一起，复合齿轮与中间轴主动齿轮和驻车挡齿轮整合在一起，如图 6-1-51 和表 6-1-9 所示。

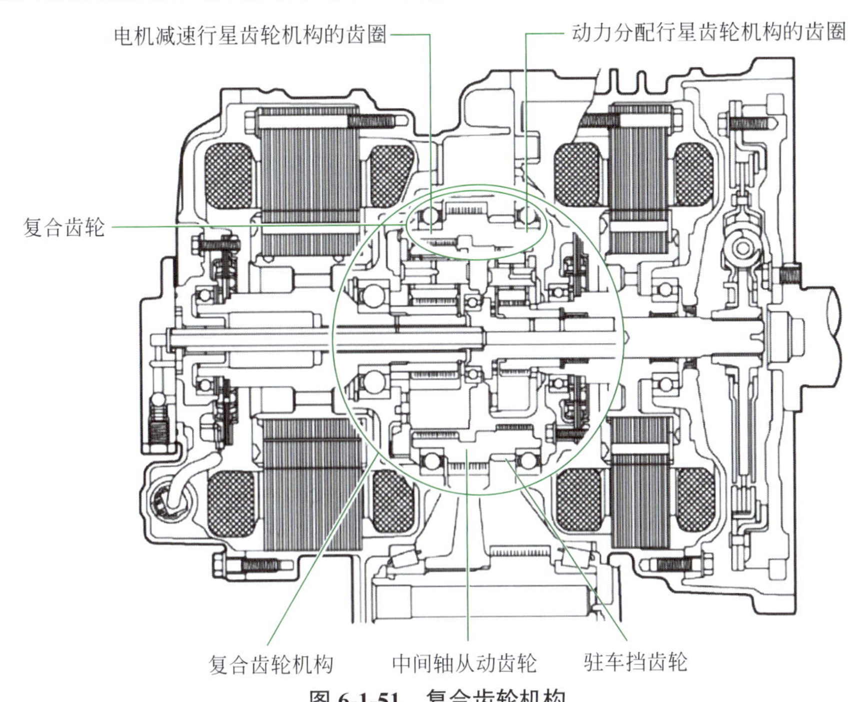

图 6-1-51　复合齿轮机构

表 6-1-9　复合齿轮机构

行星齿轮		连接
动力分配行星齿轮机构	太阳齿轮	MG1
	齿圈	输出（车轮）
	行星齿轮架	发动机输出轴
电机减速行星齿轮机构	太阳齿轮	MG2
	齿圈	输出（车轮）
	行星齿轮架	固定

该传动桥将发动机和 MG2 产生的原动力经过减速齿轮传输到复合齿轮机构的中间轴主动齿轮、中间轴从动齿轮、减速主动齿轮，然后传输到差速器齿轮机构，以驱动前轮，如图 6-1-52 所示。

（2）润滑系统

混合动力传动桥通过设在主轴上的线型机油泵来润滑。该润滑系统有一个风冷型机油冷却器总成。

此外，混合动力传动桥还利用减速齿轮，通过集油箱采取挡油圈式的润滑方式。该结构减小了机油泵的驱动转矩，从而减少了驱动损失。

集油箱暂时存储被抛掷的油液，并向齿轮系的不同部位供油。集油箱内设有油孔，可有效地向 MG1 和 MG2 提供油液，如图 6-1-53 所示。

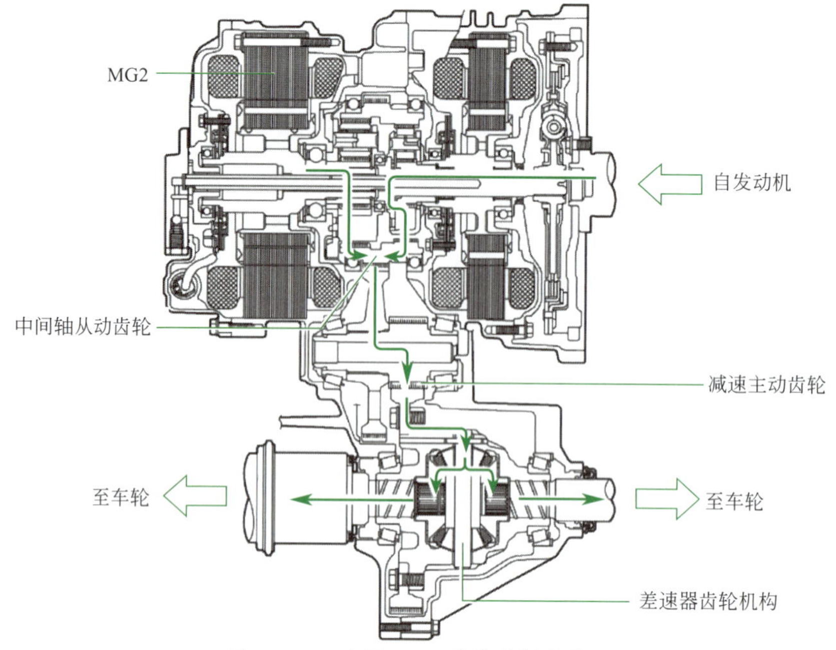

图 6-1-52　丰田 THS-Ⅱ传动桥齿轮系

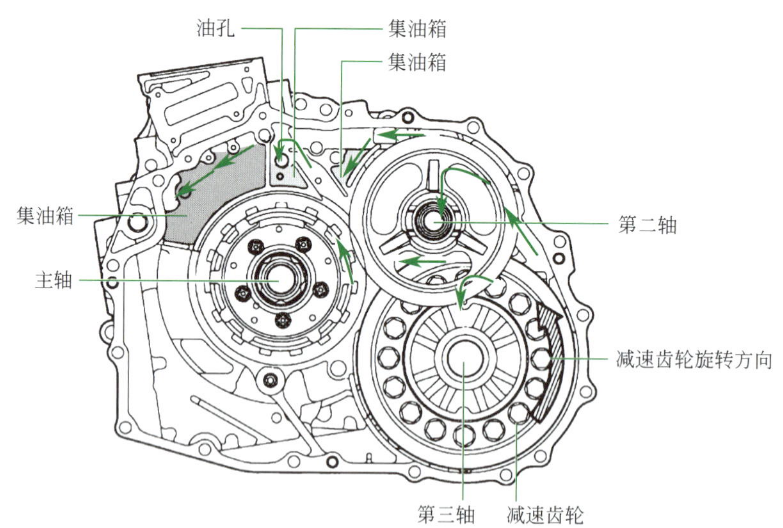

图 6-1-53　丰田 THS-Ⅱ传动桥润滑系统

（3）换挡控制系统

传动桥上安装有换挡杆位置传感器，用来检测换挡杆位置，并发送相应的信号至混合动力车辆控制单元。在接收到该信号后，混合动力车辆控制单元将发动机、MG1 和 MG2 的操作优化组合，以产生各自的换挡杆位置（P、R、N、D 等）。

传动桥采用驻车锁止机构将车轮的移动机械地锁止在 P 位置，因此如果驾驶员将换挡杆切换到 P 位置，拉索和连杆会使传动桥被机械地锁止。换挡控制系统框图如图 6-1-54 所示。

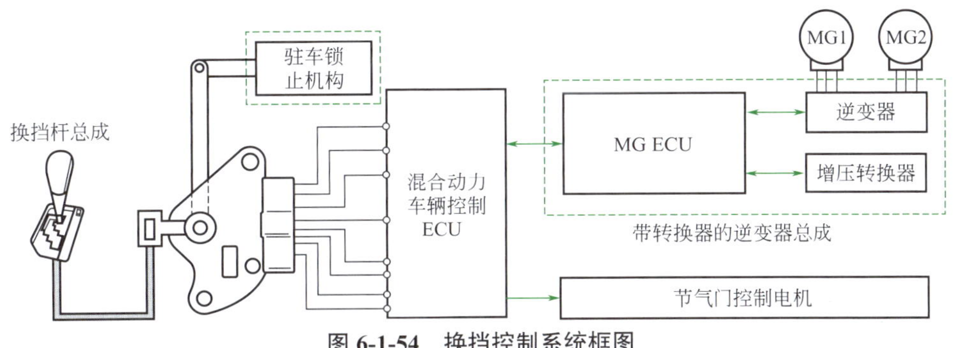

图 6-1-54 换挡控制系统框图

6.2 奥迪 Q5 hybrid quattro（混合动力四驱）

6.2.1 系统组成

奥迪 Q5 hybrid quattro（奥迪 Q5 混合动力四驱）是奥迪公司第一款高级 SUV 级的完全混合动力车。在经历了三代奥迪 duo 混合动力轿车后，奥迪 Q5 hybrid quattro 是第一款采用两种动力形式的混合动力车型（这种混合动力是一种最新的高效并联式混合动力技术），其动力像 V6 发动机，油耗像 4 缸 TDI 发动机。

该车使用 155kW 的 2.0L TFSI 发动机，该发动机以智能而灵活的方式与 40kW 的水冷式电机配合工作。该电机由小巧的锂离子动力电池来供电。

奥迪 Q5 hybrid quattro 由于制动、转向和空调系统都采用电驱动，所以安装的 2.0L TFSI 发动机省去了辅助装置的皮带传动机构。为此开发了一种新的辅助装置支架，用于安装电动空调压缩机，曲轴和平衡轴轴承的材质有所变化，以满足智能启停的工作需要。曲轴上的带轮仍然安装着，作减振器用。

Q5 混合动力系统组件如图 6-2-1 所示。

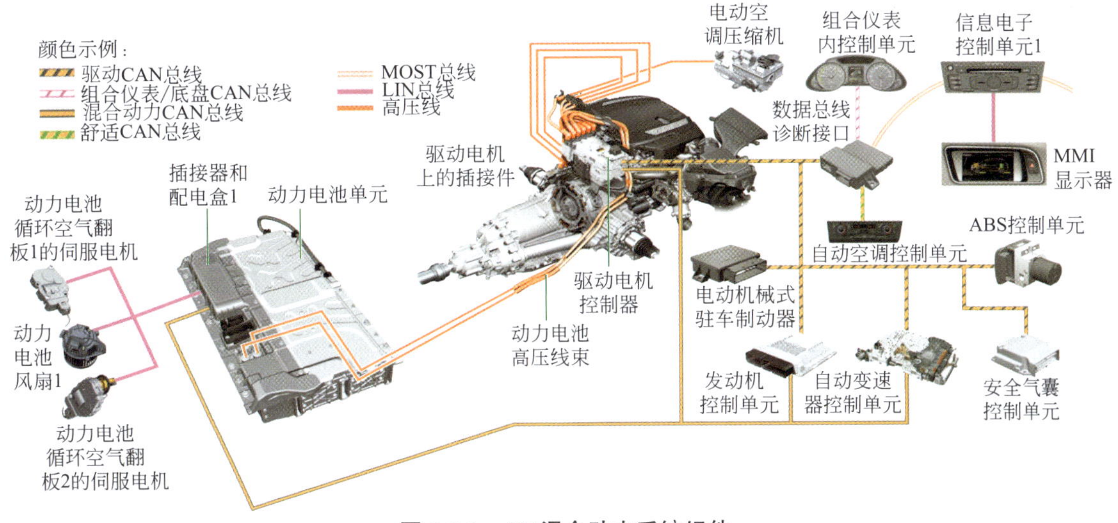

图 6-2-1 Q5 混合动力系统组件

图 6-2-1 展示了使用电机来驱动行驶时所用到的部件。所有参与行驶的车辆系统之间要交换大量的输入和输出信号，如用于驱动暖风和空调、助力转向和制动器等。最重要的是在从电驱动切换到发动机驱动或反之时，系统的配合问题，以便使驱动力矩的变化不影响行驶舒适性。因此，发动机控制系统、变速器控制系统和混合动力调节系统之间的彼此配合需要非常精确。对于发动机驱动和电动驱动来说，发动机控制单元是上级控制单元（就是主控制单元）。

6.2.2 功率表

用于操纵和显示电动驱动系统的功率表（取代了转速表）如图 6-2-2 所示。在行车过程中，功率表上会显示各种车辆状态、混合动力系统的动力输出情况或充电功率情况。

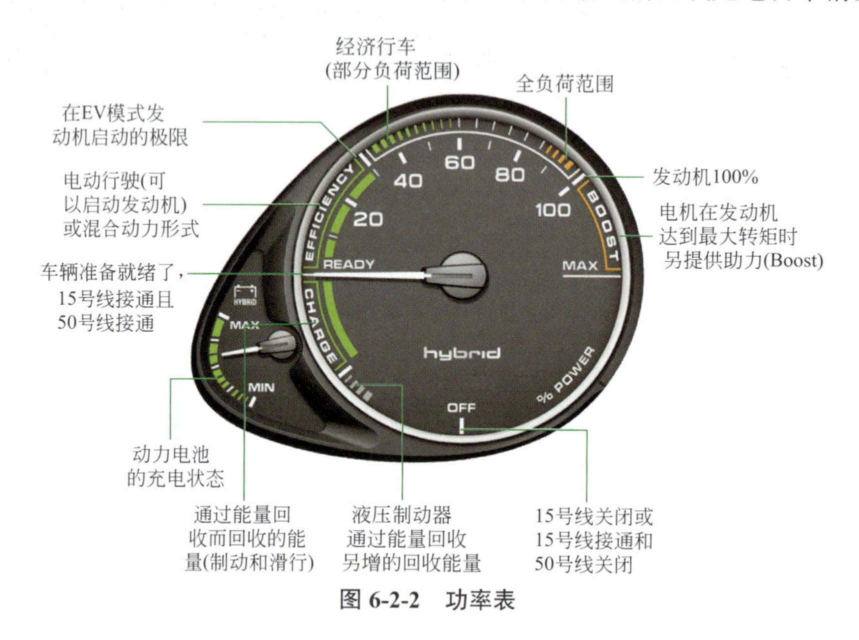

图 6-2-2　功率表

6.2.3 动力电池

动力电池安装在行李厢内的备胎坑中，如图 6-2-3 所示。它由下述部件构成：动力电池单元 A38，动力电池调节控制单元 J840，保养插接器 TW，安全插接器 TV44，高压线束插接器 PX1，12V 车载电网插接器。壳体使用电位补偿线（电位均衡线）与车辆相连。在这个动力电池壳体内，集成有用于吸入和排出冷却空气的接口。为了能在动力电池有故障时通过一个通气软管将逸出的气体引至车底部位，在该壳体上装了一个有害气体通气管。

动力电池在充电时，其化学反应过程与放电时是相反的。在这个热力学过程中会放出热量，导致动力电池温度升高。由于动力电池总是在不断地充电和放电，会产生较大的热量。动力电池温度升高除了导致其老化外，最重要的是还会使相关导体上的电阻增大，这会导致电能不转换为功，而是转换成热量释放掉。因此，动力电池有一个冷却模块，该模块上有自己的蒸发器，并连接在电动空调压缩机的冷却液循环管路上。动力电池冷却模块如图 6-2-4 所示。

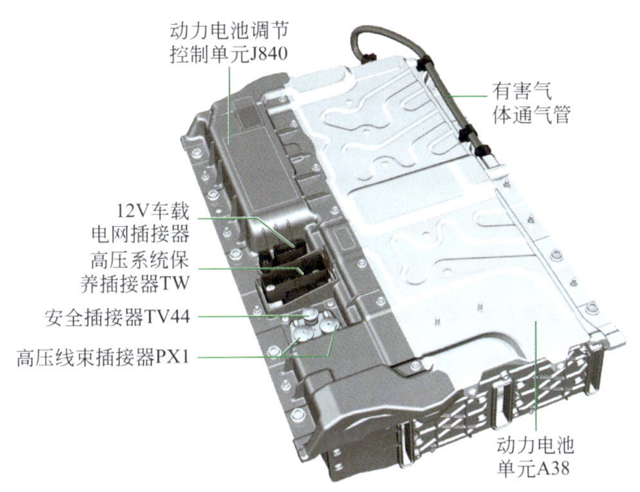

图 6-2-3 动力电池

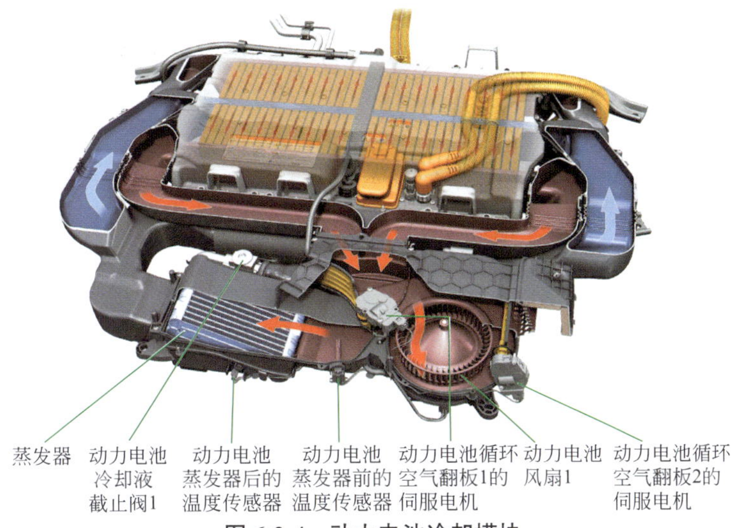

图 6-2-4 动力电池冷却模块

动力电池冷却模块的部件如下：动力电池风扇 1，动力电池循环空气翻板 1 的伺服电机，动力电池循环空气翻板 2 的伺服电机，蒸发器，动力电池蒸发器前的温度传感器，动力电池蒸发器后的温度传感器，动力电池冷却液截止阀 1，动力电池冷却液截止阀 2。另外，在动力电池壳体与动力电池两个部分之间，安装了六个温度传感器，每个传感器都位于冷却模块上的动力电池冷却空气入口或出口处。

如果动力电池控制单元通过蒸发器前传感器或蒸发器后传感器探测到动力电池的温度过高了，那么控制单元就会接通风扇。根据具体温度情况，在蒸发器工作时可从新鲜空气模式切换为循环空气模式。在新鲜空气工作模式时，风扇 1 从备胎坑内抽入空气，空气经蒸发器被引入到动力电池，热空气经后保险杠下方被引出。在循环空气工作模式时，循环空气翻板 1 和 2 都是关闭着的，不会吸入新鲜空气。

在需要时，动力电池控制单元将请求信息通过 CAN 总线发送给空调控制单元，以便接通电动空调压缩机。

动力电池冷却液截止阀 1 在未通电时是关闭着的，它控制去往动力电池空调器的冷却

液液流；动力电池冷却液截止阀2在未通电时是打开着的，它控制去往车内空调器的冷却液液流。

6.2.4 驱动电机

如图6-2-5所示，驱动电机安装在发动机和自动变速器之间的空隙处，取代了变矩器。该电机是交流永磁同步电机，由一个三相场来驱动。转子上装有永久磁铁。驱动电机集成在三相交流驱动装置内。驱动电机由电机控制器组件控制，通过改变频率来调节转速，通过脉冲宽度调制来调节转矩。

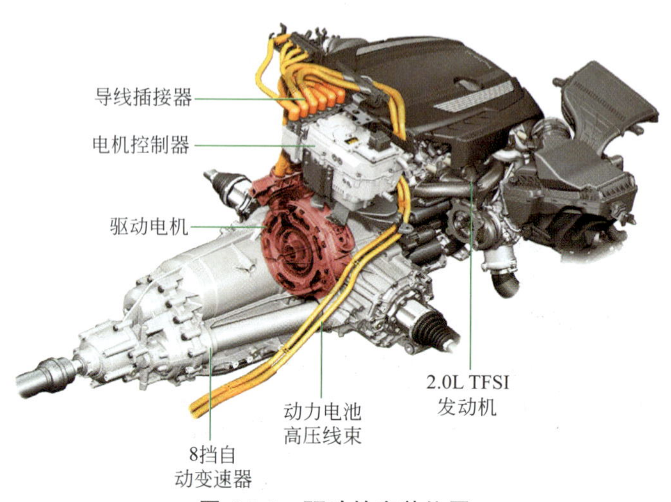

图6-2-5 驱动的安装位置

电机控制器内部的逆变器将266V的直流电转换成三相交流电，该三相电可在驱动电机内产生一个三相电磁场。

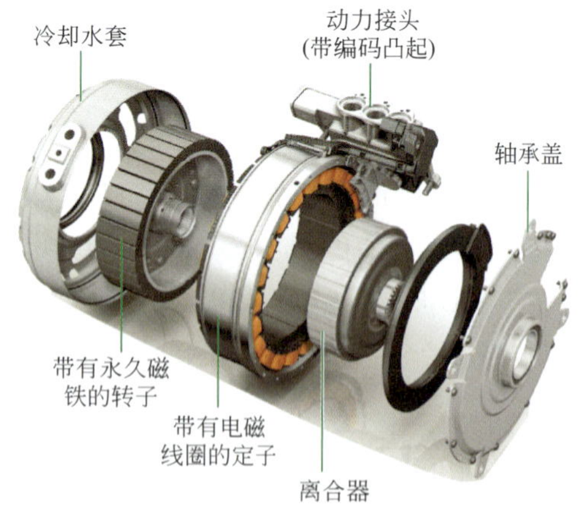

图6-2-6 驱动电机结构

驱动电机用于启动发动机、在发电机模式时借助于电机控制器组件内的DC/DC转换器来给动力电池和12V蓄电池充电。奥迪Q5 hybrid quattro可使用这个驱动电机来以纯电动方式驱动车辆行驶（但是车速和续驶里程是受限制的），且该电机可在车辆加速（Boost）时给发动机提供助力。如果整车控制器识别出驱动电机足够用于驱动车辆行驶了，就会关闭发动机。

驱动电机结构如图6-2-6所示。驱动电机是水冷式的，它集成在发动机的高温循环管路上。冷却液由高温循环管路冷却液泵V467根据需要进行调节（分三级），该泵由发动机控制单元控制。驱动电机温度传感器是个负温度系数电阻，它测量驱动电机线圈间的温度。如果温度高于180～200℃，那么驱动电机的功率就被降至零（在发电机模式和电动行驶时）。是否重新启动发动机取决于驱动电机的温度情况，必要时可通过12V起动机来启动发动机。驱动电机位置传感器是按坐标转换器原理来工作的，它用于侦测转子的实际转速和角位置。

电驱动装置温度传感器用于测量驱动电机线圈间的温度，来判定出电机的最热点。这个温度传感器的信号用于控制高温循环的冷却能力，如图 6-2-7 和图 6-2-8 所示。

图 6-2-7　驱动电机温度和转子位置传感器的安装位置

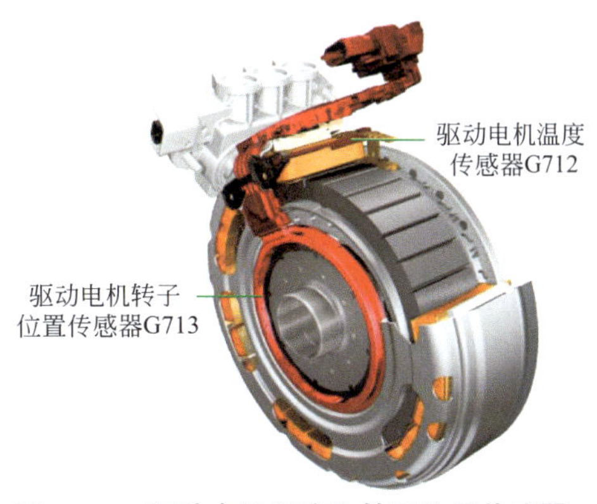

图 6-2-8　驱动电机温度和转子位置传感器

由于带有自己的转速传感器的发动机在以电动模式工作时，与驱动电机是断开的，因此驱动电机需要有自己的传感器，以便用于侦测转子位置和转子转速。为此，在驱动电机内集成了一个转速传感器。该传感器出现故障时，组合仪表上就会显示红色的混合动力系统警告灯。电机被关闭了，车辆滑行至停止，无法使用电动方式来驱动车辆行驶，发电机这个工作模式无法启动发动机。发动机控制系统和变速器控制系统根据这个传感器传来的信号，来判断驱动电机是否转动以及转速是多少。驱动电机转子位置传感器见图 6-2-7 和图 6-2-8。

6.2.5　电动空调系统

电动空调系统组成如图 6-2-9 所示。新能源汽车一般不再使用皮带驱动的空调压缩机，而是使用电动空调压缩机。压缩机使用高压回路的电压来驱动。在电动空调压缩机上，集成有空调压缩机控制单元。该控制单元连接在扩展 CAN 总线上。转速通过脉冲宽度调制（PWM）信号来调节。压缩机由自动空调控制单元来激活。车内空调系统的 OFF 或者 AC 关闭功能只会影响到为车内制冷的空调。对动力电池进行的冷却，是单独激活该压缩机的（不依赖于自动空调控制单元）。

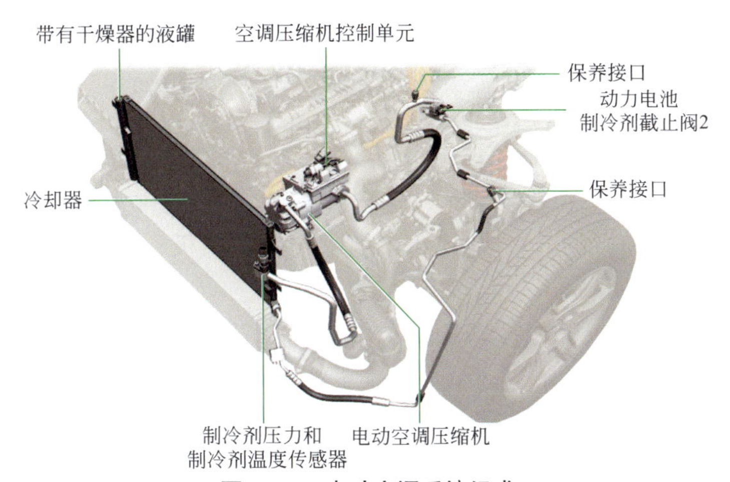

图 6-2-9　电动空调系统组成

电动空调压缩机如图 6-2-10 所示。

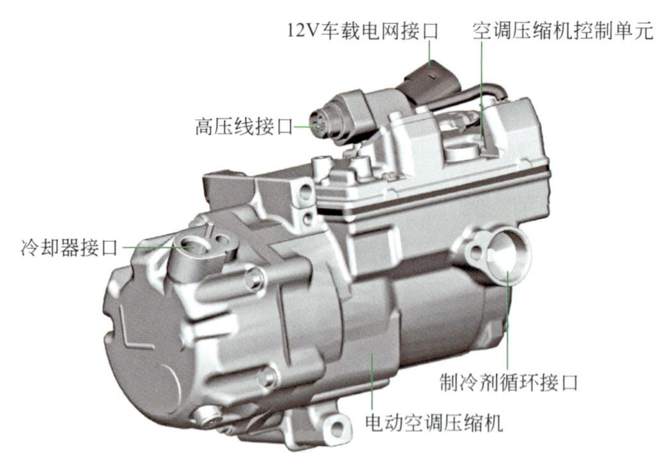

图 6-2-10 电动空调压缩机

电动空调压缩机是用螺栓拧在发动机缸体上的，它通过高压线与电机控制器组件连接。该高压线与其他高压线不同，它有一个用于高压的双圆形触点和两个用于安全线的触点。

空调压缩机与总线系统的电气连接如图 6-2-11 所示。

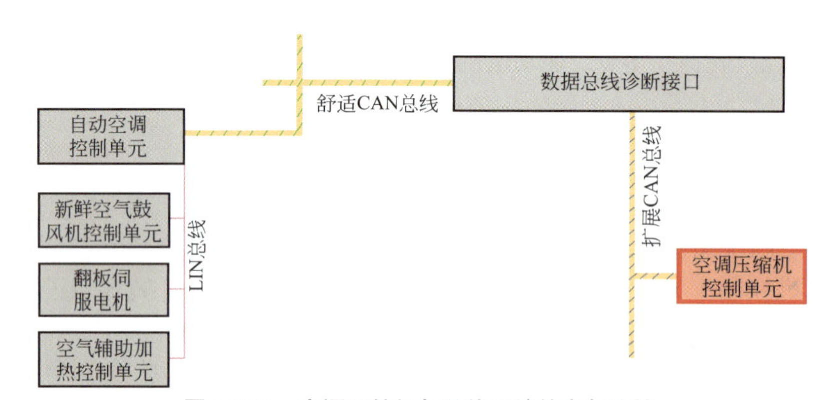

图 6-2-11 空调压缩机与总线系统的电气连接

6.2.6 高压配电系统

（1）高压配电系统组成

高压配电系统组成如图 6-2-12 所示。在高压配电系统内要完成 IT 线路结构转换，I 代表绝缘传递电能（通过单独的、对车身绝缘的正极导线和负极导线），T 表示所有用电设备都采用等电位与车身相连。

（2）高压线

高压配电系统的导线与车载电网和 12V 电气系统用的导线是有明显区别的。由于电压高、电流大，所以高压配电系统导线的横截面积要明显大一些，且使用专用的插接器触点来连接。为了让人们注意高压电的危险性，高压配电系统的所有导线都是橙色的。为避免安装错误，高压线都有机械编码并在一个插接环下面的编码环做上了标记。另外，高压线的圆形触点上也有机械编码。在高压车载电网中，所有插接器都有防接触层，所有高压线都有厚厚的绝缘层和一个波纹管。

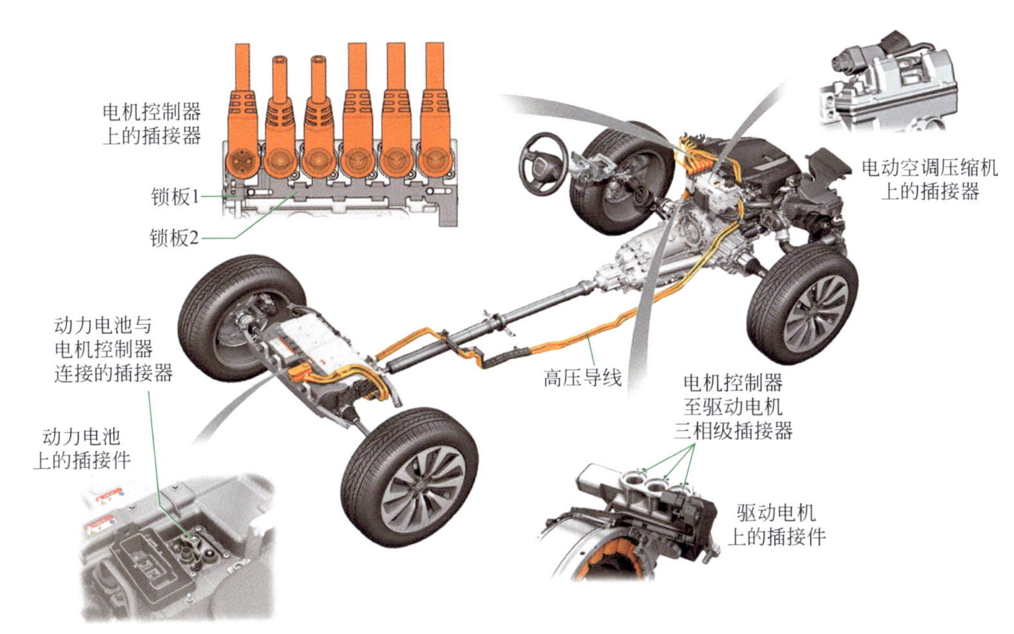

图 6-2-12　高压配电系统组成

高压配电系统内有如下线路段：从动力电池到电机控制器组件的两根高压线（P1、P2）、从电机控制器组件到驱动电机的三根高压线（P4、P5、P6）、从电机控制器组件到电动空调压缩机的一根双芯高压线（P3）。

（3）高压插接器

① 高压插接器触点　导线高压插接器 P3 与其他导线插接器是不同的，该插接器为双芯且有一个双圆形触点和两个用于安全线的触点，如图 6-2-13 所示。

② 编码环　如果向上拔出并松开插接环，就能看见编码环的颜色了。在插上了插接器后，必须向下压插接环，直至其卡止，如图 6-2-14 和图 6-2-15 所示。

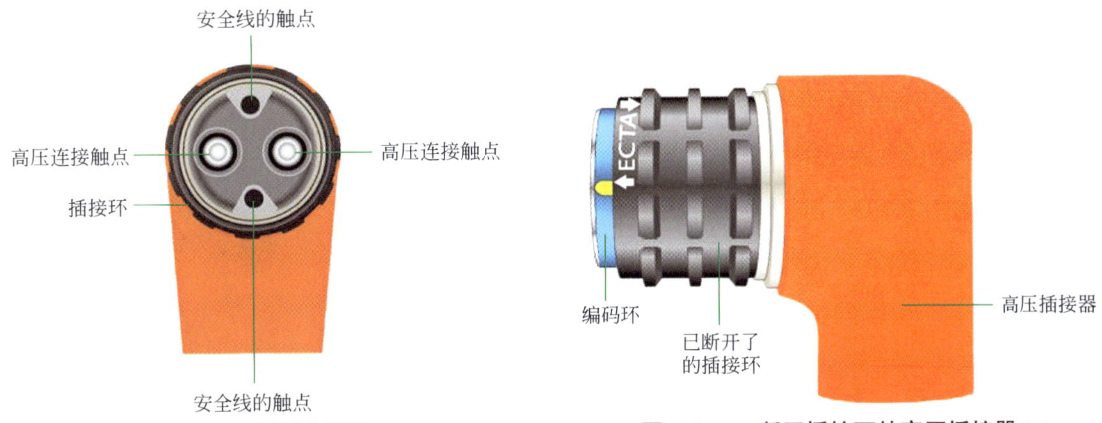

图 6-2-13　高压插接器 P3　　图 6-2-14　断开插接环的高压插接器 P4

③ 机械编码　除了通过编码环来标出编码外，高压插接器和接口上还有机械编码。编码的位置用黄色标记标出，如图 6-2-16 所示。

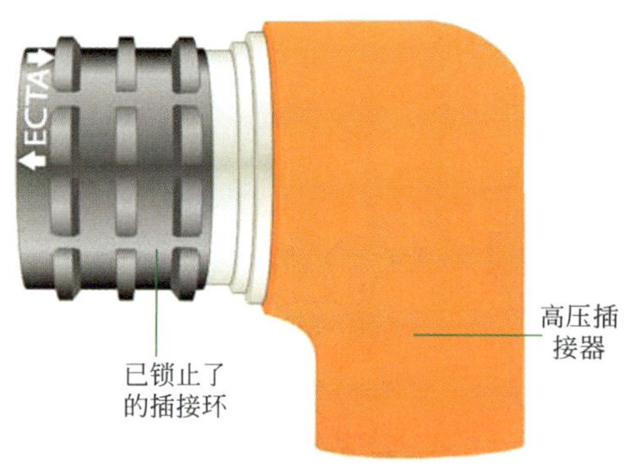

图 6-2-15　锁止插接环的高压插接器 P4

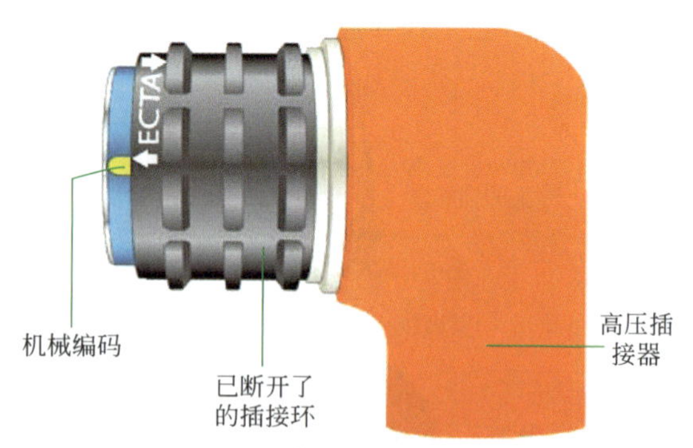

图 6-2-16　高压插接器 P4 的机械编码

（4）电机控制器组件的连接

图 6-2-17　插接器 P1、P2

① P1、P2——从动力电池到电机控制器组件的高压线束 PX1 如图 6-2-17 所示。动力电池和电机控制器组件是通过两根橙色的高压线连接的。这两根导线是单极的，都有屏蔽功能，各有各的电位。

② P3——从电机控制器组件到电动空调压缩机，电动空调压缩机是通过一根双芯导线与电机控制器组件相连的。采用颜色标识和机械标识来防止弄混高压线。该导线是双极的，带有屏蔽功能和安全线。如果将该导线两个插接器中的一个拔下了，就相当于拔下了安全插接器，就是说高压配电系统就被关闭了，如图 6-2-18 所示。

③ P4、P5、P6——从电机控制器组件到驱动电机，电机高压线束 PX2 在电机控制器组件内，将动力电池的 266V 直流电通过 DC/AC 变压器转换成三相交流电，用于驱动电机。驱动电机与电机控制器组件是通过三根短的高压电缆连接的。这几根导线是单极的并带有屏蔽功能，与其他导线一样也都有颜色标识和机械标识，以免彼此弄混，如图 6-2-19 所示。

图 6-2-18　插接器 P3

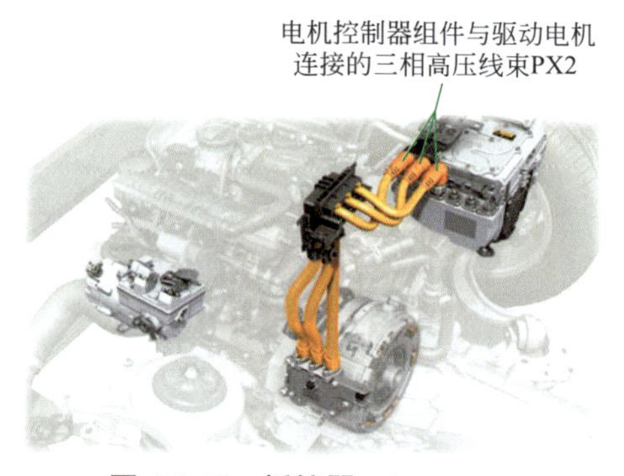

图 6-2-19　插接器 P4、P5、P6

（5）高压配电系统结构

高压配电系统结构如图 6-2-20 所示。

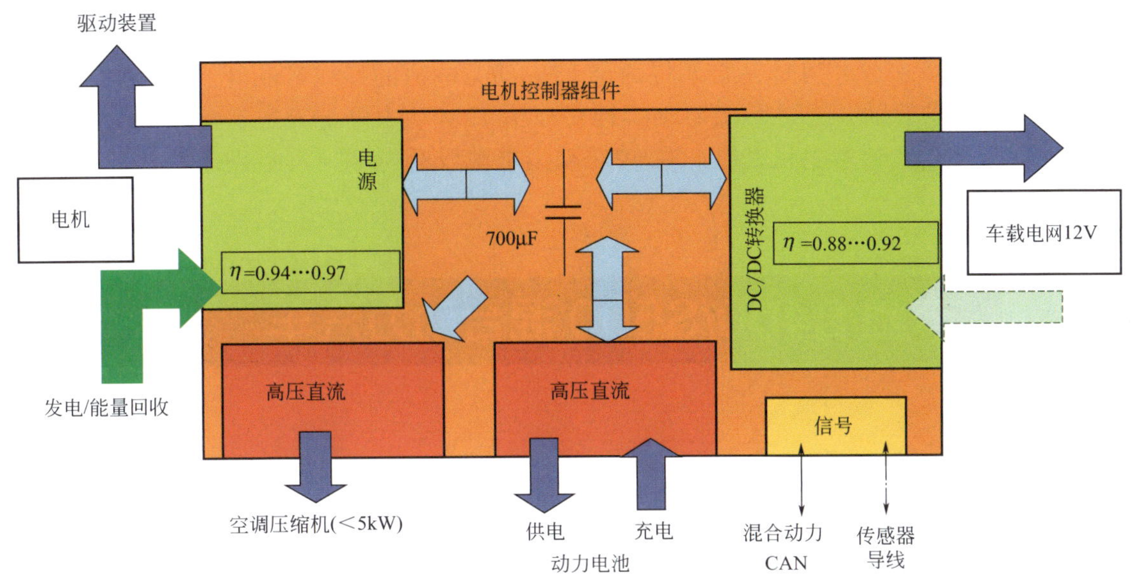

图 6-2-20　高压配电系统结构

6.2.7　12V 车载电网系统

12V 车载电网系统如图 6-2-21 所示。12V 车载电网取消了低压交流发电机，由电机控制器组件中的 DC/DC 转换器供电，还有一个备用动力电池（12A・h）安装在左后侧围板内。

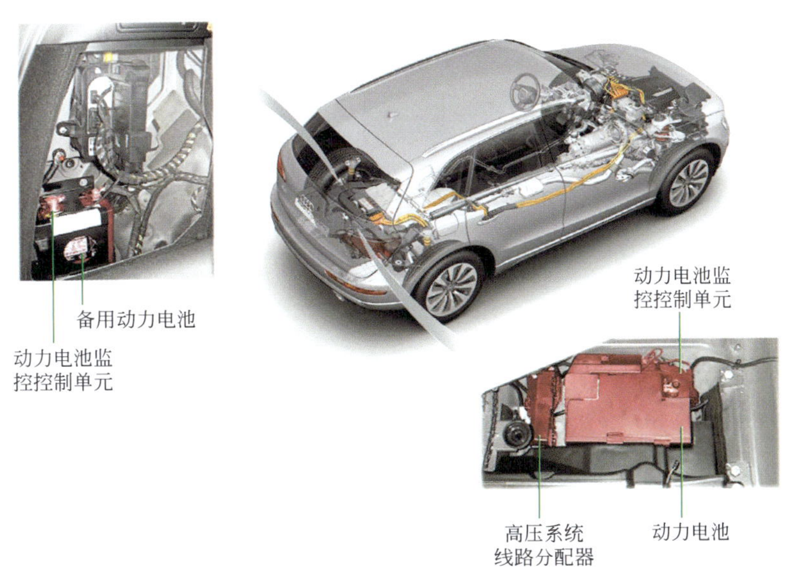

图 6-2-21　12V 车载电网系统

12V 辅助起动机只在特定情况下用于启动发动机，此时动力电池就由发动机控制单元

通过启动动力电池转换继电器 J580 来与车载电网断开了，以便将全部能量都用于起动机。断开后的车载电网由备用动力电池和 DC/DC 转换器供电。要想使用这个 12V 辅助起动机，备用动力电池的温度不能低于 0℃。如果高压配电系统无法上电，那么也就无法使用 12V 辅助起动机启动了。

在检修 12V 车载电网时，必须将两个 12V 动力电池的接线都断开。跨接启动螺栓可在诊断时提供帮助。通过跨接启动螺栓可以给 12V 动力电池充电，备用动力电池只有在接通点火开关时才能充上电。在 12V 动力电池没有电时，可借助于跨接启动螺栓来启动。

6.3 奔驰 S400/S500 混合动力汽车

6.3.1 系统组成

奔驰 S400 HYBRID 基于 S350 研发而成，但其传动系统有了明显改进。改进包括进一步研发的 3.5L V6 汽油发动机、附加的持续通电同步电机、为配合混合动力模块而专门设计的七挡自动变速箱、所需的电机控制器、变压器和锂离子动力电池。

奔驰 S400 HYBRID 配备了平行混合动力驱动系统。通过该驱动系统，发动机和电机均与驱动轮机械相连（发动机和电机平行连接）。电机和发动机所提供的功率可以进行叠加，这就意味着两者可分别保持更低的额定功率，但仅使用电动驱动系统无法驱动车辆。奔驰 S400 HYBRID 系统组成如图 6-3-1 所示。

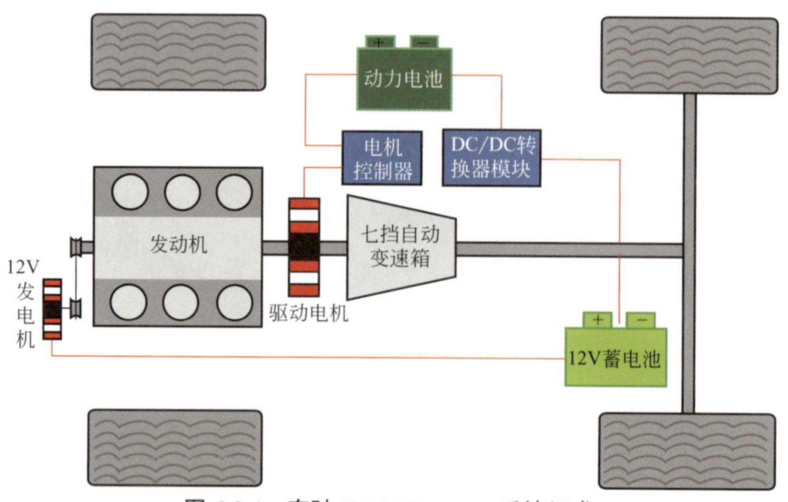

图 6-3-1　奔驰 S400 HYBRID 系统组成

奔驰 S500 Plug-In Hybrid（插电式混合动力系统）的动力电池相比奔驰 S400 HYBRID 车型容量增大了 10 倍，而且可以经过外部充电插座进行充电。奔驰 S500 Plug-In Hybrid 车型最多可以利用电机以纯电动模式行驶 30km。奔驰 S500 Plug-In Hybrid 系统组成如图 6-3-2 所示。

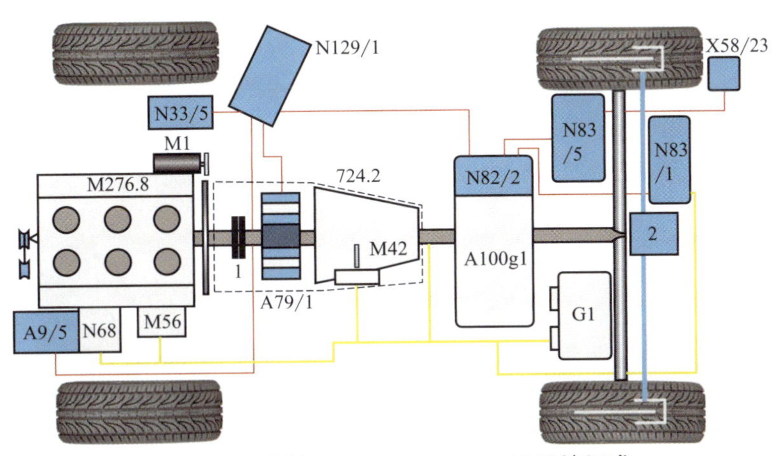

图 6-3-2　奔驰 S500 Plug-In Hybrid 系统组成

1—湿式离合器（NAK）；2—再生制动系统（RBS）；724.2—自动变速箱；A9/5—电动空调压缩机；A79/1—驱动电机；A100g1—动力电池；G1—12V 蓄电池；M1—起动机；M276.8—发动机；M42—电动辅助油泵（集成在变速箱内）；M56—真空泵（电动）；N33/5—PTC 加热器；N68—电子动力转向控制单元；N82/2—动力电池管理器；N83/1—DC/DC 转换器；N83/5—车载充电器；N129/1—电机控制器；X58/23—充电装置供电插座

6.3.2　工作模式

（1）驱动模式

混合动力驱动系统各种驱动模式的当前动力流可在驾驶室管理及数据系统（COMAND）显示单元上加以显示。在驱动模式下，动力仅由发动机流向后轴，如图 6-3-3 所示。

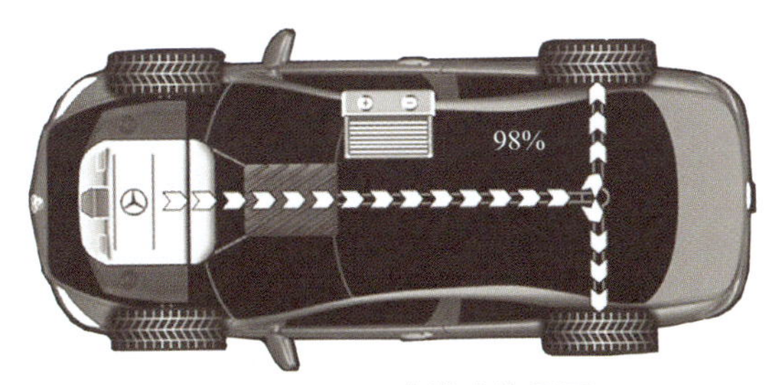

图 6-3-3　驱动模式能量图

（2）加速模式

在加速模式下，动力由发动机和驱动电机流向后轴。动力电池对驱动电机供电，然后由驱动电机产生驱动转矩，以对发动机所产生的转矩提供支持，如图 6-3-4 所示。

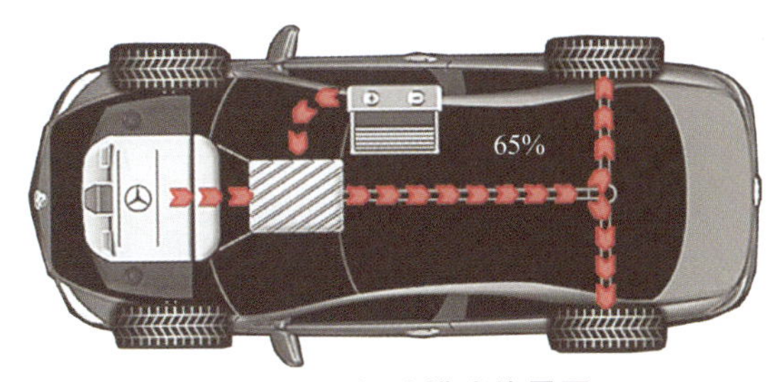

图 6-3-4　加速模式能量图

（3）发电模式（能量回收）

在发电模式下，动力由后轴流向驱动电机。驱动电机将车辆的动能转化为电能。驱动电机发挥高压发电机的作用，并对动力电池充电，如图 6-3-5 所示。

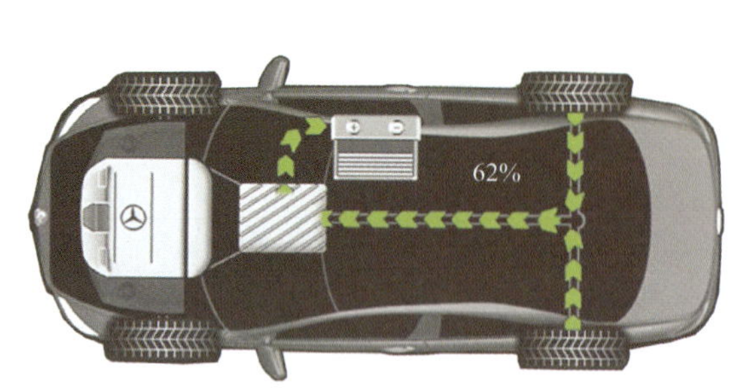

图 6-3-5　发电模式（能量回收）能量图

图 6-3-6　混合动力系统右前视图

6.3.3 发动机、驱动电机和自动变速箱

（1）部件位置

S400 混合动力车型混合动力系统右前视图如图 6-3-6 所示，俯视图如图 6-3-7 所示。

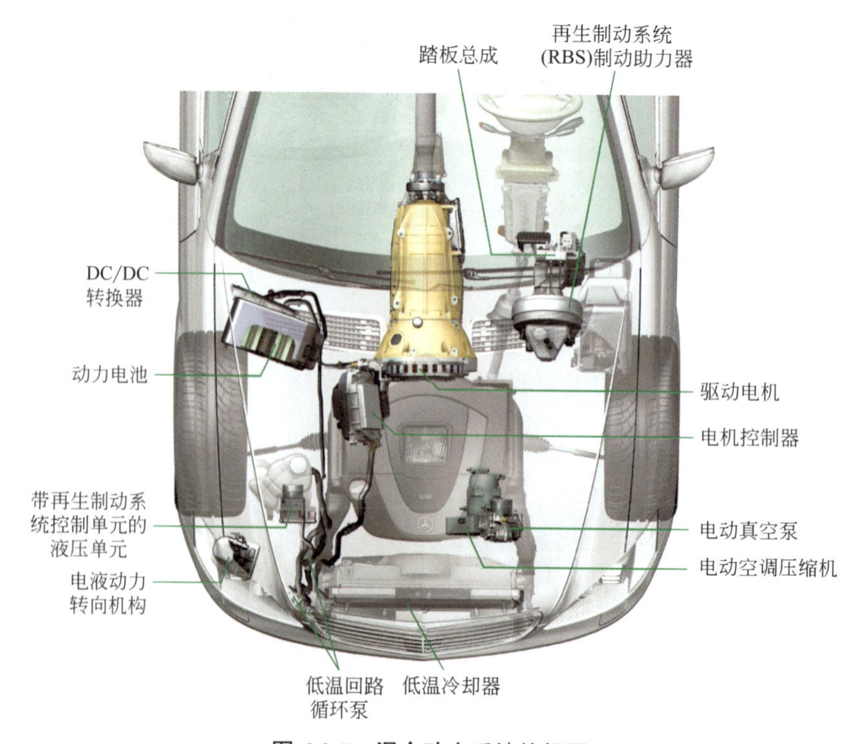

图 6-3-7　混合动力系统俯视图

（2）发动机

发动机 272.974 针对混合动力驱动系统进行了改进和优化。由于采用了新气缸盖、具有改进后的可变正时凸轮轴以及有别于原型的活塞，输出功率增加了 5kW，提高了热效率，改善了燃油消耗率，从而降低了车辆在部分负荷条件下的燃油消耗量。电机的转子与曲轴直接相连，并位于发动机与自动变速箱之间。

（3）驱动电机

驱动电机安装位置及剖面图分别如图 6-3-8 和图 6-3-9 所示。

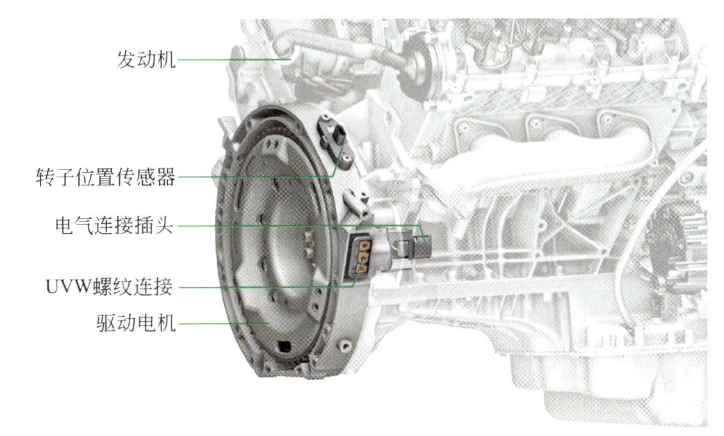

图 6-3-8　驱动电机安装位置

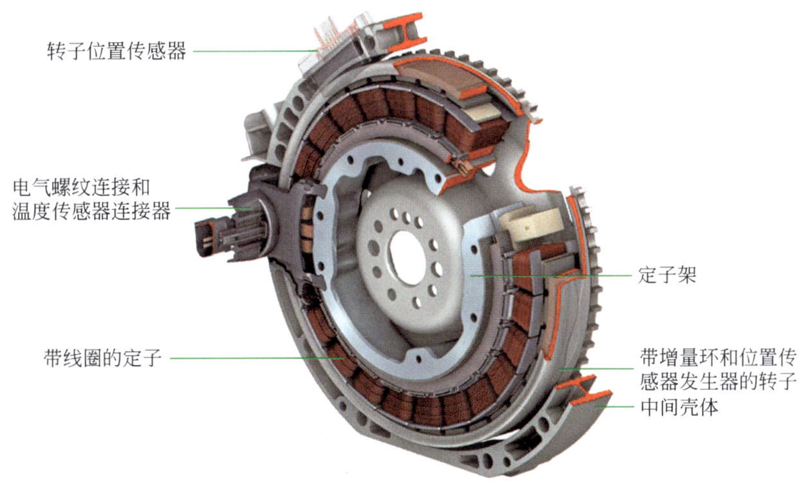

图 6-3-9　驱动电机剖面图

盘形驱动电机是持续通电同步电机，安装在发动机与自动变速箱之间，具有起动机和高压发电机的功能。该设计也被称为启动 / 发电机。

驱动电机充当减振元件的作用，以降低行驶 / 扭转振动。根据工作模式，驱动电机可以沿曲轴转动方向施加转矩，以启动发动机（起动机模式），或沿曲轴转动方向的反方向施加转矩，以对动力电池充电（发电机模式）。

起步过程中，驱动电机为发电机提供支持（升压模式）；施加制动过程中，部分制动

能量被转化为电能（再生制动）。各种工作模式（起动机模式 / 发电机模式）之间的切换由电机控制器进行控制。电机控制器通过三条母线与驱动电机的三个电源连接器相连。三相电流根据工作模式和转子的位置进行调节。这些相电流产生一个磁场，并与转子磁场一起产生转动所需的转矩。驱动电机的结构如图 6-3-10 所示。

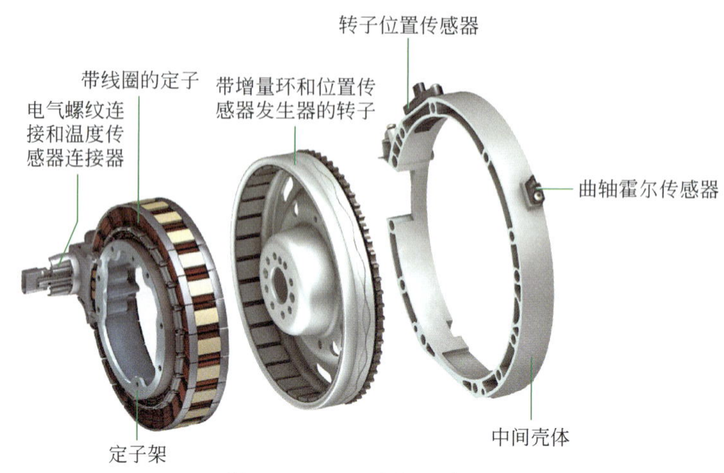

图 6-3-10　驱动电机的结构

（4）自动变速箱

奔驰 S400 HYBRID 配备了七挡自动变速箱（7G-TRONIC），如图 6-3-11 所示。变速箱针对混合动力系统进行了改进。除了新的变速箱控制软件外，还安装了一个辅助电动变速箱油泵。当发动机关闭或正在重新启动时，必须确保对变速箱液压装置持续供油，以防止驾驶员发出起步请求与车辆实际开始运动之间出现延迟，当内部变速箱油泵因发动机关闭而停止工作时，辅助电动变速箱油泵为变速箱控制系统供油。

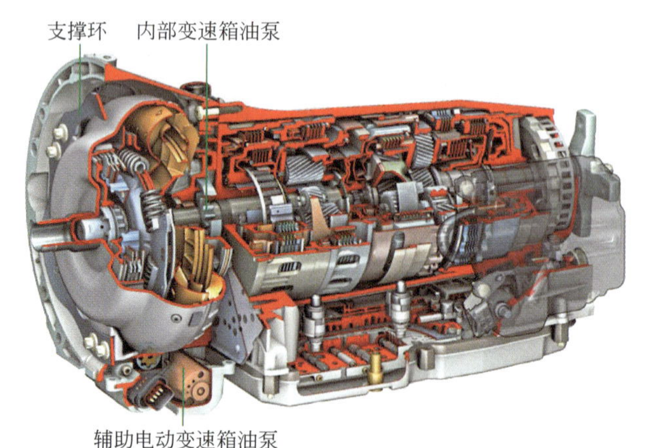

图 6-3-11　自动变速箱剖面图

6.3.4　动力电池

动力电池模块（图 6-3-12）位于发动机舱右后部，可保护动力电池免受外部热量的作用，并确保物理稳定性。动力电池模块包括动力电池、动力电池管理系统和保护开关。制冷剂管路和电线（高压 /12V）可与动力电池模块相连。动力电池是锂离子电池，可为驱动电机储存能量，与镍氢电池相比，优点有电效率更高，能量密度更高，因此重量更轻，尺寸更紧凑。

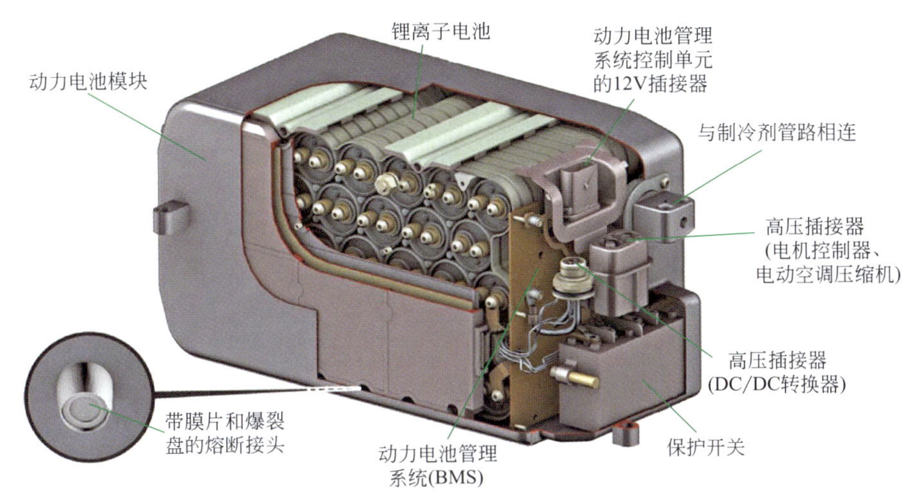

图 6-3-12 动力电池模块剖面图

动力电池通过 DC/DC 转换器与 12V 车载电气系统相连，从而可在必要时为 12V 车载电气系统提供支持。保护开关由动力电池管理系统促动，并在内部将动力电池的正极和负极接线柱与高压车载电气系统绝缘。

动力电池冷却回路示意如图 6-3-13 所示。

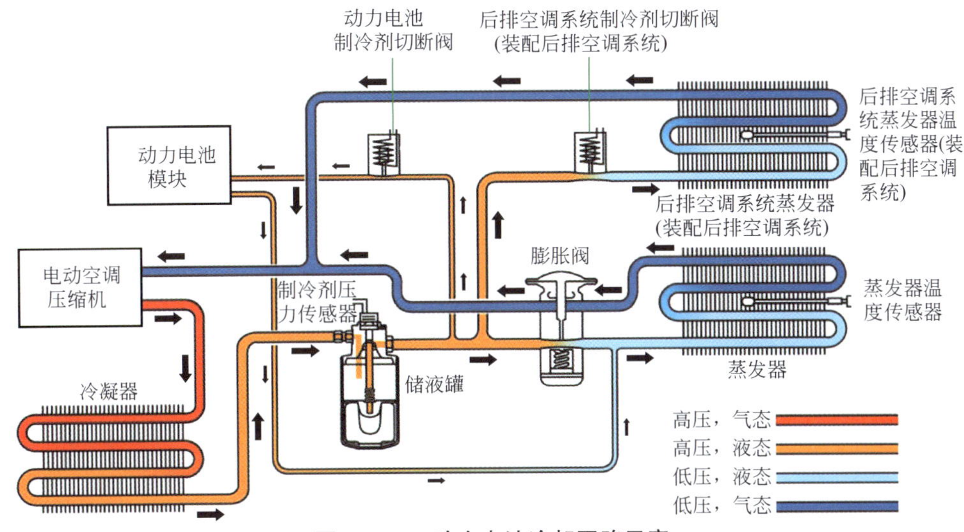

图 6-3-13 动力电池冷却回路示意

6.3.5 电机控制器

电机控制器（图 6-3-14）位于排气歧管下方的右侧，根据请求为驱动电机提供三相交流电压，监测驱动电机的温度。

直流变压器（DC/DC 转换器）位于右前轮罩中，可产生直流高压和 12V 的直流电压，并实现高压车载电气系统与 12V 车载电气系统之间的能量交换。高电压与 12V 电压之间可以双向转换。

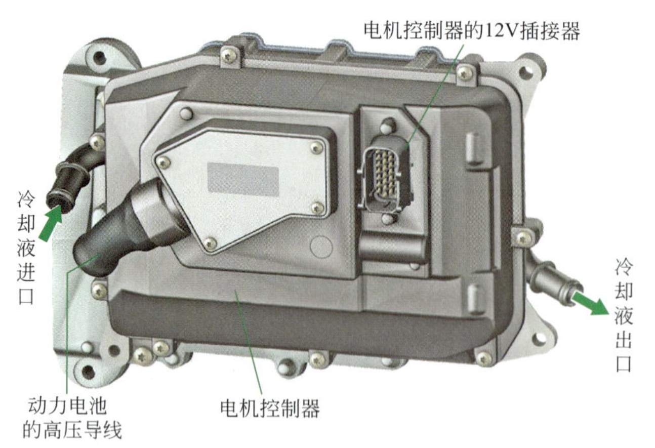

图 6-3-14　电机控制器

电机控制器和 DC/DC 转换器模块共用一个低温冷却系统，该系统与发动机的冷却系统分开，如图 6-3-15 和图 6-3-16 所示。

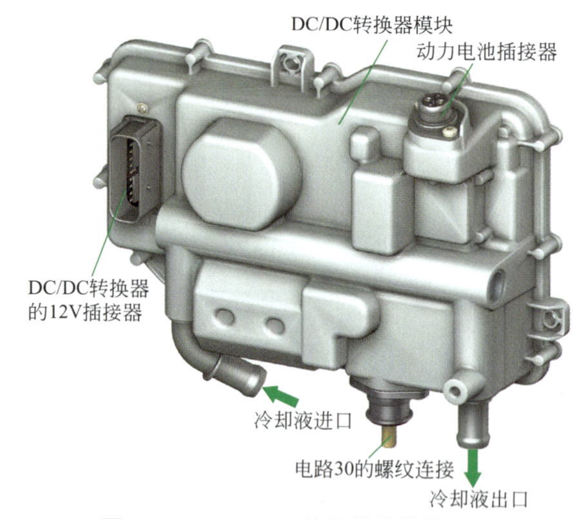

图 6-3-15　DC/DC 转换器模块的外观

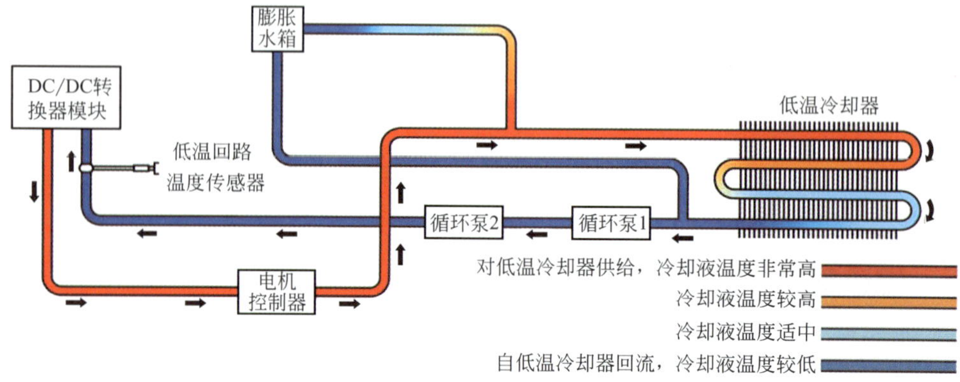

图 6-3-16　电机控制器冷却回路示意

6.4 宝马 F18（BMW 530Le）插电式混合动力汽车

6.4.1 概述

BMW 530Le 是宝马第七款搭载混合动力技术的量产汽车，它首次将宝马 4 缸汽油发动机与驱动电机组合，开发序列代号为 F18 PHEV，以宝马 5 系加长型四门车 525Li（F18）为基础。

BMW 530Le 是一款采用锂离子动力电池的全混合动力车辆，可用家用插座充电。

BMW 530Le 的驱动系统由一个搭载涡轮增压技术的 4 缸汽油发动机（N20B20M0）、一个 8 挡自动变速器（GA8P75HZ）和一个驱动电机组成。

BMW 530Le 可以进行纯电动行驶，因此能实现零排放，最高车速为 120km/h，最大电动续驶里程为 58km。此外，在交通信号灯前停车或堵车时，发动机自动启停功能可以关闭发动机，从而进一步节省能耗。

6.4.2 驱动系统

（1）驱动电机

电机、辅助扭转减振器和分离离合器固定集成在 8 速变速箱壳体中。这些组件位于双质飞轮后面。电机、扭转减振器和分离离合器连同双质飞轮一起共同替代了液力变矩器。

F18 PHEV 中的混合动力系统采用了并联式混合动力系统。发动机和驱动电机均与驱动轮机械连接。车辆驱动时，两个驱动系统既能单独使用也能同时使用。驱动电机安装位置和辅助组件如图 6-4-1 所示，驱动电机剖视图及转子和定子如图 6-4-2 所示，驱动电机外部接口如图 6-4-3 所示，驱动电机高压接口如图 6-4-4 所示，驱动电机传感器安装位置如图 6-4-5 所示。

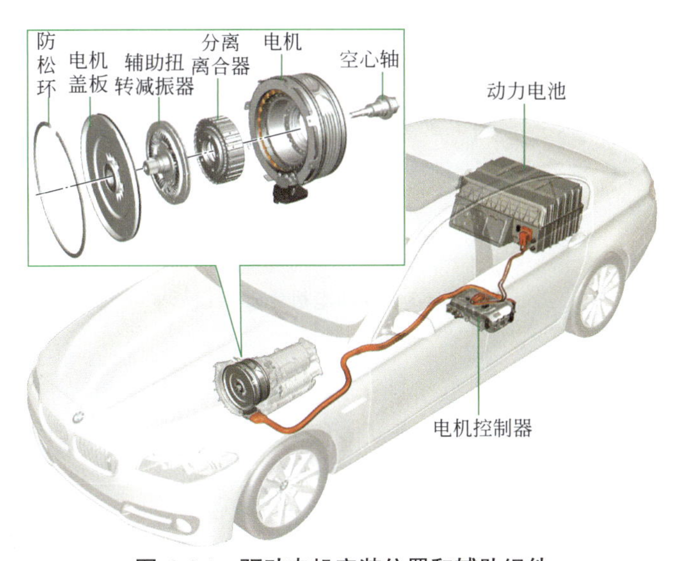

图 6-4-1　驱动电机安装位置和辅助组件

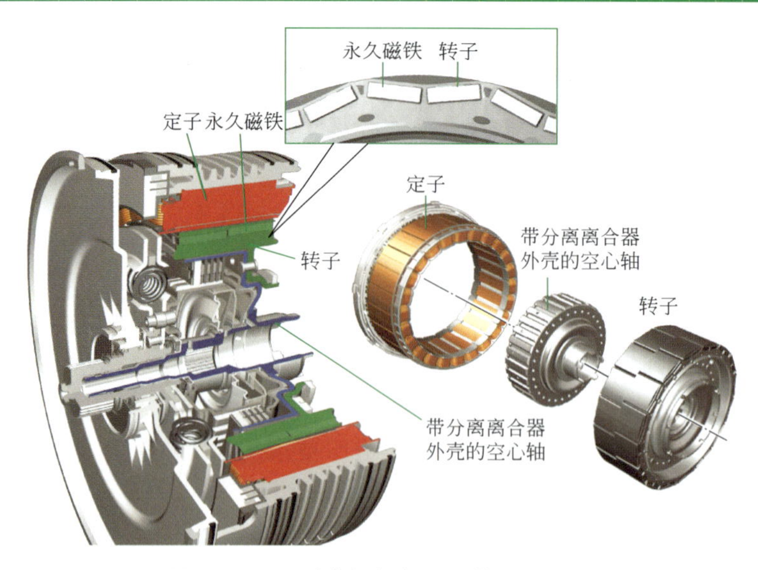

图 6-4-2　驱动电机剖视图及转子和定子

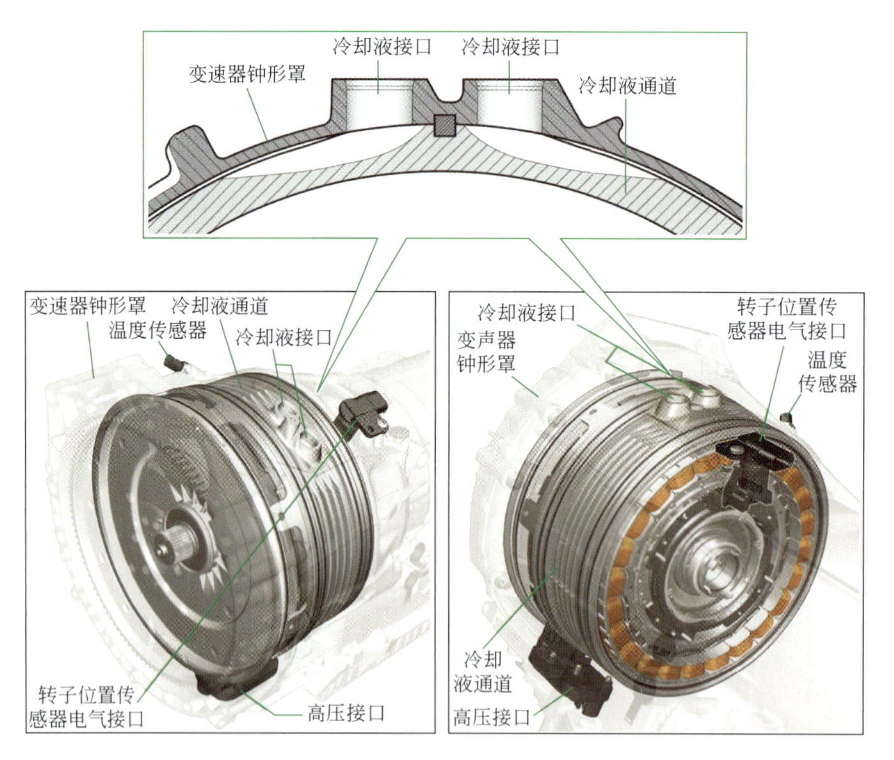

图 6-4-3　驱动电机外部接口

发动机通过分离离合器与驱动电机和传动系统的其余部分断开。在 F18 PHEV 中，这个分离离合器布置在辅助扭转减振器和驱动电机之间，如图 6-4-6 所示。分离离合器固定集成到驱动电机壳体中，为开放结构的湿式多片离合器，因此优化了摩擦损耗。

为了在任何情况下都能确保电机的温度可靠性，在 F18 PHEV 中使用冷却液冷却驱动电机。为了达到此目的，驱动电机连接在发动机的冷却液循环中，如图 6-4-7 所示。

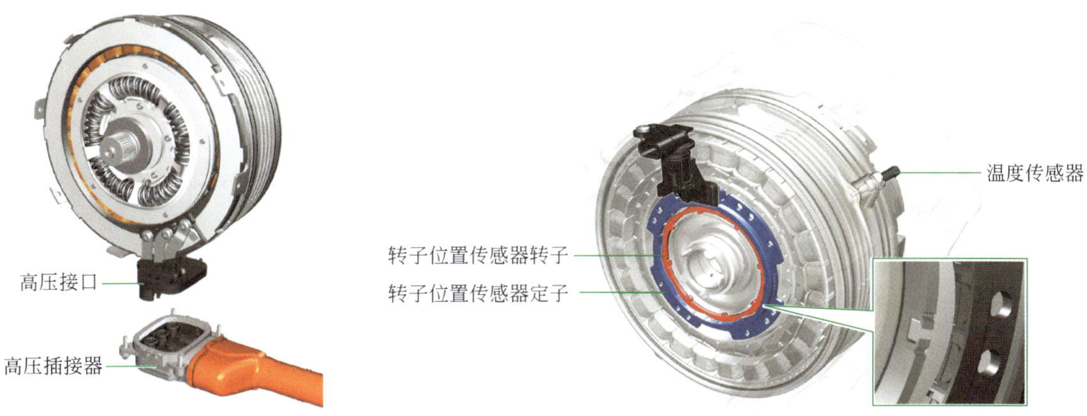

图 6-4-4　驱动电机高压接口

图 6-4-5　驱动电机传感器安装位置

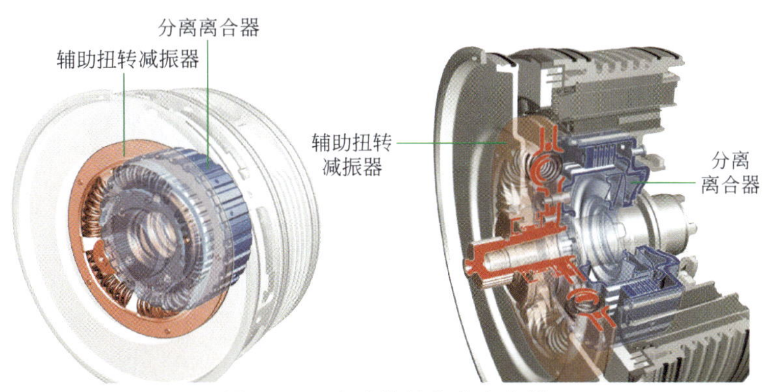

图 6-4-6　变速箱的分离离合器

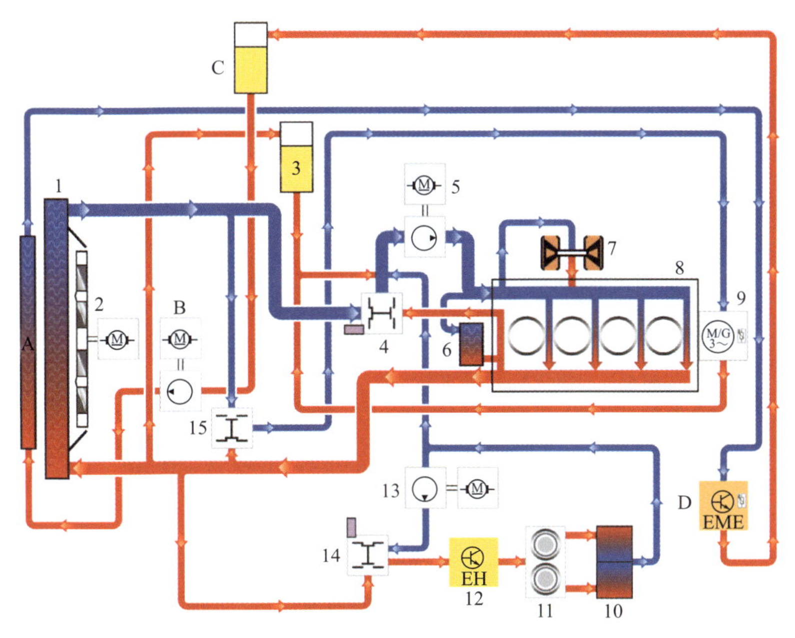

图 6-4-7　发动机和电机的冷却液循环

1—冷却液 - 空气热交换器；2—电动风扇；3—冷却液热膨胀平衡罐；4—特性曲线节温器；5—电动冷却液泵；6—发动机油冷却器；7—废气涡轮增压器；8—发动机；9—电机；10—暖风热交换器；11—双水阀；12—电加热装置；13—加热循环回路的电动冷却液泵；14—电动转换阀；15—电机节温器；A—冷却液 - 空气热交换器；B—电动冷却液泵；C—冷却液热膨胀平衡罐；D—电机 - 电子伺控系统 EME

为了冷却定子绕组，在定子支架和自动变速器壳体之间有一个冷却通道，冷却液通过该通道从发动机冷却回路中流出。冷却通道分别通过两个密封环向前和向后密封。

（2）混合动力变速器

采用 ZF 公司的 GA8P75HZ 8 挡自动变速器，为了满足插电式混合动力车型的要求，对变速器进行了调整，更换了部分组件。如使用驱动电机代替了原有的液力变矩器，同时采用了电动辅助油泵。驱动电机的安装位置及辅助组件剖视图如图 6-4-8 所示，变速器总体结构剖视图如图 6-4-9 所示。

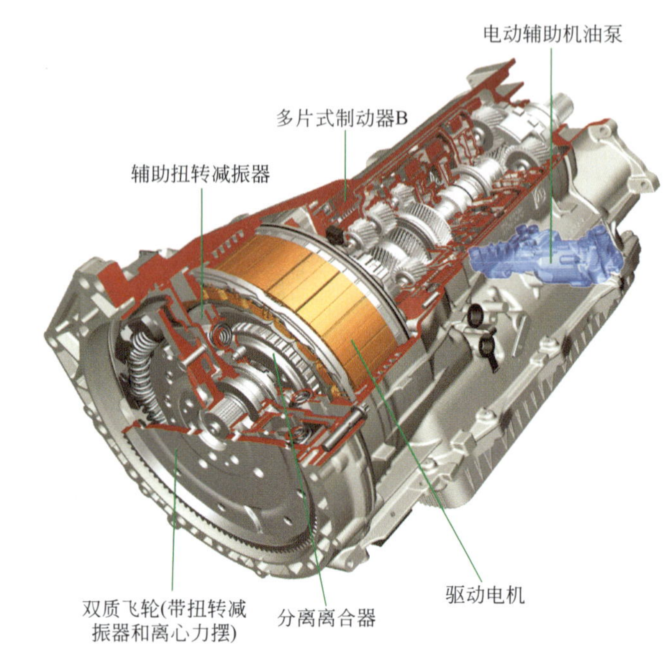

图 6-4-8 驱动电机的安装位置及辅助组件

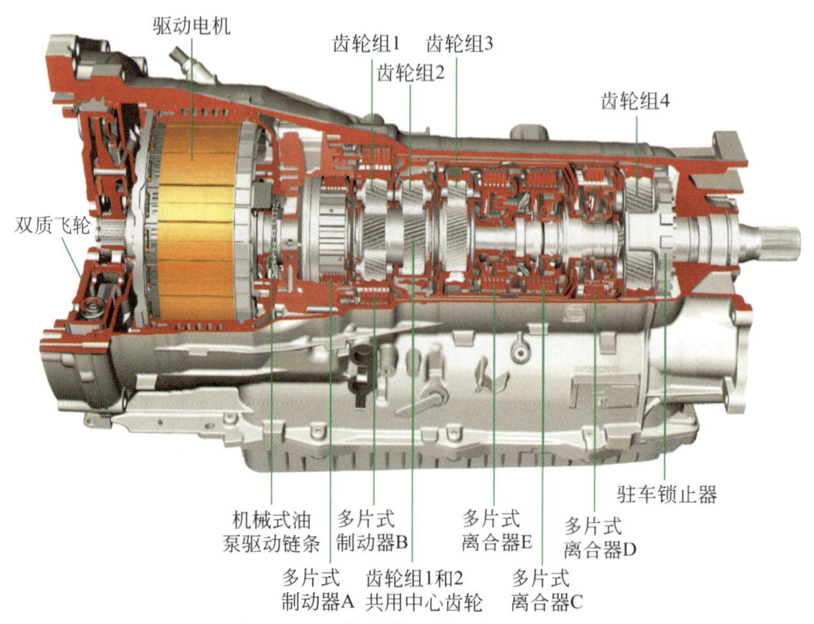

图 6-4-9 变速器总体结构剖视图

6.4.3 动力电池

动力电池由 96 个电压为 3.78V 的单格锂离子电池组成，额定电压为 363V，安装在行李厢内后排座椅的后面。动力电池由 Bosch 公司制造，单格锂离子电池由三星公司生产。

动力电池的冷却由单独的电动冷却液泵和整车空调系统共同完成。电动冷却液泵的功率为 50W，它用一个支架固定在冷却装置上，位于行李厢凹槽右边。动力电池及电动冷却液泵安装位置如图 6-4-10 所示，整车空调系统组成如图 6-4-11 所示。

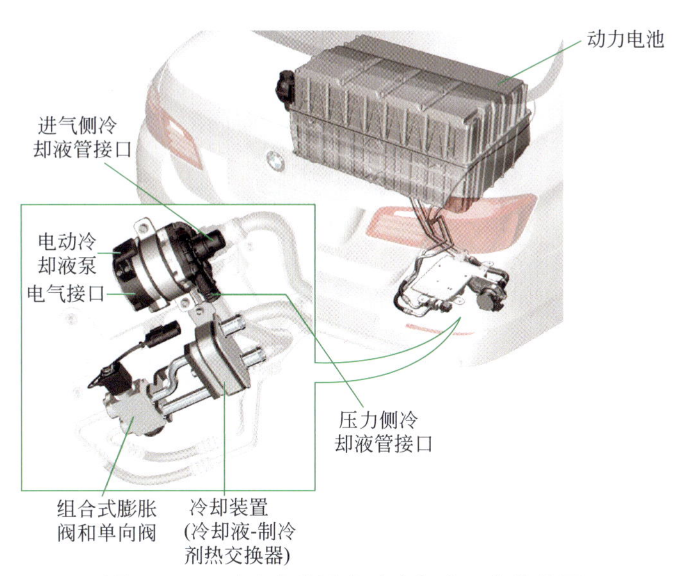

图 6-4-10 动力电池及电动冷却液泵安装位置

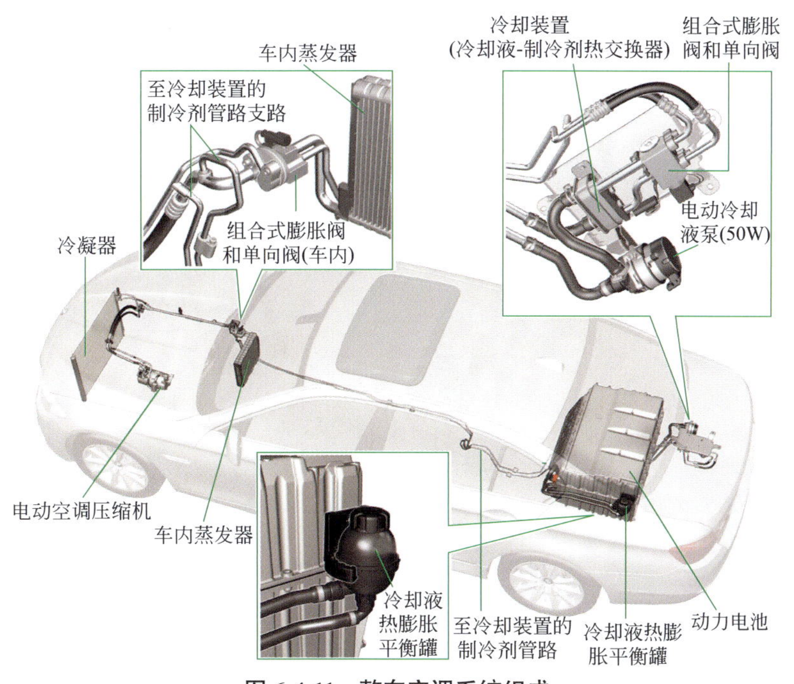

图 6-4-11 整车空调系统组成

电池电子管理系统根据需要借助一个按脉冲宽度调制的信号控制电动冷却液泵。通过行李厢配电盒的端子 30B 进行供电。

移动充电设备及充电电缆插接器分别如图 6-4-12 和图 6-4-13 所示。

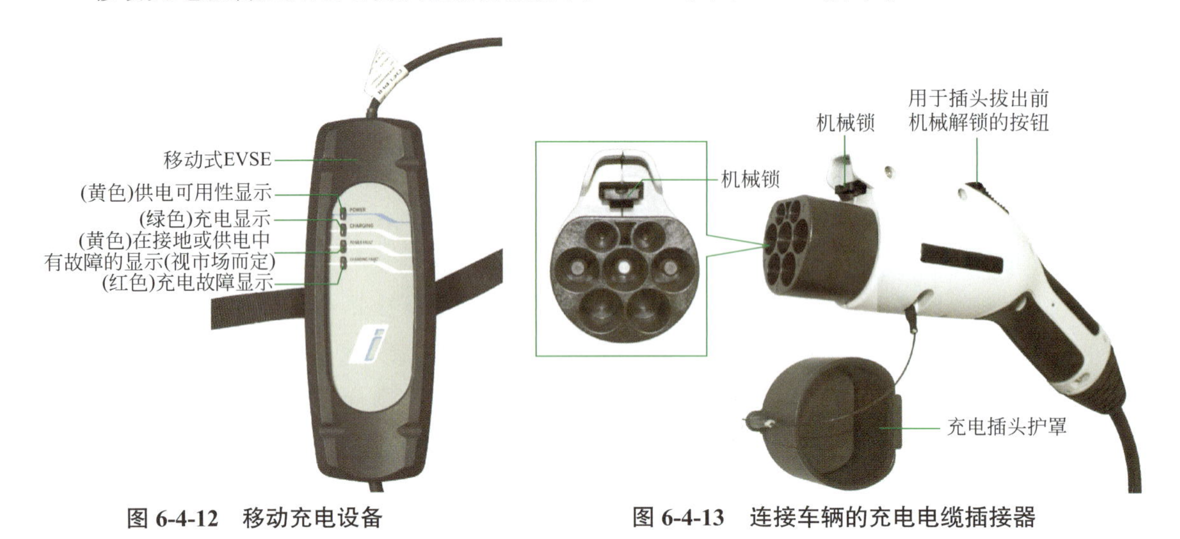

图 6-4-12　移动充电设备

图 6-4-13　连接车辆的充电电缆插接器

6.4.4　电动空调系统

电动空调系统组成如图 6-4-14 所示，电动空调压缩机及管路连接如图 6-4-15 所示。

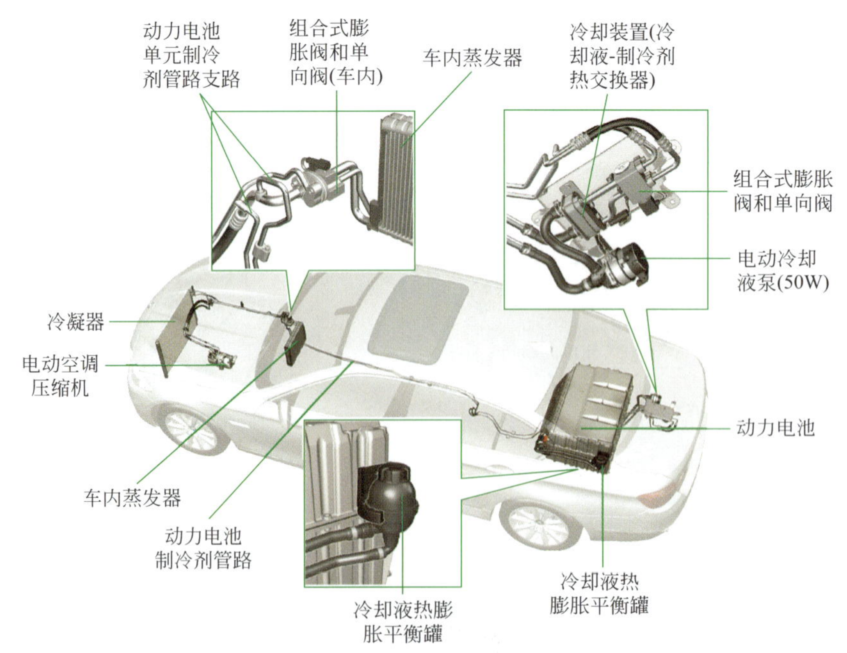

图 6-4-14　电动空调系统组成

IHKA（空调控制单元）探测和计算是否需要和需要多少冷却功率的请求。车内冷却请求一方面可能直接来自客户，另一方面，SME（动力电池控制器）也可能以总线信息的形式向 IHKA 发送一个动力电池冷却请求。IHKA 协调这些冷却请求并通过 LIN 总线控制电动空调压缩机。冷却请求的优先顺序取决于温度，例如车外温度高且车内强烈受热时，就请求一个高优先级的较大的冷却功率。达到所需温度后，降低冷却功率并维持该温度，优先级调低。单格电池温度的情况与之相似。单格电池升温到约 30℃时，就已开始冷却动力电池。由 SME 提出的冷却请求此时优先性还较低，可能被高压电管理系统拒绝。单格电池温度更高时，动力电池的冷却请求获得最高优先级并且一定会被执行。

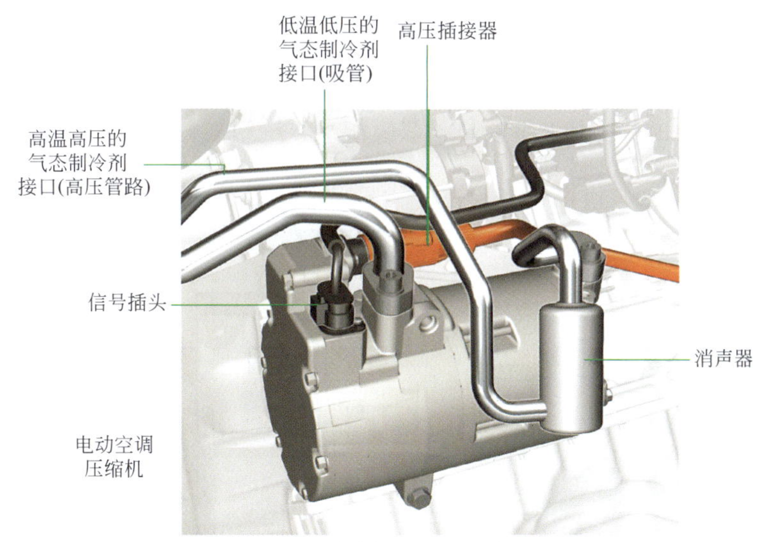

图 6-4-15　电动空调压缩机及管路连接

针对维修人员忘记正常切断高压配电系统的情况，另外准备了一个安全措施，可使高压配电系统自动断开。除了高电压触点，在高压插接器中还集成了一个桥形触点。首先执行高压插接器中的桥形触点接触，拔下高压插接器后首先会断开高压电桥的触点。EKK（电动空调压缩机）的供电因此断开，这导致高压插接器完全拔下前高压侧的功率请求接近零。这样确保在高压触点上不会产生电弧。高压触点带防接触保护功能。电动空调压缩机的高压插接器不是高压触点监测电路的一部分。使用螺旋式（也称涡流式）压缩机压缩制冷剂。电动空调压缩机的电功率约为 5kW。电动空调压缩机的高电压处于 288 ～ 400V 的电压范围内。如果电压高于或低于这个范围，就会降低功率或断开电动空调压缩机。

6.5 比亚迪秦 DM 双模混合动力汽车

6.5.1　构造与原理

（1）动力系统组成

DM 二代技术是比亚迪在 DM 一代技术（搭载于 F3DM）基础上，整合目前比亚迪最先进技术——涡轮增压缸内直喷发动机（比亚迪称之为 Ti 发动机）、DCT 变速器、高转速电机、集成电机控制器、分布式电源管理系统、高性能动力电池等，在发动机、电机、电控、电池、

电源管理等关键技术上都有了质的飞跃。相对 DM 一代技术，搭载车型会具备更强的动力性和更优的经济性。搭载 DM 二代技术的首款车型是比亚迪秦。

DM 二代技术特点如下。

① 整车性能对电池依赖小，增加 6 速变速器，对发动机工作区域调节能力更强。

② 高转速电机、高电压方案，效率更优。

③ 有超强的动力性。

④ 高压系统损坏，车辆仍能正常行驶。

动力系统搭载涡轮增压缸内直喷发动机、6 速双离合变速器以及 26A•h 容量的电池组合，高压系统电压提升至 500V。比亚迪秦 DM 双模混动系统组成如图 6-5-1 所示。

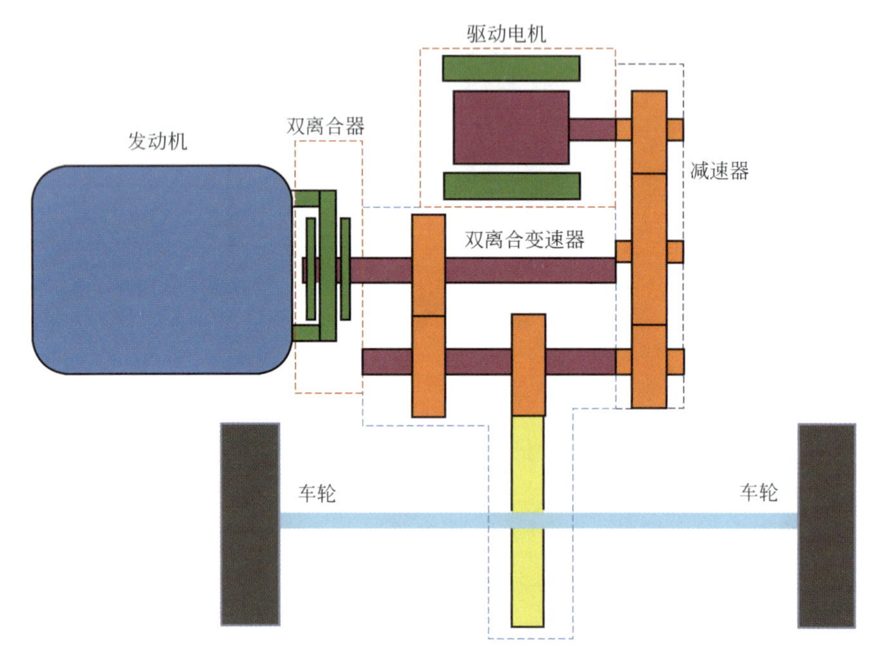

图 6-5-1　比亚迪秦 DM 双模混动系统组成

（2）动力系统工作模式

① EV 纯电动模式　与 DM 一代相同，纯电动工作模式下，动力电池提供电能，供电机驱动车辆，可以满足各种工况行驶，如起步、倒车、怠速、急加速、匀速行驶等。EV 纯电动模式如图 6-5-2 所示。

② HEV 稳定发电模式　当电量不足时，系统从 EV 模式自行切换到 HEV 模式，使用发动机驱动，在车辆以较稳定的速度行驶时，发动机输出的一部分转矩驱动电机进行发电，对动力电池进行充电。HEV 稳定发电模式如图 6-5-3 所示。

③ HEV 混动模式　当用户从 EV 模式切换到 HEV 模式后，车辆由发动机和电机共同驱动，实现了最佳的动力性，但仍能保证混合动力系统具有良好的经济性。HEV 混动模式如图 6-5-4 所示。

④ 发动机驱动模式　当电量不足或高压系统故障时，可单独使用发动机驱动，实现了高压系统的独立性。发动机驱动模式如图 6-5-5 所示。

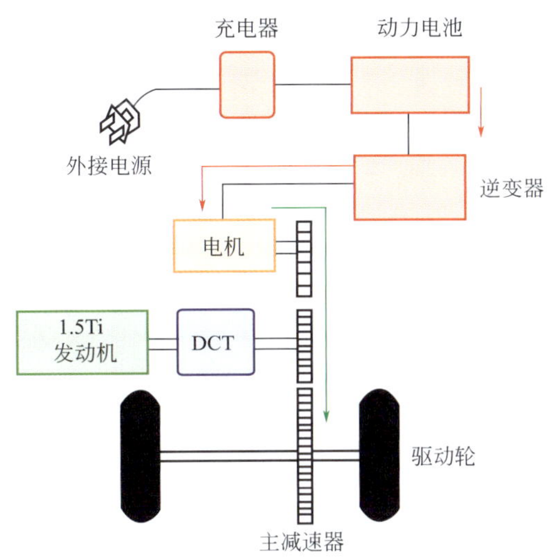

图 6-5-2　EV 纯电动模式

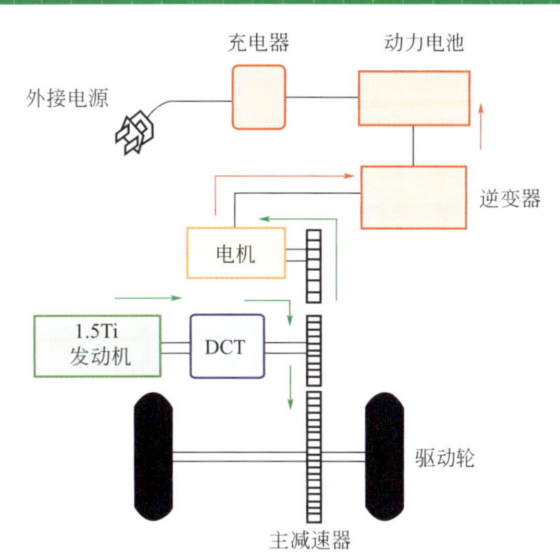

图 6-5-3　HEV 稳定发电模式

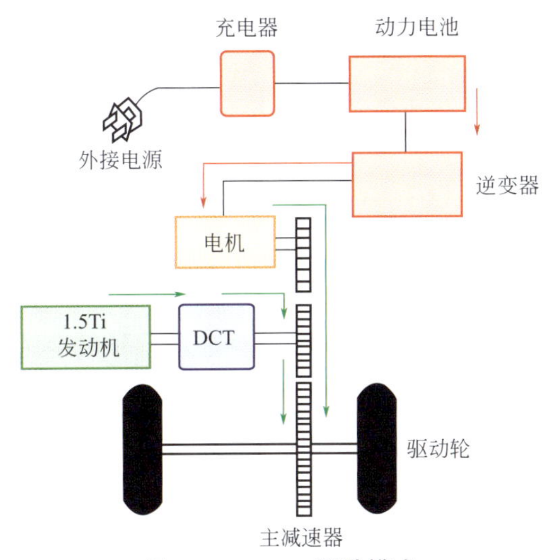

图 6-5-4　HEV 混动模式

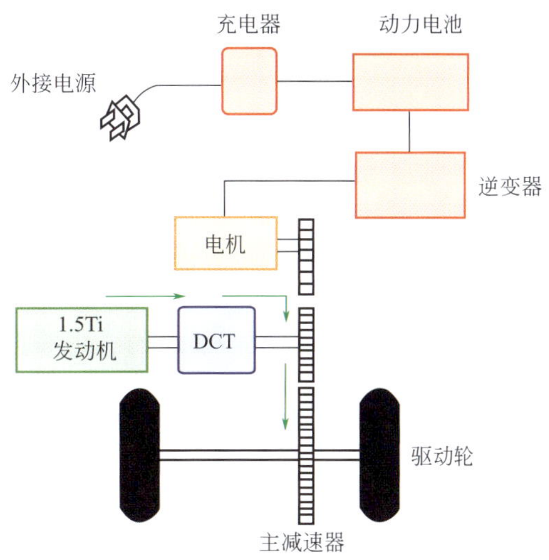

图 6-5-5　发动机驱动模式

⑤ 能量回馈工作模式　与 DM 一代相同，DM 二代在车辆减速时，电机将车辆需要降低的动能转化为电能储存在动力电池内，DM 二代的回馈效率比 DM 一代更高。能量回馈工作模式如图 6-5-6 所示。

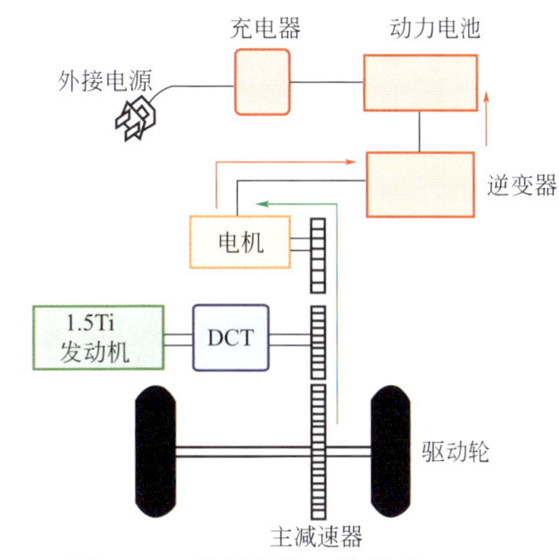

图 6-5-6　能量回馈工作模式

6.5.2　动力电池

比亚迪秦动力电池安装在车辆行李厢内，如图 6-5-7 所示。动力电池故障诊断流程如图 6-5-8 所示。

动力电池系统是 DM 双模混动汽车主要动

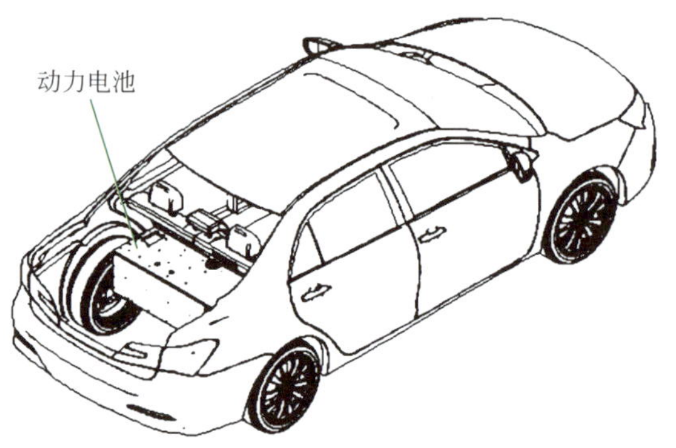

图 6-5-7　动力电池安装位置

力能源之一，它为整车驱动和其他用电设备提供电能。该车的动力电池系统由 10 个动力电池模组、10 个动力电池信息采集器、动力电池串联线、动力电池支架、动力电池包密封罩、动力电池采样线等组成。10 个动力电池模组中各有 12 ～ 18 节数量不等的电池单体，总共 152 节串联而成。额定总电压为 486.4V，总电量为 10kW・h。动力电池的连接模式如图 6-5-9 所示。

①把车开进维修间

②检查蓄电池电压
标准电压值：11～14V
如果电压值低于11V，在进行下一步之前充电或更换蓄电池

③插好插接件，整车上ON挡电，进入电池管理器故障码诊断

④针对故障进行调整、维修或更换

⑤确认测试

⑥结束

图 6-5-8　动力电池故障诊断流程

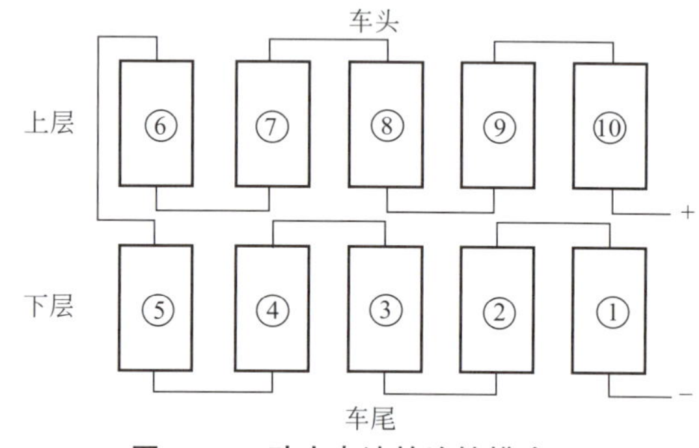

图 6-5-9　动力电池的连接模式

若确定电池有问题需要维修，可按照图 6-5-10 所示步骤更换电池。性能不一致的电池装配在一起会影响其使用和寿命。

①将车辆退电至OFF挡(启动开关关闭)，拆下后排座椅，断开维修开关，等待5min

②拆卸行李厢内饰护板和动力电池包密封罩的前后封板

③用万用表检测电池是否漏电。检测方法为：将万用表正极搭在电池正极引出线上，负极搭车身地。正常值为10V以下。若过大则不要拆卸，检测漏电原因和地方，排除问题后再进行以下操作

④戴好绝缘手套，用套筒扳手一次拆卸每一根动力电池串联线、维修开关线束、动力电池包正负极线束固定螺栓。取下每一根动力电池串联线、维修开关线束、动力电池包正负极线束

⑤用一字旋具撬开动力电池采样线固定卡扣，拔掉所有动力电池采样线与电池信息采集器连接的插接件

⑥戴好绝缘手套，用套筒扳手拆每个动力电池模组四个角的固定螺栓

⑦戴好绝缘手套，从行李厢处取出动力电池模组，更换新的模组

⑧分别检测电池模组漏电情况，若无问题，进行以下操作

⑨戴好绝缘手套，用套筒扳手安装好每个动力电池模组四个角的固定螺栓

⑩戴好绝缘手套，依次安装上每一根动力电池串联线、维修开关线束、动力电池包正负极线束，同时用套筒扳手拧紧固定螺栓

⑪将动力电池采样线上的插接件与电池信息采集器一一对应并插入，听见“咔”的响声即可，卡上动力电池采样线卡扣

⑫接好维修开关，上电检查动力电池问题是否已解决，若无问题，则进行以下操作

⑬安装好动力电池包密封罩的前后封板、行李厢内饰护板和后排座椅，结束

图 6-5-10　动力电池的更换检查流程

6.5.3 电池管理系统

（1）组成与作用

动力电池控制器位于行李厢车身右 C 柱内板后段，如图 6-5-11 所示。10 个电池信息采集器分别位于动力电池包内部每个动力电池模组的前端，如图 6-5-12 所示。动力电池管理器系统框图如图 6-5-13 所示。

图 6-5-11　动力电池控制器安装位置

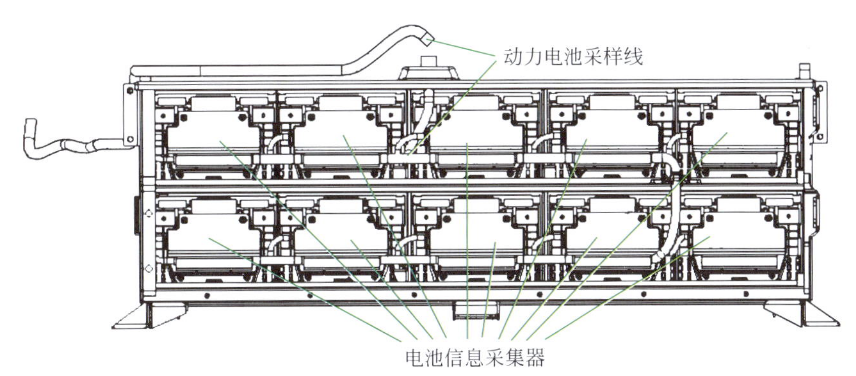

图 6-5-12　电池信息采集器安装位置

比亚迪秦 DM 双模混动汽车采用分布式电池管理系统，由 1 个动力电池控制器（BMC）和 10 个电池信息采集器（BIC）及 1 套动力电池采样线组成。动力电池控制器的主要功能有充放电管理、接触器控制、功率控制、电池异常状态报警和保护、SOC/SOH 计算、自检以及通信功能等；电池信息采集器的主要功能有电池电压采样、温度采样、电池均衡、采样线异常检测等；动力电池采样线的主要功能是连接动力电池控制器和电池信息采集器，实现两者之间的通信及信息交换。

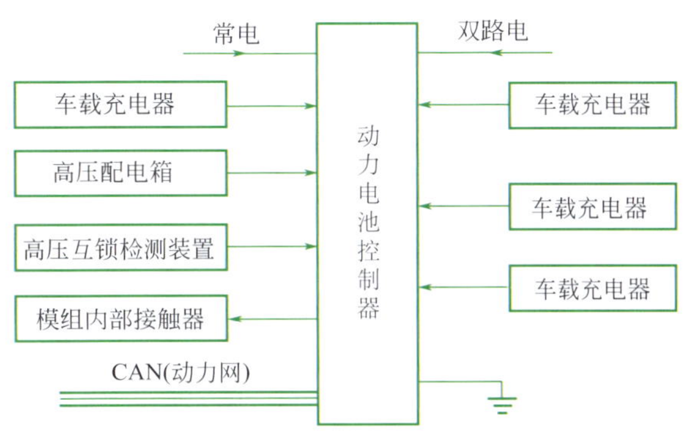

图 6-5-13　动力电池控制器系统框图

（2）动力电池控制器诊断流程

动力电池控制器故障诊断流程如图 6-5-14 所示。

（3）动力电池控制器更换流程

若确认动力电池控制器有问题，导致车辆不能运行，需按图 6-5-15 所示步骤更换。

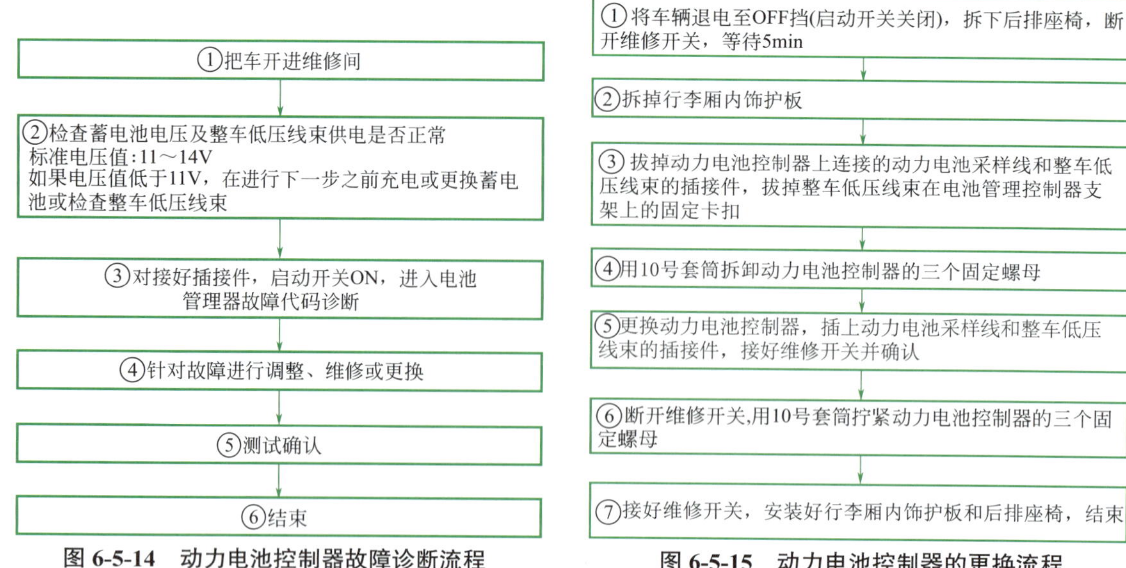

图 6-5-14　动力电池控制器故障诊断流程

图 6-5-15　动力电池控制器的更换流程

6.5.4　充电系统

（1）组件位置

比亚迪秦 DM 双模混动汽车充电系统可通过家用电器插座和交流充电桩，将家用 220V 交流电通过车载充电机转变为 486V 直流高压电给动力电池充电。充电系统主要由交流充电口、车载充电机、动力电池控制器、高压配电箱、动力电池以及相关线束组成，充电系统各部件安装位置如图 6-5-16 所示。充电系统组成框图如图 6-5-17 所示。

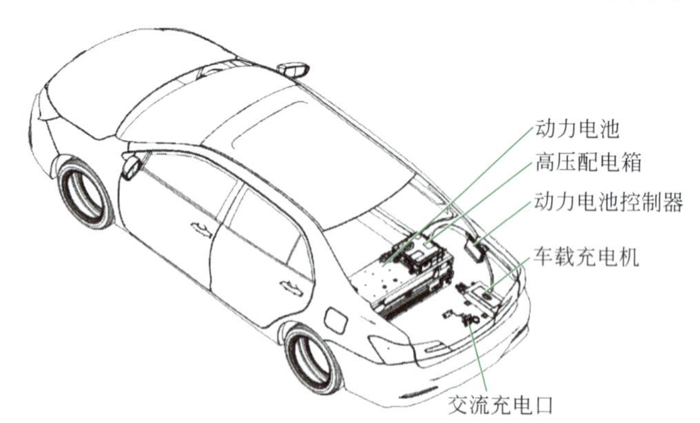

图 6-5-16　充电系统各部件安装位置

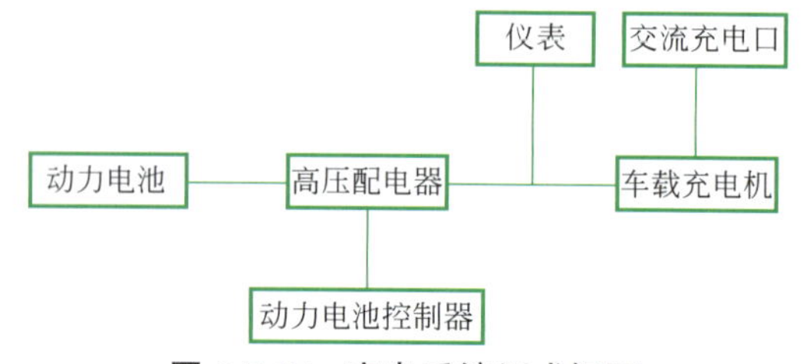

图 6-5-17　充电系统组成框图

（2）故障诊断流程

充电系统故障表现为动力电池充不上电、充电灯不亮或者充电过程频繁出现中断等。充电系统故障诊断流程如图 6-5-18 所示。

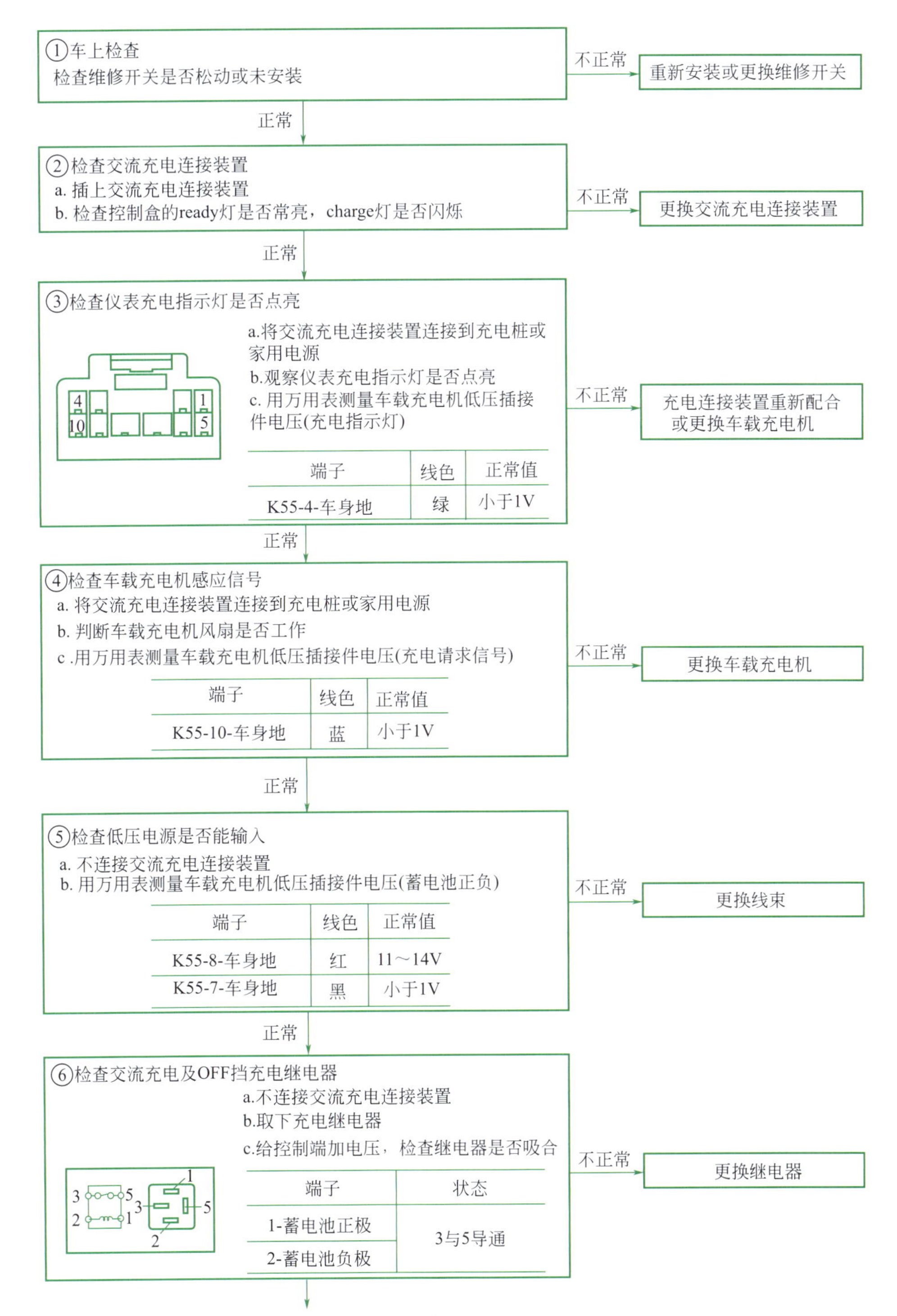

图 6-5-18

正常

⑦检查高压配电箱车载充电熔丝
a. 不连接交流充电连接装置
b. 拆开高压配电箱侧边小盖
c. 测量下方车载充电熔丝(30A)是否导通

不正常 → 更换车载充电熔丝

正常

⑧检查高压配电箱车载充电接触器(供电)
a. 用万用表检测高压配电箱低压插接件K54-4
b .将交流充电连接装置连接到充电桩或家用电源
c. 测量插接件对应端子低压是否为12V以上

不正常 → 检查接触器供电低压线束

正常

⑨检查高压配电箱车载充电接触器(控制)
a.用万用表检测高压配电箱低压插接件K54-20
b.将交流充电连接装置连接到充电桩或家用电源
c.测量插接件对应端子低压是否为1V以下

不正常 → 检查接触器控制低压线束或动力电池控制器

正常

⑩检查高压配电箱负极接触器(供电)
a.用万用表检测高压配电箱低压插接件K54-5
b.将交流充电连接装置连接到充电桩或家用电源
c.测量插接件对应端子低压是否为12V以上

不正常 → 检查接触器供电低压线束

正常

⑪检查高压配电箱负极接触器(控制)
a.用万用表检测高压配电箱低压插接件K54-10
b.将交流充电连接装置连接到充电桩或家用电源
c.测量插接件对应端子低压是否为1V以下

不正常 → 检查接触器控制低压线束或动力电池控制器

正常

⑫检查交流充电口总成
a. 拔出交流充电口插接件
b .分别测量充电口和插接件两端各对应端子是否导通

不正常 → 更换交流充电口总成

正常

⑬检查动力电池控制器充电请求信号输入
a. 将交流充电口连接到充电桩或家用电源
b. 断开动力电池控制器26pin插接件，测量线束端电压(充电请求信号)

端子	线色	正常值
K65-18-车身地	蓝	小于1V

不正常 → 更换线束或检查动力电池控制器

正常

⑭检查CAN通信
a. 将交流充电口连接到充电桩或家用电源
b. 用万用表测量车载充电机低压线束端电压

端子	线色	正常值
K55-3-车身地	蓝	1.5～2.5V
K55-9-车身地	粉	2.5～3.5V

不正常 → 更换CAN线束

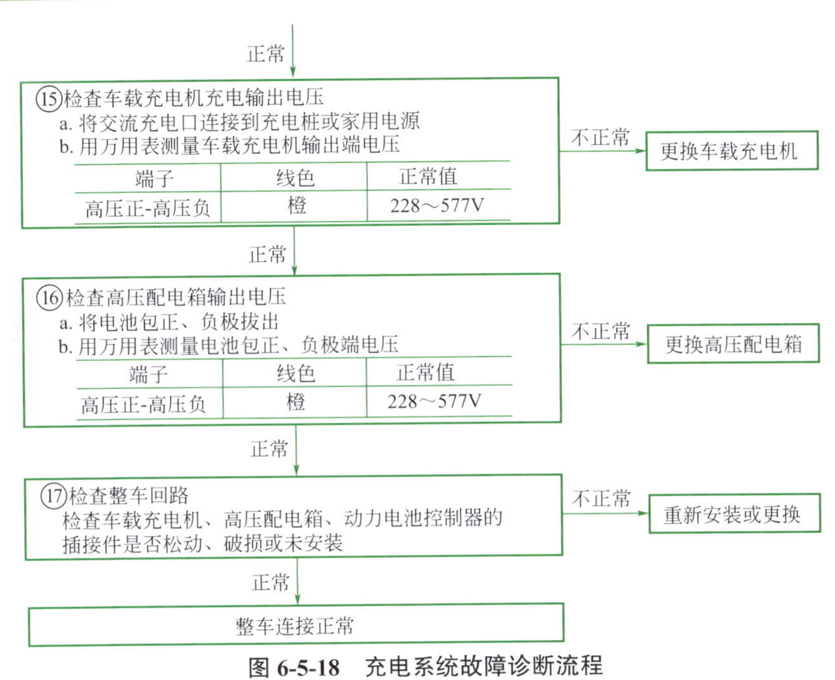

图 6-5-18 充电系统故障诊断流程

(3) 拆卸与安装

① 车载充电机总成

a. 结构组成 车载充电机总成由盒盖、盒体、支架、散热器等组成。

b. 拆卸维修前的准备

i. 启动开关 OFF。

ii. 断开 12V 低压蓄电池负极导线。

iii. 拔掉维修开关。

iv. 拆卸行李厢右后内饰板。

c. 拆卸

i. 断开外部插接件，包括高压输出插接件（接高压配电箱的电缆）、低压插接件（包含 CAN 总线线束）、交流输入插接件（220V 电源线）。

ii. 用棘轮扳手将车载充电机交流输入搭铁线的 M6 六角法兰面螺母松开，并将固定车载充电器 3 个支架上的 M6×12 的螺栓拧下（图 6-5-19 中圆圈处）。

iii. 将车载充电机轻轻取出。

d. 安装

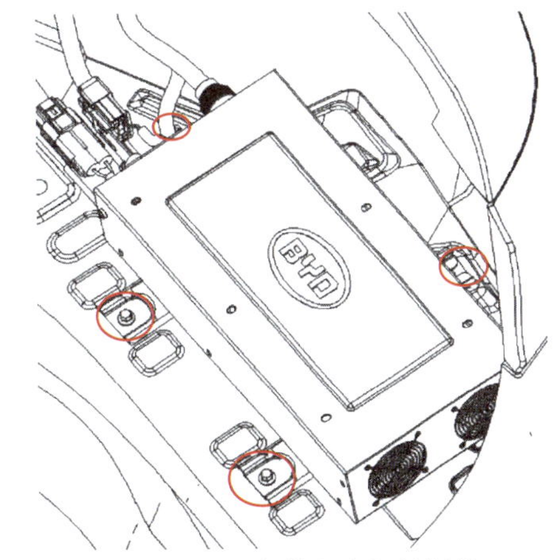
图 6-5-19 车载充电机的拆装

i. 安装前确保车载充电机外观清洁，表面不应有划痕。戴上手套，把车载充电机放置在后舱安装支架上，使车载充电机支架上的孔和车身上支架的孔对正；将车载充电机安装在行李厢右侧，先将右侧通风口处螺栓拧上，将车载充电机推入、对准孔位，再将左侧 2 个螺栓拧紧，拧紧力矩约为 8N・m。

ii. 将交流输入插接件和搭铁线固定好。插接件对准防错角度插入再顺时针拧紧锁死，搭铁线用螺母拧紧，拧紧力矩约为 6N・m。校核无误后标上油漆印记。

iii. 将低压插接件和高压输出插接件对接固定好。

② 交流充电口总成

a. 结构组成　交流充电口总成由车辆插座、电缆、插接件等组成。

b. 拆卸维修前的准备

i. 启动开关 OFF。

ii. 断开 12V 低压蓄电池负极导线。

iii. 拔掉维修开关。

iv. 拆卸行李厢右后内饰板。

v. 拆卸动力电池控制器。

vi. 拆卸铰链护板。

c. 拆卸

i. 断开交流输出插接件（与车载充电机对接插接件）。

ii. 将固定电缆的扎带松开，如图 6-5-20 所示（固定在车身钣金和铰链上）。

iii. 用棘轮扳手将固定充电口座 M6×20 的六角螺栓拧下，如图 6-5-21 所示。

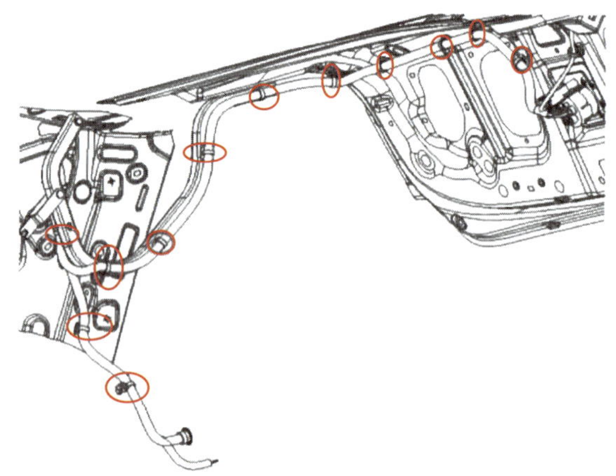

图 6-5-20　松开固定电缆的扎带

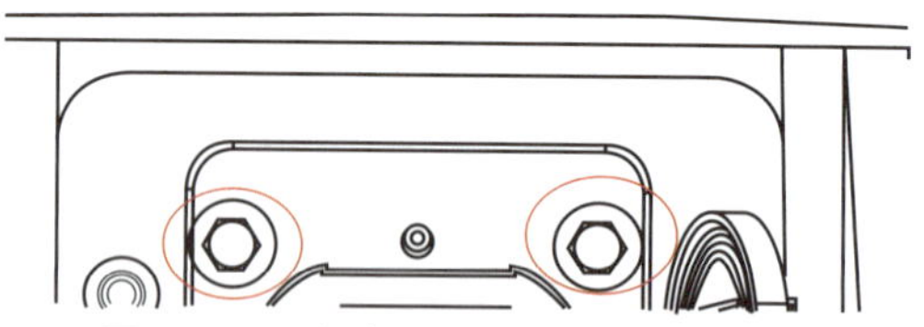

图 6-5-21　拆卸充电口座六角螺栓

iv. 将交流充电口从车外轻轻取出。

d. 安装

i. 安装前确保充电口外观清洁，表面不应有划痕，电缆插接件表面不应破损。戴上手套，把交流充电口尾部电缆穿过钣金，正对充电口座确认好方向（盖子打开方向为向右打开）用 4 个螺栓固定，拧紧力矩约为 8N・m。

ii. 将电缆扎带依次固定在车身钣金和铰链上。

iii. 将插接件与车载充电机对接好。

6.5.5　电机控制器与 DC/DC 总成

电机控制器和 DC/DC 总成安装位置如图 6-5-22 所示。

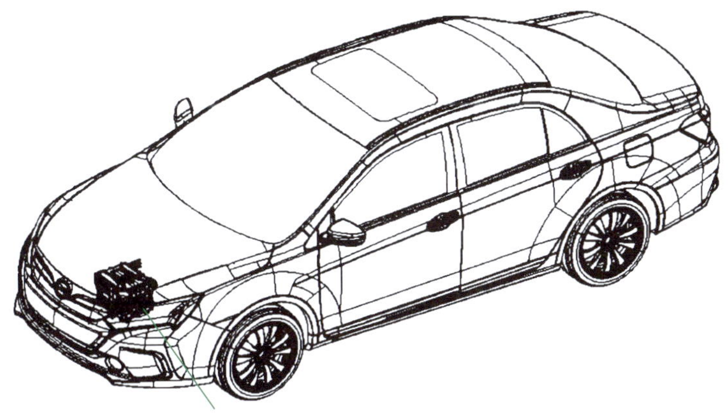

图 6-5-22 电机控制器和 DC/DC 总成安装位置

(1) DC/DC 系统故障码读取

将诊断仪连接 DLC3 诊断口，如果提示通信错误，则可能是车辆 DLC3 诊断口问题，也可能是诊断仪问题。将诊断仪连接另一辆车的 DLC3 诊断口，如果可以显示，则原车 DLC3 诊断口有问题，需更换。若不可显示则诊断仪问题。DC/DC 系统故障码如表 6-5-1 所示。

表 6-5-1 DC/DC 系统故障码

故障码	描述	备注
P1EC000	降压时高压侧电压过高	保护值 600V
P1EC100	降压时高压侧电压过低	保护值 300V
P1EC200	降压时低压侧电压过高	保护值 16V
P1EC300	降压时低压侧电压过低	保护值 9V
P1EC400	降压时低压侧电流过大	保护值 160A
P1EC500	降压时低压侧负电流	预留
P1EC600	降压时高压侧电流过大	预留
P1EC700	降压时硬件故障	低压输出电压小于 13.4V，低压输出电流小于 20A
P1EC800	降压时低压侧短路	预留
P1EC900	降压时低压侧断路	预留
P1ECA00	升压时高压侧电压过高	保护值 600V
P1ECB00	升压时低压侧电压过高	保护值 15V
P1ECC00	升压时低压侧电压过低	低压小于 12.8V
P1ECD00	升压时低压侧电流过大	保护值 100A
P1ECE00	升压时高压侧电流过大	预留
P1ECF00	升压时高压侧电压过低	保护值 350V
P1EE000	散热器过温	温度高于 85℃

续表

故障码	描述	备注
U016400	与空调通信故障	5s 未收到空调报文
U010300	与 ECM 通信故障	5s 未收到 ECM 报文
U011000	与驱动电机控制器通信故障	预留
U012200	与低压动力电池通信故障	5s 未收到低压动力电池报文
U011100	与动力电池管理器通信故障	5s 未收到动力电池管理器报文
U029D00	与 ESC 通信故障	5s 未收到 ESC 报文
U014000	与 BCM 通信故障	5s 未收到 BCM 报文

（2）电机控制器故障诊断

电机控制器负责根据车辆的运行工况驱动电机，系统框图如图 6-5-23 所示。

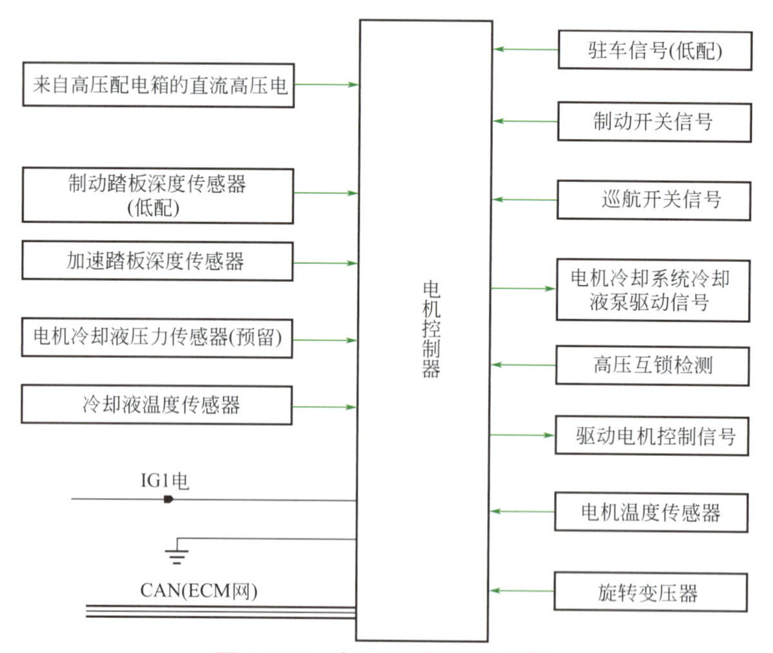

图 6-5-23　电机控制器系统框图

将诊断仪连接 DLC3 诊断口，如果提示通信错误，则可能是车辆 DLC3 诊断口问题，也可能是诊断仪问题。将诊断仪连接另一辆车的 DLC3 诊断口，如果可以显示，则原车 DLC3 诊断口有问题，需更换。若不可显示则诊断仪问题。电机控制器故障码如表 6-5-2 所示。

表 6-5-2　电机控制器故障码

故障码	描述	备注
P1B00	动力电机电流过流故障	电流超过 600A
P1B01	IPM 保护	硬件 IPM 保护
P1B02	旋转变压器故障	旋转变压器线束松动、旋转变压器器件有故障

续表

故障码	描述	备注
P1B03	欠压保护故障	主接触器吸合后电压低于 330V
P1B04	过压保护故障	主接触器吸合后电压高于 570V
P1B05	过载保护	电机电流超过设定值
P1B06	缺相保护	电机三相电流缺相
P1B07	油门信号 1 回路故障	油门故障，油门 1、2 出错
P1B08	油门信号 2 回路故障	油门故障，油门 1、2 出错
P1B0B	碰撞保护	检测到碰撞信号
P1B0C	挡位错误	挡位信号出错
P1B0D	开盖保护	控制器开盖
P1B0E	EEPROM 错误	EEPROM 读写故障
P1B0F	巡航开关回路故障（预留）	巡航开关信号出错
P1B10	IKEY 防盗解除失败	没有密码或没有钥匙
P1B11	ECM 防盗解除失败	IKEY 防盗失败或 ECM 防盗失败
P1B12	冷却液压力报警（预留）	压力过高，信号失效
P1B13	电机过温报警	超过限制温度
P1B14	IGBT 过温报警	超过限制温度
P1B15	水温过高报警	超过限制温度
P1B16	IPM 散热器过温报警	超过限制温度
P1B17	P 挡报警	P 挡状态出错
P1B18	互锁故障（有母线电压没有信号）	母线电压没有与信号匹配
P1B19	主动泄放故障（预留）	主动泄放功能为预留的功能：由电源管理器发出命令，电机控制器执行主动泄放动作，具体如何检测，能否检测还需讨论
U2D0C	电机控制器与 ABS 通信故障	5s 内没有接收报文则判断为故障
U2D0D	与电池管理器通信故障	5s 内没有接收报文则判断为故障
U2D0E	电机控制器与 P 挡控制器通信故障	5s 内没有接收报文则判断为故障
U2D0F	电机控制器与 ECM 通信故障	5s 内没有接收报文则判断为故障
U2D10	电机控制器与 ESC 通信故障	5s 内没有接收报文则判断为故障
U2D11	电机控制器与 ACM 通信故障	2s 内没有接收报文则判断为故障

（3）拆卸与安装

①拆卸前的准备

a. 整车 OFF（启动开关 OFF）。

b. 拔掉紧急维修开关，等待 5min 以上。

c. 断开 12V 低压蓄电池负极导线。

d. 拆掉高压配电盒。

② 拆卸

a. 拆卸驱动电机三相线插接件的 4 个螺栓。

b. 拔下高压母线插接件。

c. 拆卸附在箱体上的高压配电盒上端螺栓。

d. 拆卸底座 4 个紧固螺栓。

e. 将电机控制器向左移，拔掉 62pin 低压插接件，拆卸搭铁螺栓，拔掉直流低压输出线，拔掉 4 个低压线束卡扣。

f. 将电机控制器向右移，拆掉进、出水管（拆掉进水管时将流出的冷却液用容器接住）。

③ 安装

a. 将电机控制器放到安装位置。

b. 将电机控制器向右移，安装进、出水管。

c. 安装 4 个底座螺栓（先对准左上方螺栓，将螺栓放进去，拧进 1/3，再对准右下方螺栓，将螺栓拧进 1/3，之后放进其他螺栓，将所有螺栓拧紧，拧紧力矩为 22N • m）。

d. 卡上直流 12V 输出线卡扣，插上直流 12V 插接件；卡上 ACM 线束卡扣；安装搭铁螺栓（拧紧力矩为 22N • m）；插上 62pin 插接件。

e. 安装贴在箱体侧面的高压配电盒螺栓。

f. 插上高压母线插接件。

g. 安装电机三相线插接件（先装最靠近车头下方螺栓，拧进 1/3；再装其对角螺栓，拧进 1/3；之后安装其他螺栓；将所有螺栓拧紧，拧紧力矩为 9N • m）。

6.5.6 高压线

比亚迪秦 DM 双模混动汽车的各高压组件通过高压导线相互连接。高压配电系统各模块工作时，动力电池电能通过高压配电箱和高压线分配传递给工作模块。

高压线由电机控制器直流母线与 PTC 小线总成，动力电池包正、负极线，车载充电机小线、空调配电盒总成等组成，如图 6-5-24 ～图 6-5-27 所示。

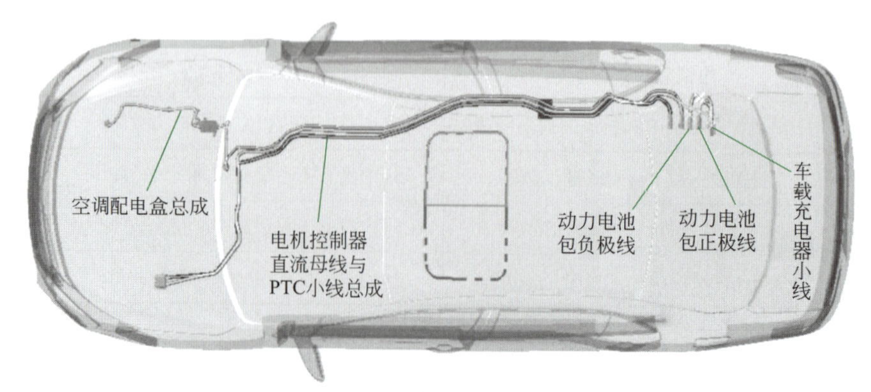

图 6-5-24　高压线分布情况

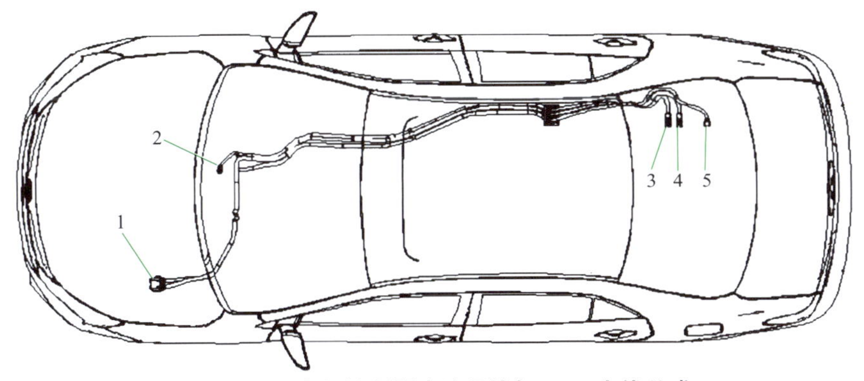

图 6-5-25　电机控制器直流母线与 PTC 小线总成

1—接电机控制器接口（2pin）；2—接空调配电盒输入接口（2pin）；3—接高压配电箱电控正极接口（1pin）；4—接高压配电箱电控负极接口（1pin）；5—接高压配电箱空调接口（2pin）

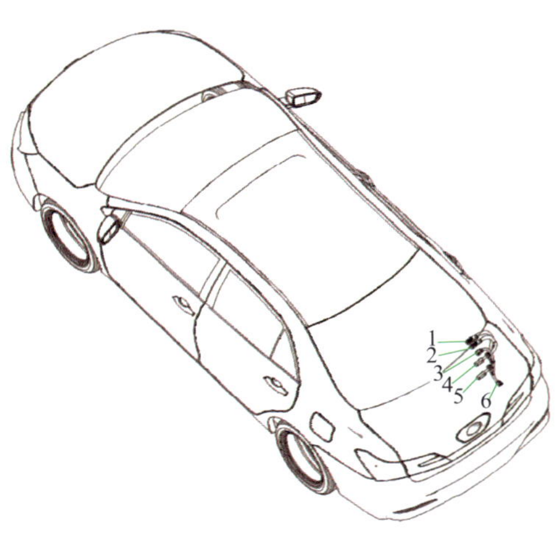

图 6-5-26　动力电池包正、负极线、车载充电机小线

1—接高压配电箱电池负极接口（1pin）；2—接高压配电箱电池正极接口（1pin）；3—接高压配电箱车载接口（2pin）；4—接动力电池包正极接口（1pin）；5—接动力电池包负极接口（1pin）；6—接车载充电器输出接口（2pin）

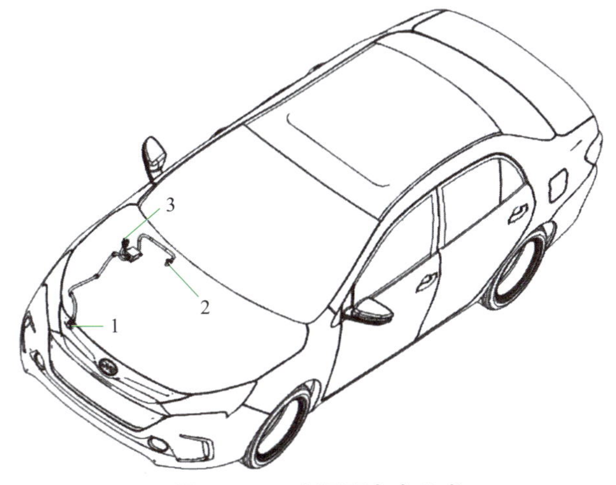

图 6-5-27　空调配电盒总成

1—接空调压缩机接口（2pin）；2—接驱动电机控制器直流母线与 PTC 小线总成的 PTC 接口（2pin）；3—接空调 PTC 接口（2pin）

6.5.7　高压配电箱

（1）系统组成

高压配电箱的作用是将动力电池的电能分配给各用电模块，也将车载充电机输出的电能分配给动力电池。高压配电箱组件位置如图 6-5-28 所示，系统框图如图 6-5-29 所示。

（2）拆卸与安装

高压配电箱总成由箱体、上盖及内部器件等组成。

① 拆卸前的准备

a. 启动开关 OFF。

b. 断开 12V 低压蓄电池负极导线。

c. 拆卸座椅，拔掉维修开关。

d. 拆卸行李厢右后内饰板。

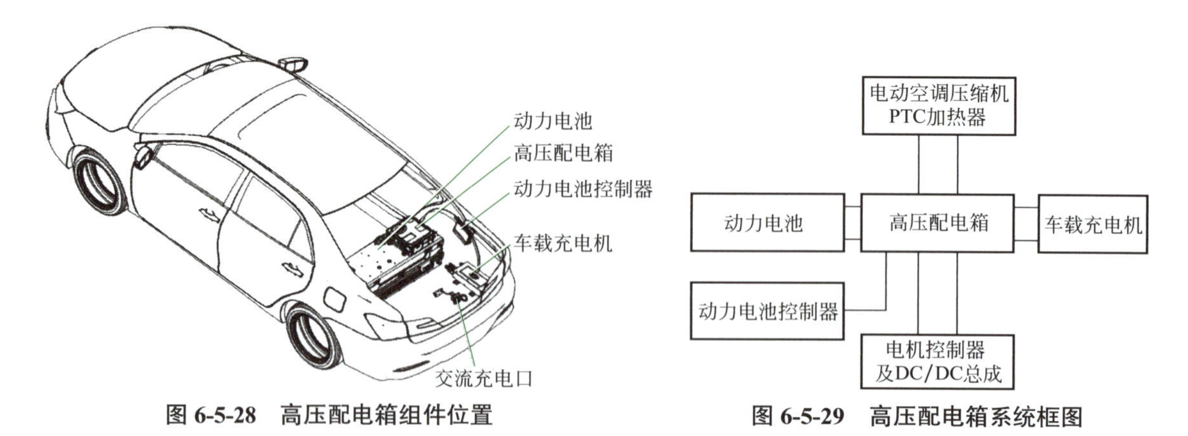

图 6-5-28　高压配电箱组件位置

图 6-5-29　高压配电箱系统框图

② 拆卸

a. 断开外部所有插接件，包括动力电池正、负极插接件，直流母线正、负极插接件，PTC 插接件，车载充电机插接件，漏电传感器插接件，低压插接件。

b. 用棘轮扳手将高压配电箱搭铁线的紧固螺栓松开，并将固定高压配电箱的 4 个六角螺栓拧下（图 6-5-30 中圆圈处）。

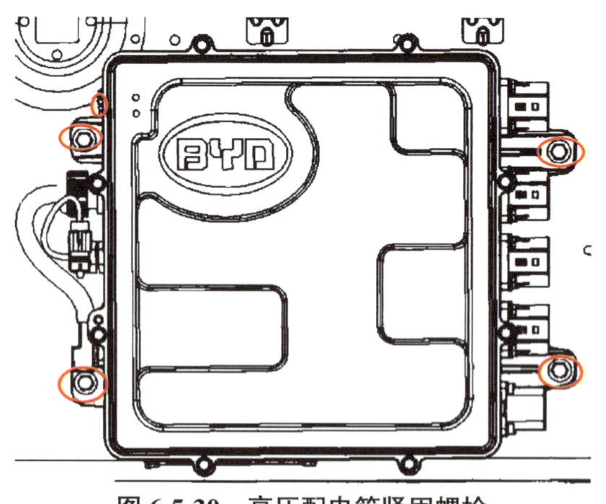

图 6-5-30　高压配电箱紧固螺栓

c. 向车后方平移高压配电箱，轻轻取下。

③ 安装

a. 戴好手套，确保高压配电箱外观清洁，表面没有明显划痕或压痕。将高压配电箱安装在电池支架上，调整到位后用 4 个螺栓将其固定，拧紧力矩约为 24N • m。

b. 将搭铁线用螺栓固定，拧紧力矩约为 24N • m。

c. 将高压配电箱与漏电传感器插接件对接到位并固定。

d. 将高压插接件对接好。先在乘员舱将直流母线负对准插入，听到“咔嗒”声时为连接到位，同时将二次锁止机构向里推入，完成插接件的连接。将直流母线负、直流母线正接好，再去车后方将动力电池负、动力电池正、车载充电机、PTC 依次对接好（插接件必须先对接好再插入二次锁止机构）。

e. 将低压插接件对接并固定好。

6.5.8　驱动电机

比亚迪秦 DM 双模混动汽车采用水冷式永磁交流同步电机。电机最大输出转矩为 250N·m，最大输出功率为 110kW，最高转速可达 12000r/min，总重量约为 47.5kg（包括后箱体和减速器前箱体）。驱动电机总体外观及结构分别如图 6-5-31 和图 6-5-32 所示。

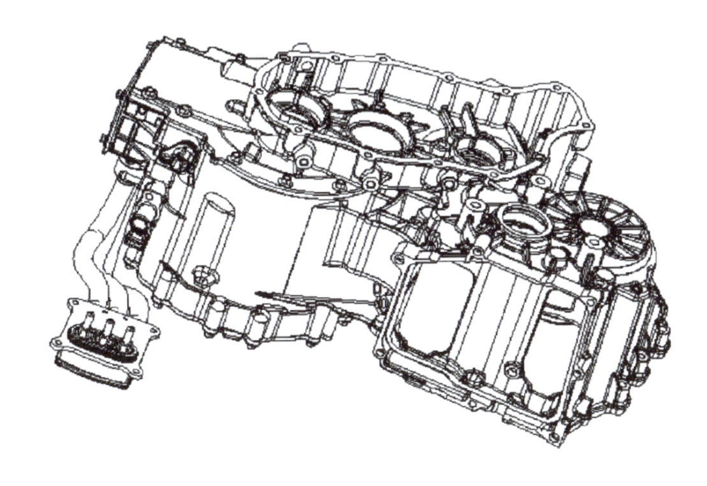

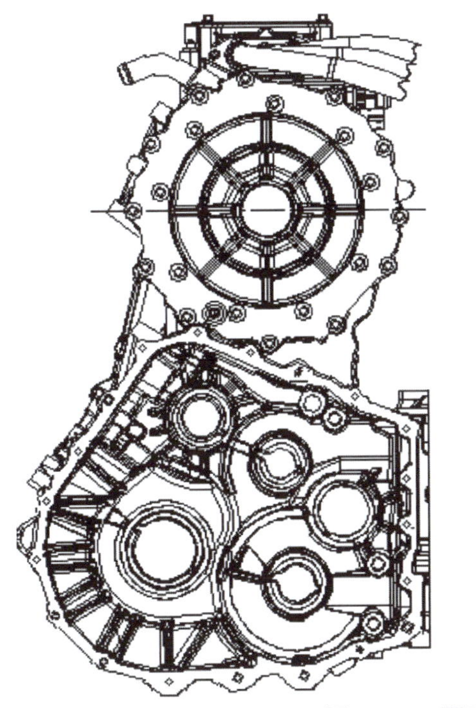

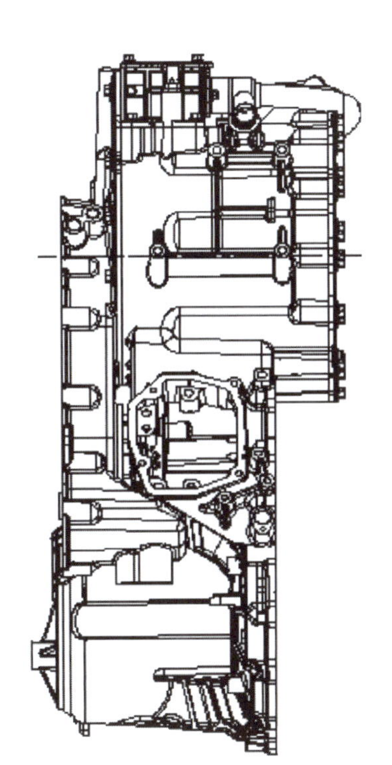

图 6-5-31　驱动电机外观

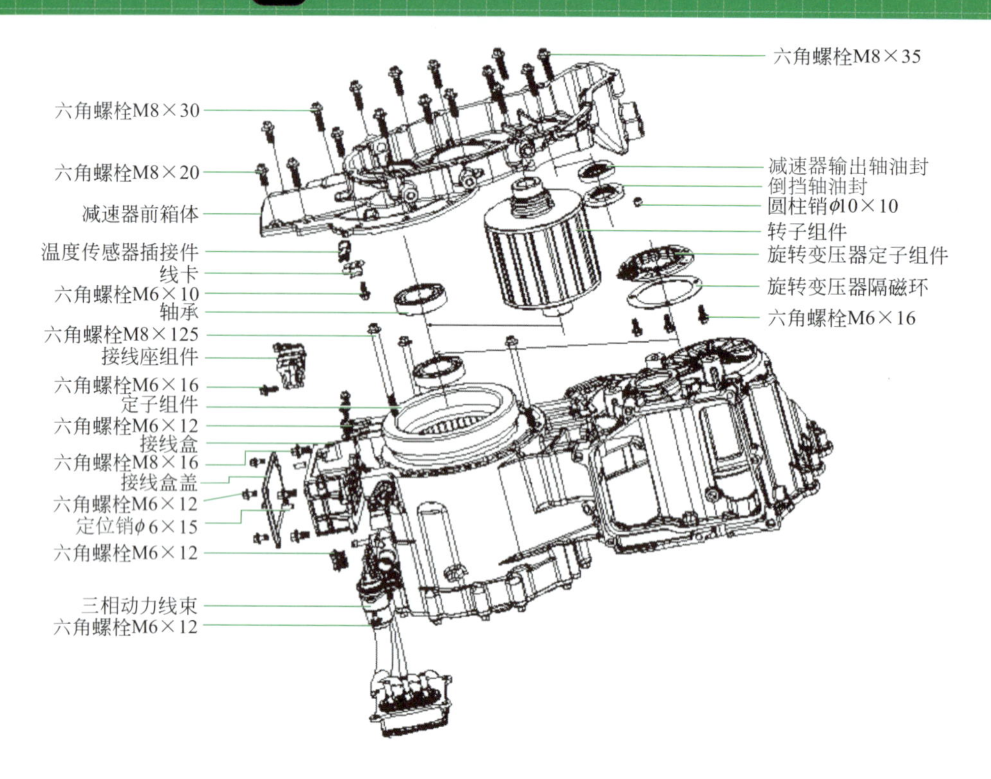

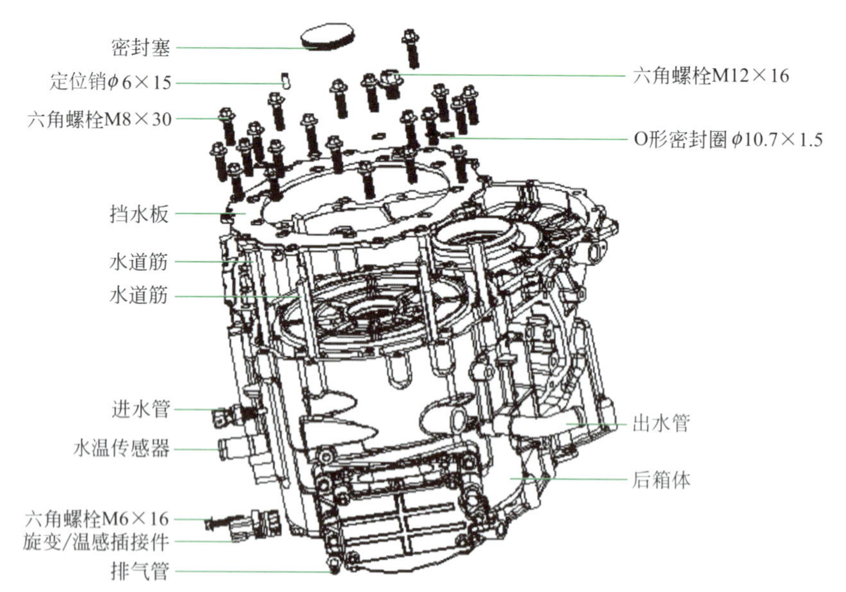

图 6-5-32　驱动电机结构

第 7 章
纯电动汽车维修

Chapter 7

7.1 宝马 i3 纯电动汽车

7.1.1 概述

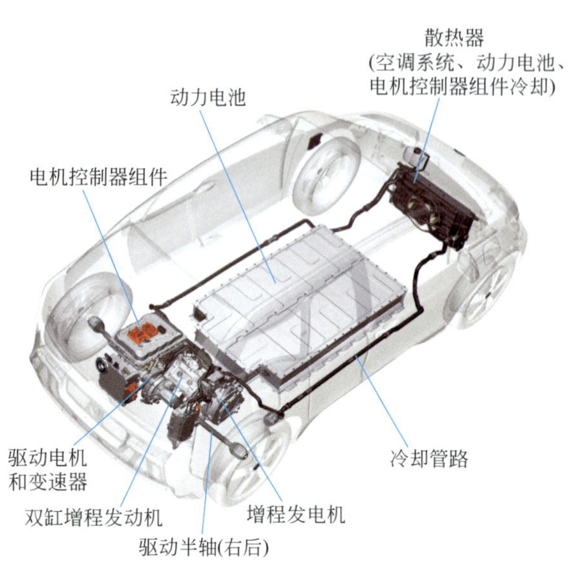

图 7-1-1 宝马 i3 增程款电动汽车总体结构

宝马 i3 也被称作 MegaCity 车型，是宝马公司推出的一款小型纯电动汽车，分为纯电动款和增程款。新升级的纯电动款可以提供 200km 的续驶里程，增程款最高续驶里程可达 330km。增程款搭载了一台小尺寸的静音双缸发动机（增程发动机），用于驱动增程发电机，为动力电池充电。发电机同时也作为双缸发动机的启动电机，在必要的情况下可以启动增程发动机，为动力电池充电，确保电池电量恒定。增程发动机和增程发电机不直接参与动力传递。

宝马 i3 增程款电动汽车总体结构如图 7-1-1 所示，动力传递路线如图 7-1-2 所示。

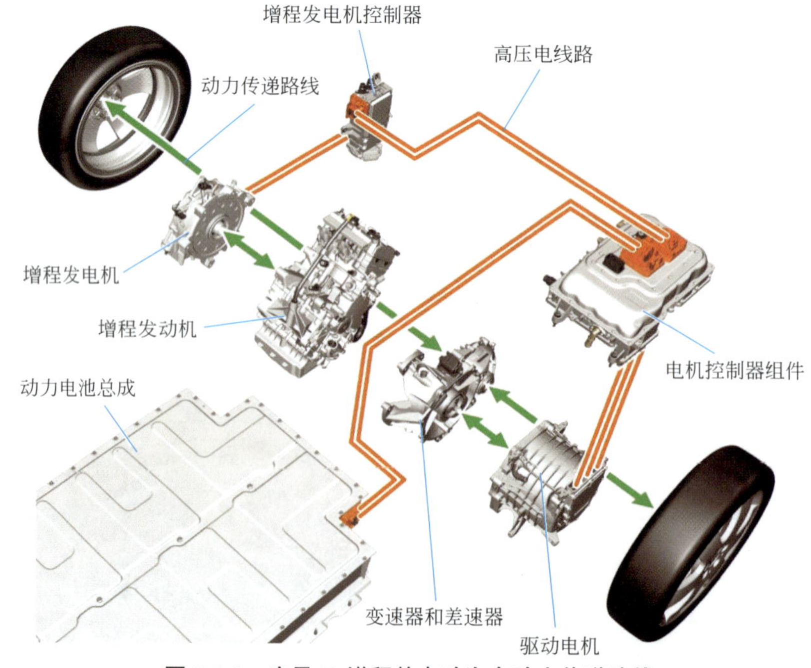

图 7-1-2 宝马 i3 增程款电动汽车动力传递路线

7.1.2 驱动电机和变速器

驱动电机、变速器及半轴安装位置如图 7-1-3 和图 7-1-4 所示，变速器外观和内部结构如图 7-1-5 所示。

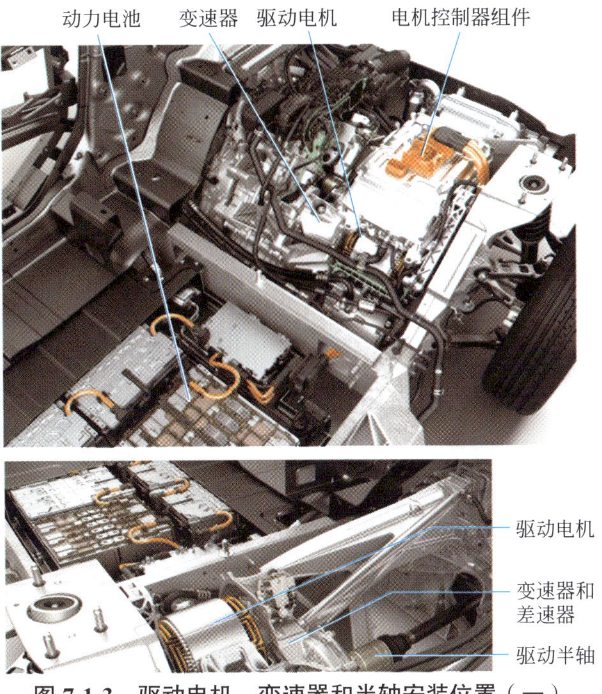

图 7-1-3　驱动电机、变速器和半轴安装位置（一）

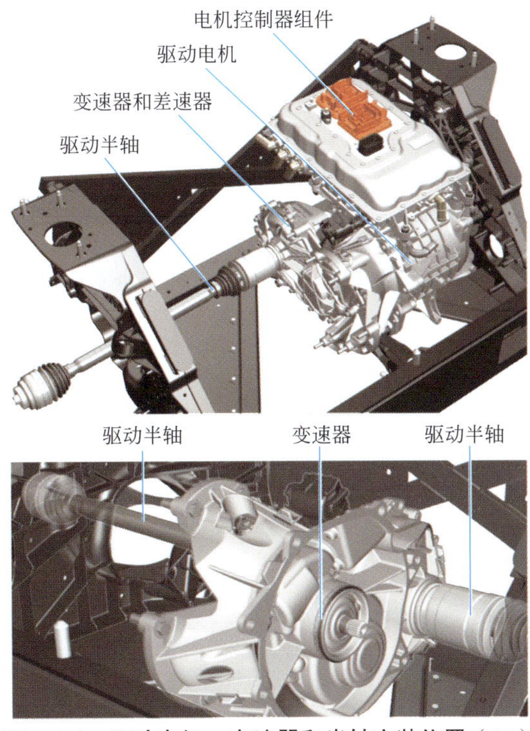

图 7-1-4　驱动电机、变速器和半轴安装位置（二）

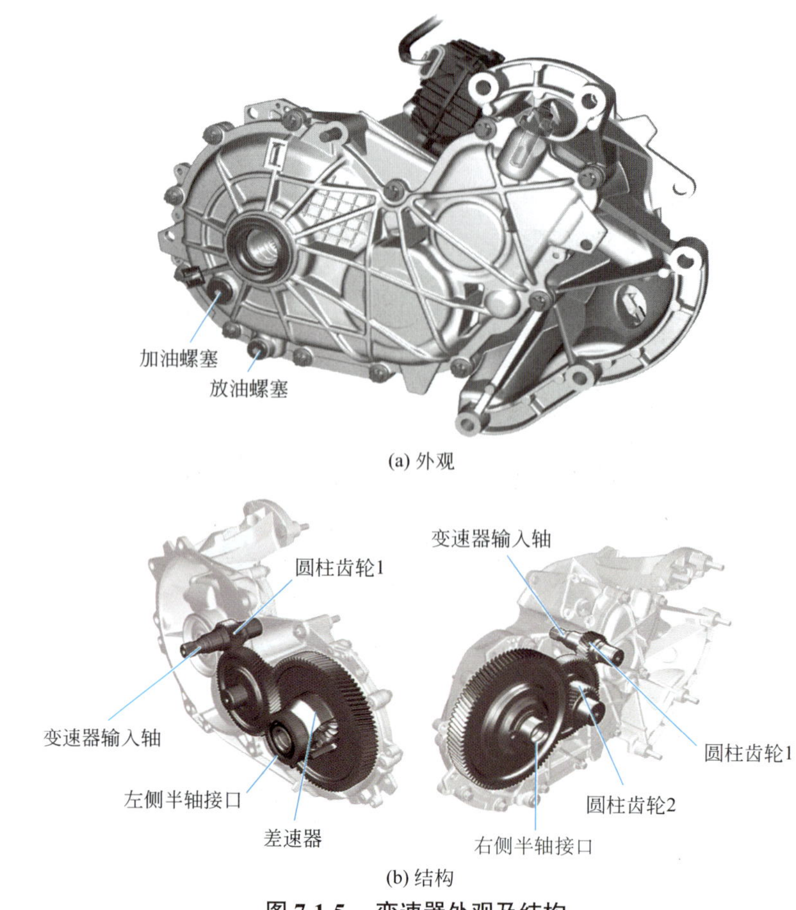

(a) 外观

(b) 结构

图 7-1-5 变速器外观及结构

7.1.3 增程发动机和发电机

增程发动机和增程发电机安装位置如图 7-1-6 所示，增程发动机外观如图 7-1-7 所示，增程发动机气缸体和气缸盖结构如图 7-1-8 所示，增程发动机气门组结构如图 7-1-9 所示，增程发动机润滑系统如图 7-1-10 所示，增程发电机的安装位置及结构如图 7-1-11 所示。

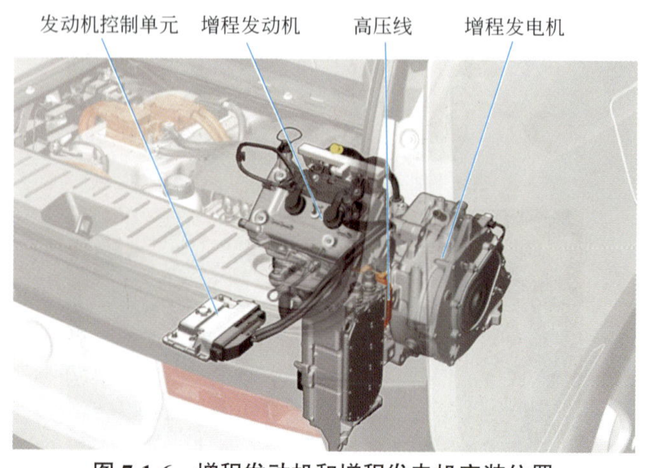

图 7-1-6 增程发动机和增程发电机安装位置

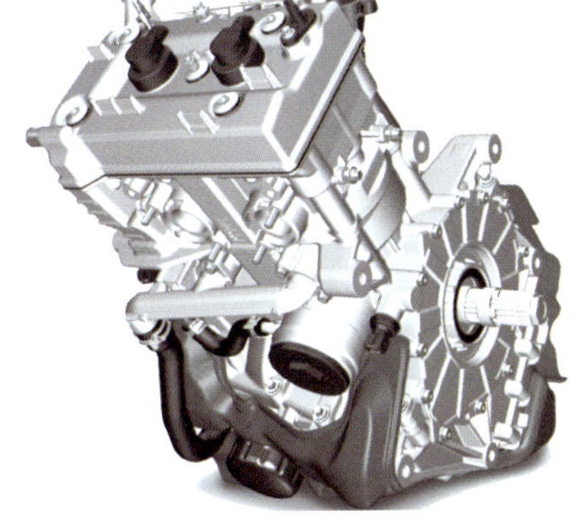

图 7-1-7 增程发动机外观

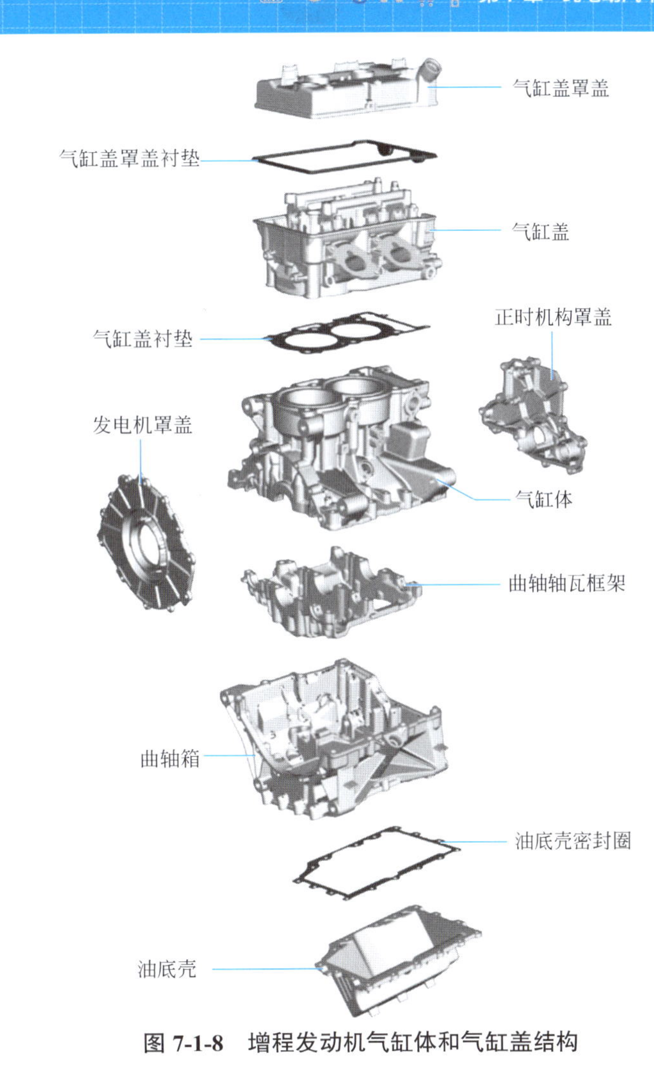

图 7-1-8 增程发动机气缸体和气缸盖结构

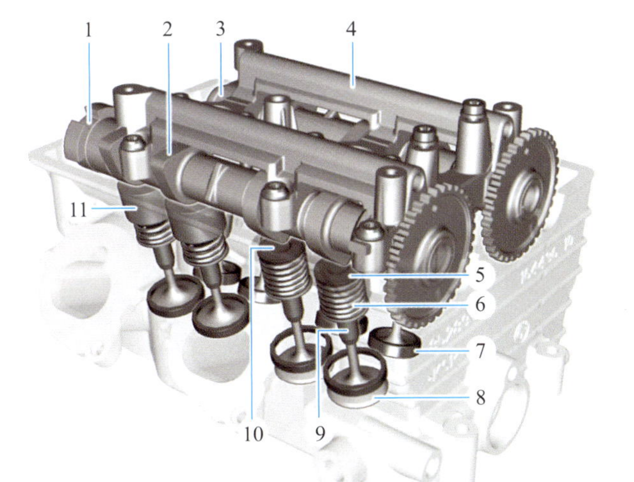

图 7-1-9 增程发动机气门组结构

1—凸轮轴位置传感器信号轮；2—进气凸轮轴；3—排气凸轮轴；4—凸轮轴轴承桥架；5—气门弹簧座；6—气门弹簧；7—气门座；8—气门；9—气门导管；10—气门锁片；11—液压挺柱

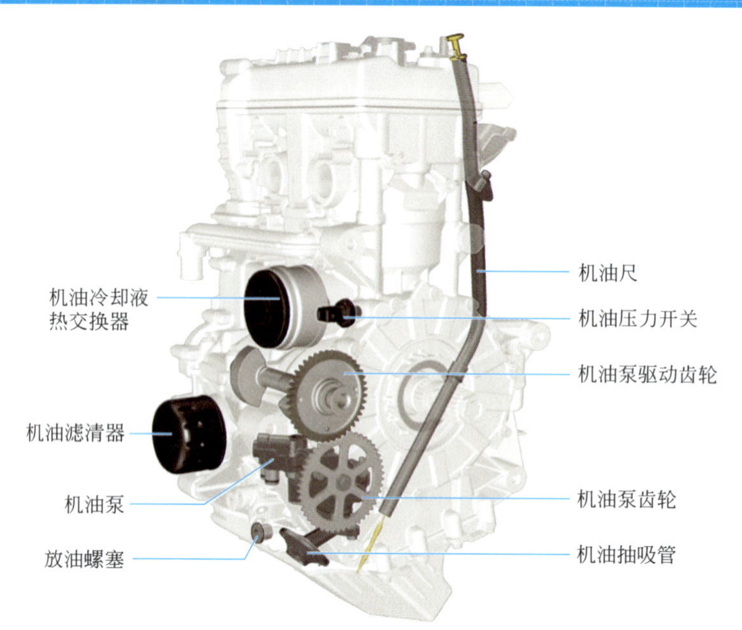

图 7-1-10 增程发动机润滑系统

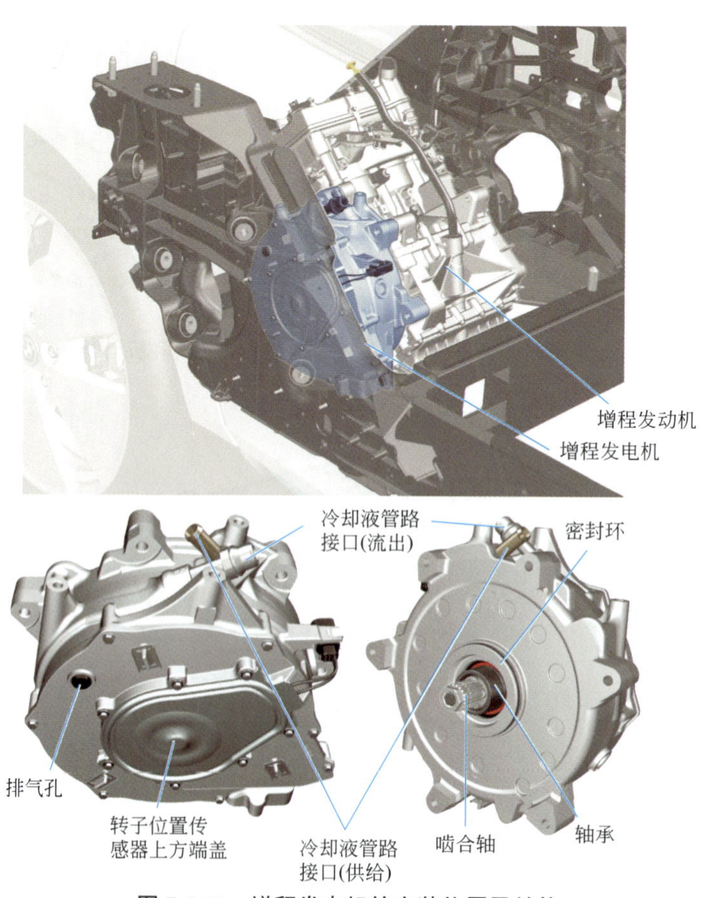

图 7-1-11 增程发电机的安装位置及结构

增程装置任务如下。

① 自动启动，必要时自动启动增程发动机。

② 动力电池电量不足时启动，并充电。

③ 延长续驶里程。

④ 保持动力电池的充电状态。

增程发动机参数如下。

① 发动机排量：0.6L。

② 气缸形式：直列。

③ 最大功率及对应转速：25kW、4300r/min。

④ 最大转矩及对应转速：55N·m、4300r/min。

7.1.4　动力电池

动力电池的安装位置如图 7-1-12 所示，结构如图 7-1-13 所示，其冷却系统如图 7-1-14 所示。动力电池由 8 个电池模块组成，每个电池模块由 12 个锂离子单体电池串联构成，单体电池均为 3.75V，这样就构成了额定电压为 360V 的动力电池。

图 7-1-12　动力电池安装位置

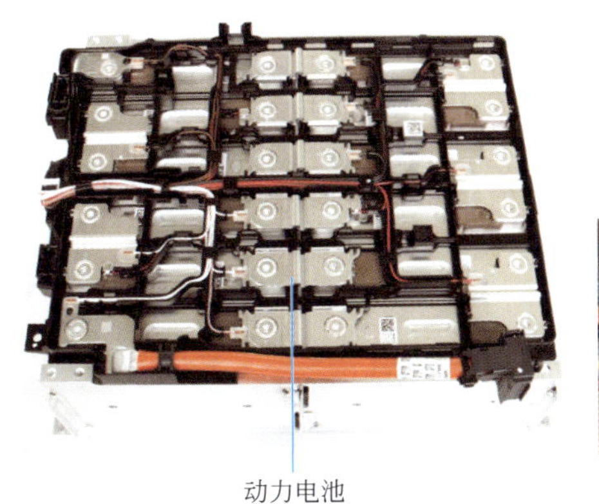

图 7-1-13　动力电池结构

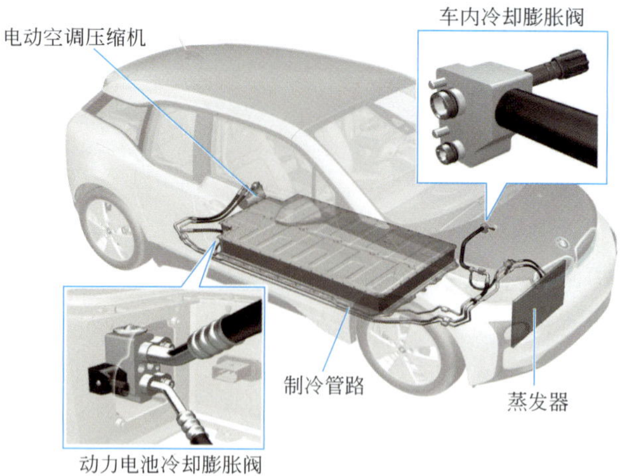

(a) 动力电池冷却系统组成

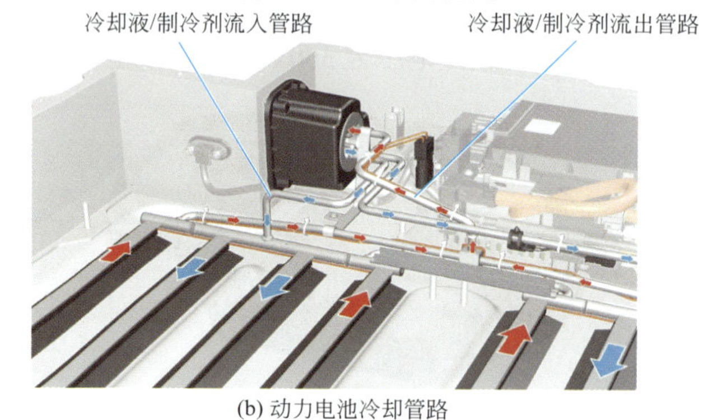

(b) 动力电池冷却管路

图 7-1-14　动力电池冷却系统

7.1.5　电动空调系统

电动空调系统管路如图 7-1-15 所示，电动空调压缩机安装位置及外围管路如图 7-1-16 所示，电气加热装置安装位置、外围接口和内部结构如图 7-1-17 所示。

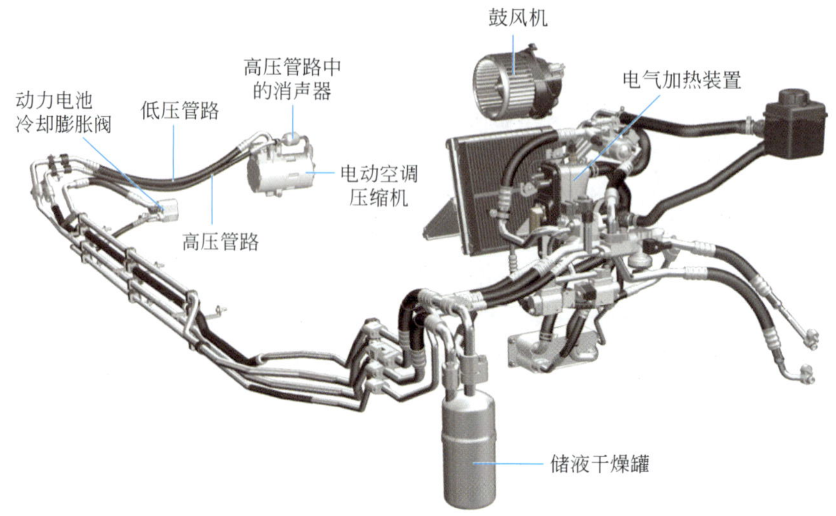

图 7-1-15　电动空调系统管路

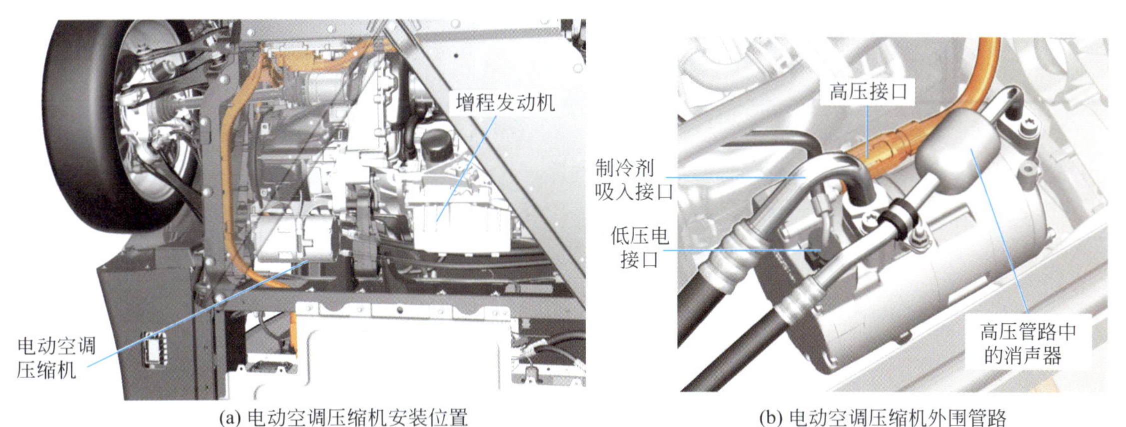

(a) 电动空调压缩机安装位置　　(b) 电动空调压缩机外围管路

图 7-1-16　电动空调压缩机安装位置及外围管路

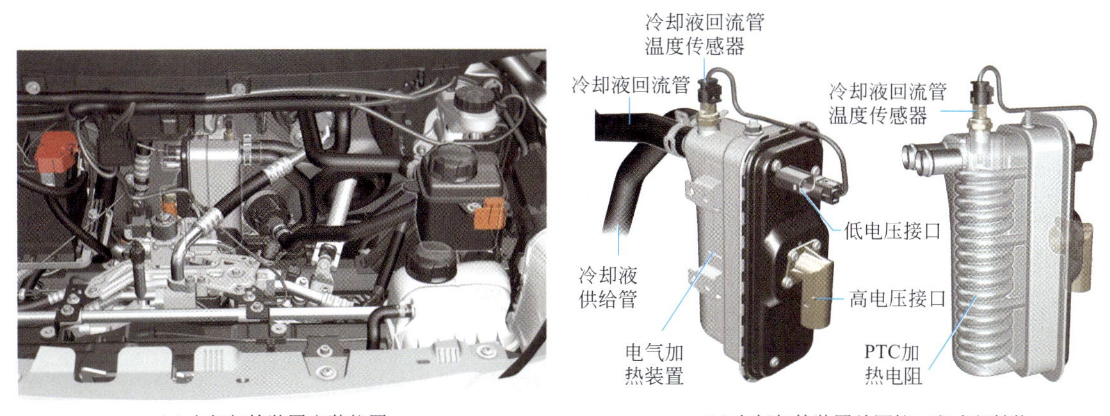

(a) 电气加热装置安装位置　　(b) 电气加热装置外围接口和内部结构

图 7-1-17　电气加热装置安装位置、外围接口和内部结构

7.2 比亚迪 e6 纯电动汽车

7.2.1 动力电池

(1) 安装位置

比亚迪 e6 采用磷酸铁锂动力电池，该动力电池是正极采用磷酸铁锂材料的锂离子电池。比亚迪 e6 动力电池的单体电池电压为 3.3V，由 11 个电池模组构成，共 96 节单体电池，标称电压为 316.8V。动力电池安装在车辆的底部，如图 7-2-1 所示。动力电池外观如图 7-2-2 所示。

(2) 动力电池控制器

比亚迪 e6 动力电池控制器安装在行李厢备胎下方，位置如图 7-2-1 所示。

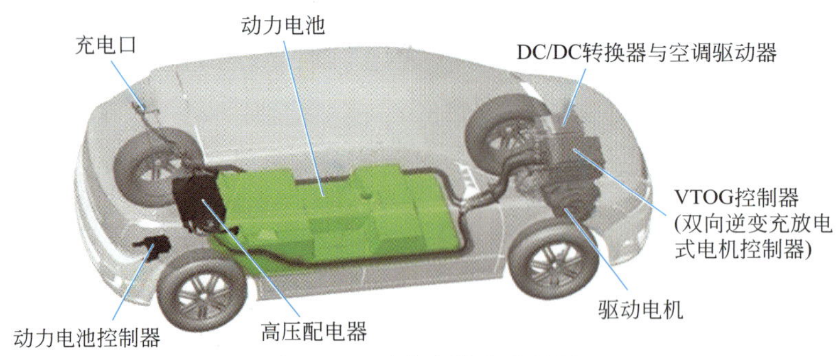

图 7-2-1　动力电池安装位置

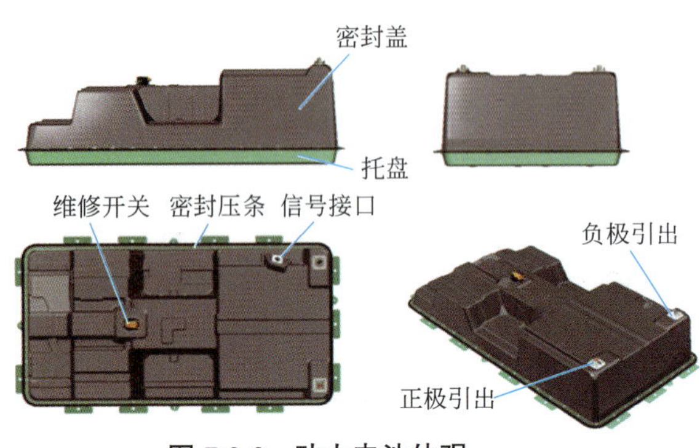

图 7-2-2　动力电池外观

动力电池控制器的故障模式如下。

① 电压采样功能异常。

② 温度采样功能异常。

③ 电池管理保险烧毁。

④ 和采集器、整车模块CAN失去通信。

⑤ 信号采集异常（漏电检测信号、碰撞信号、动力电池电流信号等）。

⑥ 其他故障（充电管理、放电管理、接触器控制、电池均衡、数据记录、SOC计算功能、SOH计算功能）。

出现上述故障时的表现和处理方法见表 7-2-1。

表 7-2-1　动力电池管理器故障表现和处理方法

故障模式	故障表现	处理方法
电压采样功能异常	电池管理器内部故障可能导致采集到的动力电池的单节电压、总电压失真，使车辆无法正常使用	
	出现总电压采样过高或过低时，车辆动力会自动切断，仪表动力电池故障灯亮	①用 ED400 读取动力电池控制器数据流，采集总电压大小 ②更换动力电池控制器、采样线等，看试车是否正常 ③更换动力电池控制器、采样线等后故障无法消除，进行动力电池维修
	出现单节电压采样过低时，车辆SOC进行修正（2.2V 时 SOC 修正为0），车辆动力会自动切断，仪表动力电池故障灯亮	①用 ED400 读取动力电池控制器数据流，采集单节、最低电压大小 ②更换动力电池控制器、采样线等，看试车是否正常 ③更换动力电池控制器、采样线等后故障无法消除，进行动力电池维修
	出现单节电压采样过高时(3.8V)，车辆动力会自动切断，仪表动力电池故障灯亮	①用 ED400 读取动力电池控制器数据流，采集单节电池最高电压大小 ②更换动力电控控制器、采样线等，看试车是否正常 ③更换动力电控控制器、采样线等后故障无法消除，进行动力电池维修

续表

故障模式	故障表现	处理方法
温度采样功能异常	动力电池控制器内部故障可能导致采集到的动力电池的单节温度失真，导致车辆无法正常使用	
	出现温度采样严重异常时，车辆动力会自动切断，仪表动力电池过热故障灯亮	①用ED400读取动力电池控制器数据流，采集到单节电池温度大小 ②更换动力电池控制器，看试车是否正常 ③更换配件后故障无法消除，进行电池包过温维修
动力电池控制器保险烧毁	由于外部电流过大导致动力电池控制器保险烧毁，使动力电池控制器无法正常供电工作	
	动力电池控制器保险（直流充为动力电池保险，交流充为双路电保险）烧毁时：动力电池控制器没有工作电压，不能与车辆其他模块进行信息交换，导致车辆无法正常启动；交流充电继电器没有电，无法吸合，导致动力电池控制器无法正常交换信号充电	更换保险
信号采集异常（漏电检测信号、碰撞信号、动力电池电流信号等）	信号采集异常：由于电池管理器内部采集模块故障或外部自身交换的CAN数据异常，导致信息反馈到动力电池控制器进行处理时出现异常	①用ED400读取电池管理器数据流 ②更换动力电池控制器配件，看试车是否正常 ③更换配件后故障无法消除，拆检动力电池，检查采样线、漏电传感器等部件是否正常

（3）拆卸与安装

① 拆装注意事项　比亚迪e6动力电池属于高压危险产品，维修人员拆装过程中需注意以下事项。

a. 动力电池橙色线连接部分或贴有高压标识的零部件在拆卸时应严格注意安全操作规范。

b. 动力电池卸下前应断开手动维修开关，且对开关插座进行覆盖绝缘保护。

c. 动力电池输出口插座必须进行绝缘覆盖保护，避免异物落入造成触电。

d. 拆卸过程中，注意采样线不得用力拉拔、过度弯曲，以防采样线受损。

e. 安装过程中，螺钉紧固力矩必须按照设计要求并使用专业工具紧固。

f. 动力电池铜排连接片与模组连接位置装配前应进行除尘、去污处理。

g. 动力电池拆卸过程中注意零部件标识，以免遗漏或装错。

h. 安装完成后必须对紧固件进行扭力标识标记。

i. 动力电池拆卸和安装过程中禁止以下行为：粗暴拆卸、跌落、碰撞、模组倾斜、重压模组、采样线过度拉扯、人为短路等；非专业人员拆卸。

② 拆卸　流程如图7-2-3所示。操作前应佩戴相应防护用具，并将车辆退电至OFF挡。具体步骤如下。

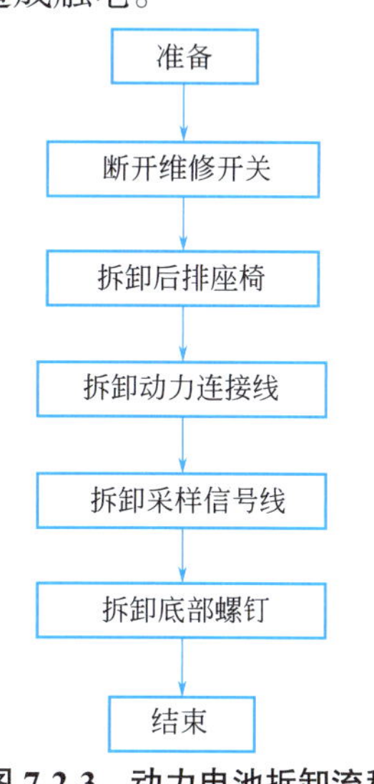

图7-2-3　动力电池拆卸流程

a. 断开维修开关。

b. 拆卸后排座椅。

i. 取下后排座椅两侧螺钉盖板，如图 7-2-4 所示。

ii. 拆下座椅折弯处螺钉（21mm），如图 7-2-5 所示。

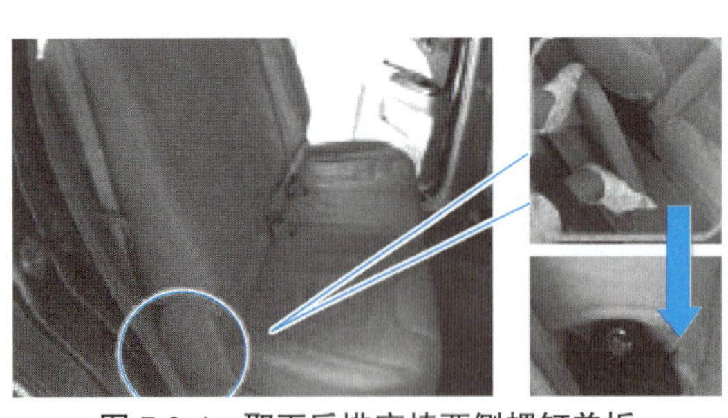

图 7-2-4　取下后排座椅两侧螺钉盖板

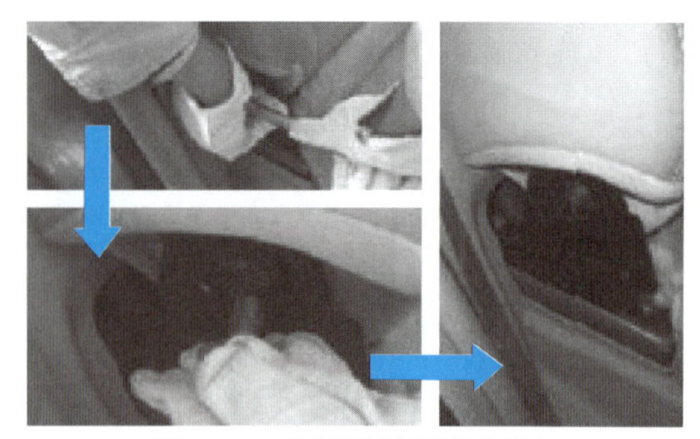

图 7-2-5　拆下座椅折弯处螺钉

iii. 同时拉动座椅两侧弯折处黑色拉绳，并将座椅靠背前倾，取出座椅靠背，如图 7-2-6 所示。

iv. 拆掉座椅安全带后缝隙处螺钉（10mm）并取出座椅，如图 7-2-7 所示。

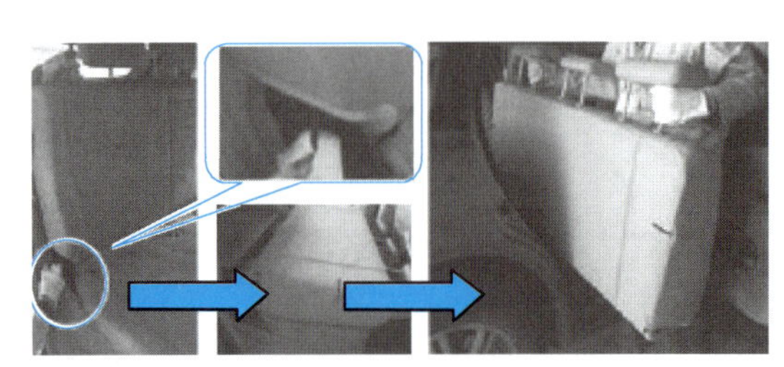

图 7-2-6　拆卸座椅靠背

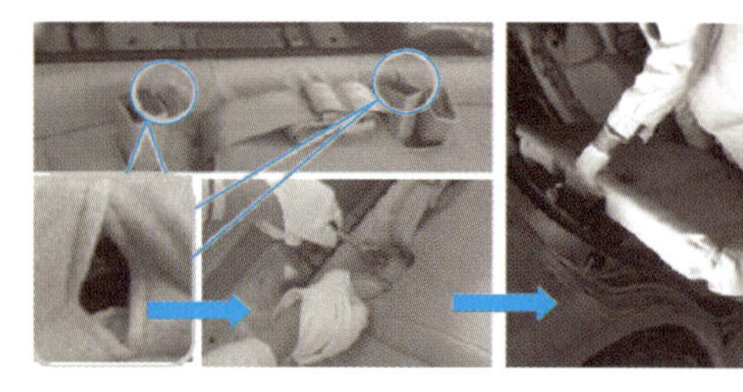

图 7-2-7　拆卸座椅安全带螺钉并取出座椅

v. 卸掉座椅横梁固定螺钉及安全带固定螺钉，如图 7-2-8 所示。

vi. 取出横梁，如图 7-2-9 所示。

图 7-2-8　拆卸座椅横梁固定螺钉及安全带固定螺钉

图 7-2-9　取出横梁

c. 拆卸动力连接线。

i. 打开行李厢，取出行李厢装饰板，如图 7-2-10 所示。

ii. 拆卸高压配电箱保护盖板固定螺钉（10mm）取下盖板，如图 7-2-11 所示。

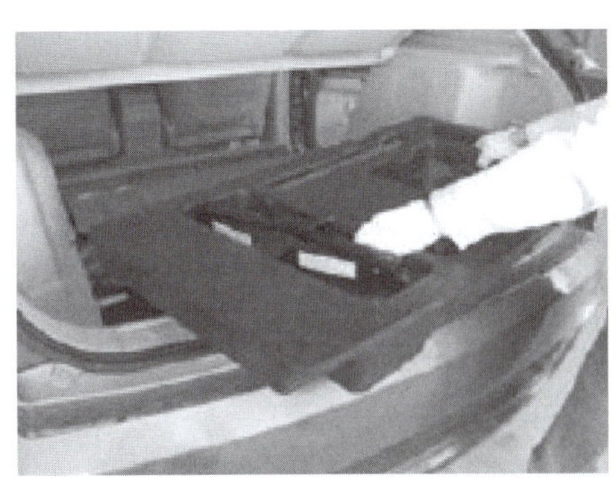

图 7-2-10 取出行李厢装饰板

图 7-2-11 拆高压配电箱保护盖板

iii. 拔掉高压配电箱保护盖板上的信号连接线，如图 7-2-12 所示。

iv. 取出高压配电箱保护盖板，如图 7-2-13 所示。

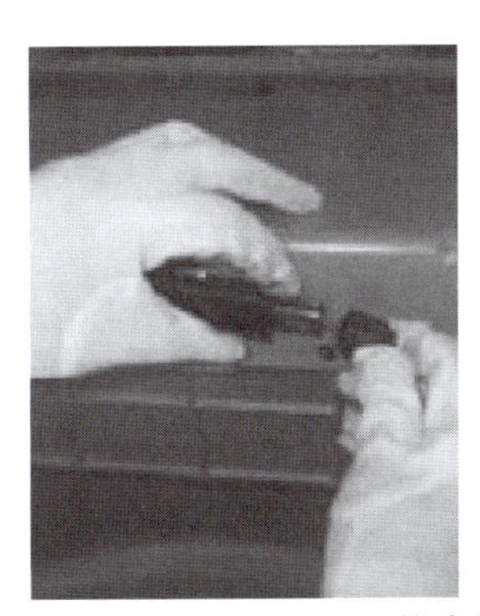

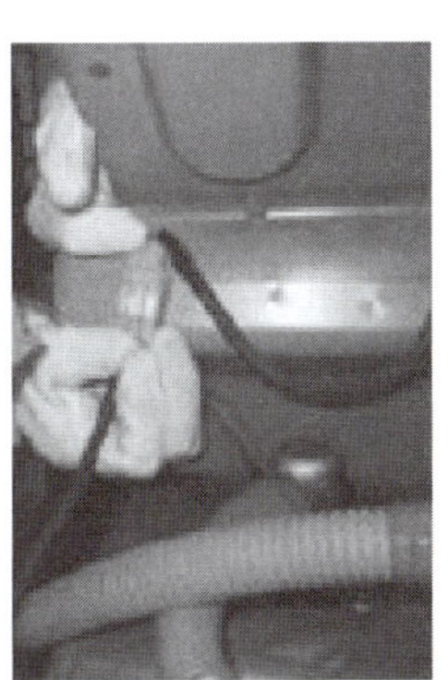

图 7-2-12 拔出信号连接线

图 7-2-13 取出高压配电箱保护盖板

v. 取掉正、负极插接件的红色卡扣，轻提黑色卡扣，听到“咔”声后，拔掉插接件，如图 7-2-14 所示。

vi. 拆卸正、负极引出固定板，并使用保护盖或电工绝缘胶布对正、负极进行防护，如图 7-2-15 所示。

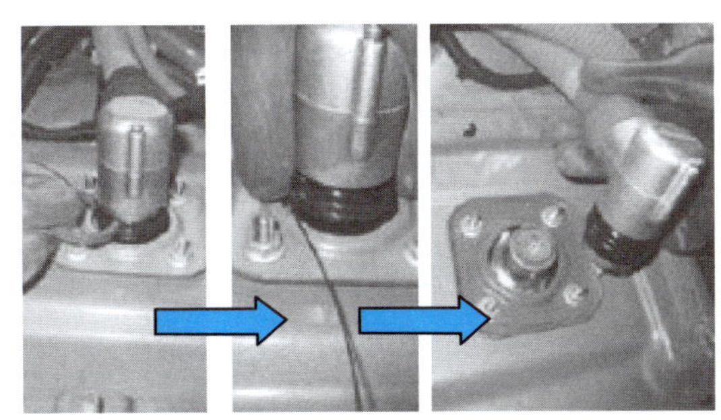

图 7-2-14 取掉动力电池正、负极插接件卡扣并拔掉插接件

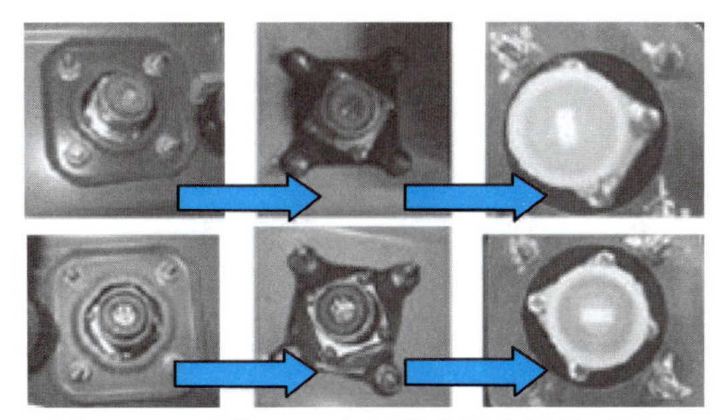

图 7-2-15 拆卸正、负极引出固定板并对正、负极进行防护

d. 拆卸采样信号线。

i. 拧下采样信号线盖板螺钉（10mm）并取下盖板，如图 7-2-16 所示。

ii. 旋转采样信号线插接件卡扣，如图 7-2-17 所示。

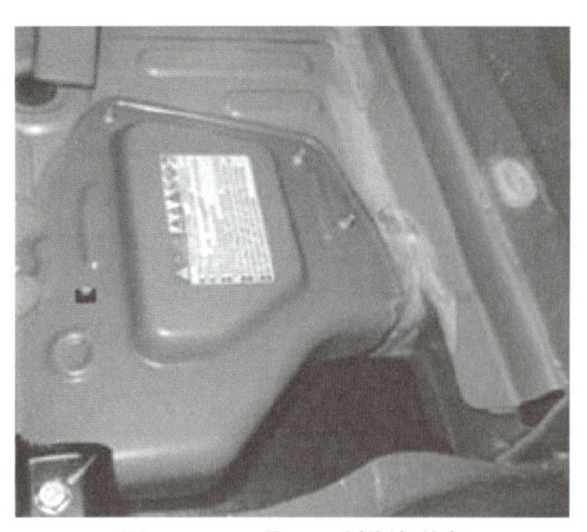

图 7-2-16　取下采样线盖板

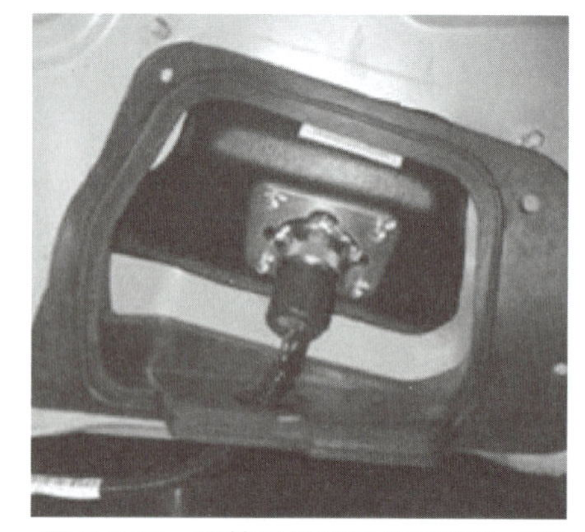

图 7-2-17　旋转采样信号线插接件卡扣

iii. 取下采样信号线插接件，如图 7-2-18 所示。

e. 拆卸底部螺钉。

i. 用举升机支撑端对准车架横梁槽举升车辆，如图 7-2-19 所示。

图 7-2-18　取下采样信号线插接件

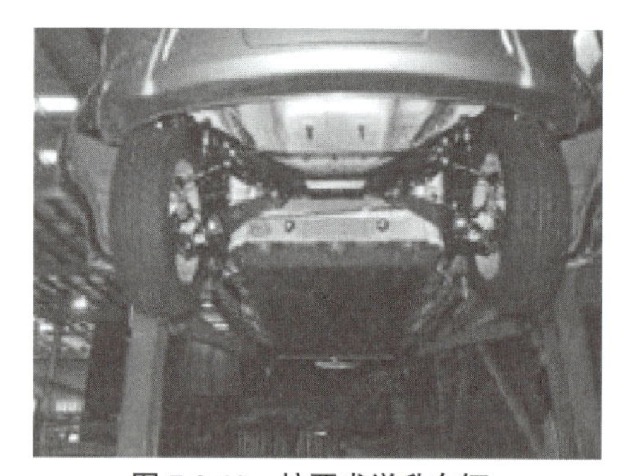

图 7-2-19　按要求举升车辆

ii. 拆卸车头防撞梁固定螺钉（17mm），如图 7-2-20 所示。

iii. 取下防撞梁，如图 7-2-21 所示。

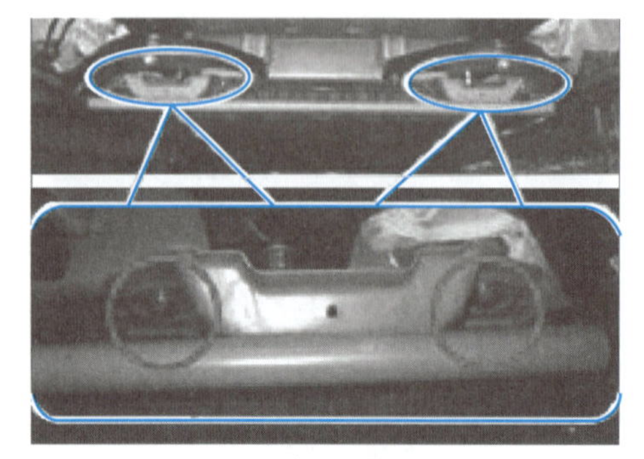

图 7-2-20　拆卸防撞梁固定螺钉

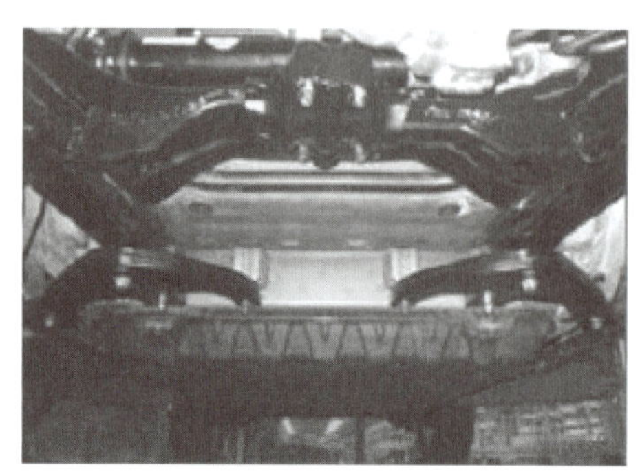

图 7-2-21　取下防撞梁

iv. 调整车辆高度，将升降平台或简易支架放置于动力电池底部顶住动力电池，如图 7-2-22 所示。

v. 拆卸动力电池底部固定螺钉（18mm，共 13 个），如图 7-2-23 所示。

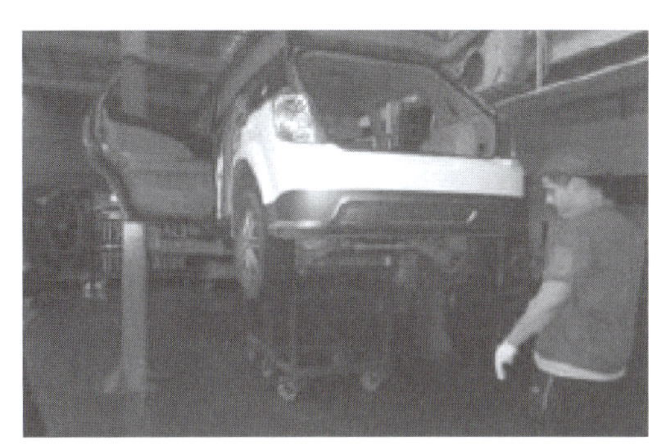

图 7-2-22　使用升降平台顶住动力电池

图 7-2-23　拆卸动力电池底部固定螺钉

vi. 提升车辆高度，并将动力电池拉出，如图 7-2-24 所示。

图 7-2-24　拉出动力电池

③ 安装

比亚迪 e6 动力电池安装流程如图 7-2-25 所示。

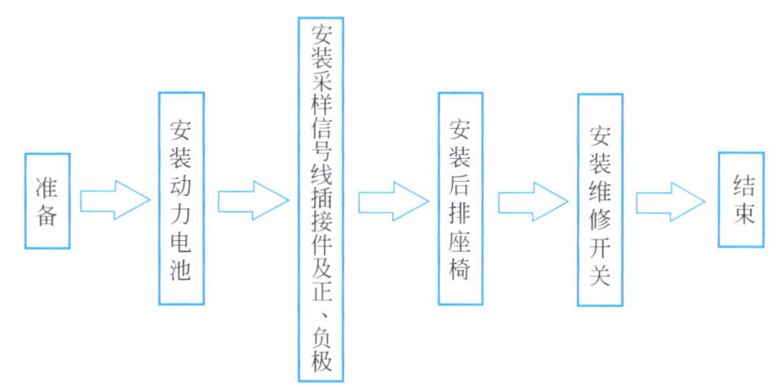

图 7-2-25　动力电池安装流程

a. 安装动力电池。如图 7-2-26 所示，用电动叉车将动力电池放置在升降平台或简易支架上，并推入安装工位，动力电池自重较大（约 750kg），注意安全。对正位置，将车身降到合适高度，将动力电池的采样信号线通过底盘预留的采样信号线口牵引至车

舱内。然后继续下降至底盘与动力电池边缘相接触，对角固定安装动力电池螺钉（以150N·m拧紧）。

图 7-2-26　安装动力电池

b. 安装采样信号线插接件及正、负极。

i. 安装采样信号线插接件，如图 7-2-27 所示。

ii. 安装正、负极固定板，如图 7-2-28 所示。

图 7-2-27　安装采样信号线插接件

图 7-2-28　安装正、负极固定板

iii. 拔下黑色卡扣，如图 7-2-29 所示。

iv. 安装防脱卡环，如图 7-2-30 所示。

图 7-2-29　拔下黑色卡扣

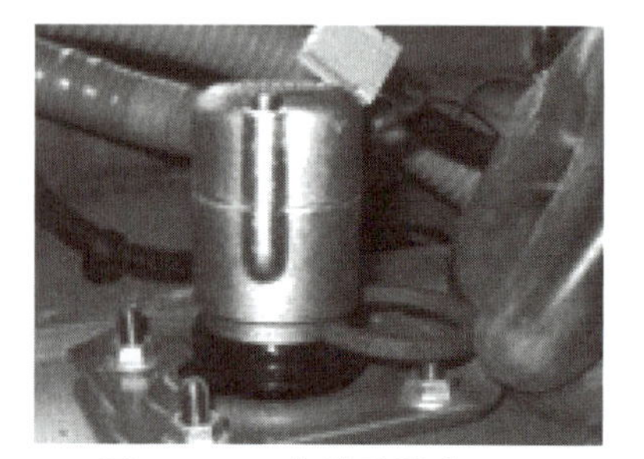

图 7-2-30　安装防脱卡环

v. 安装正极插接件时注意图 7-2-31 中的防错卡点。

vi. 向上拔图 7-2-32 中的黑色卡口后将插接件定位。

注意：采样信号线插接件安装时应避免线束被过度扭曲（不允许超过180°）；正、负极固定板共 8 个螺母，规格为 M10，安装推荐力矩为 7.8 ～ 8.3N • m。

vii. 正极安装完成后如图 7-2-33 所示。

viii. 负极安装（参照正极安装）完成后如图 7-2-34 所示。

图 7-2-31　防错卡点

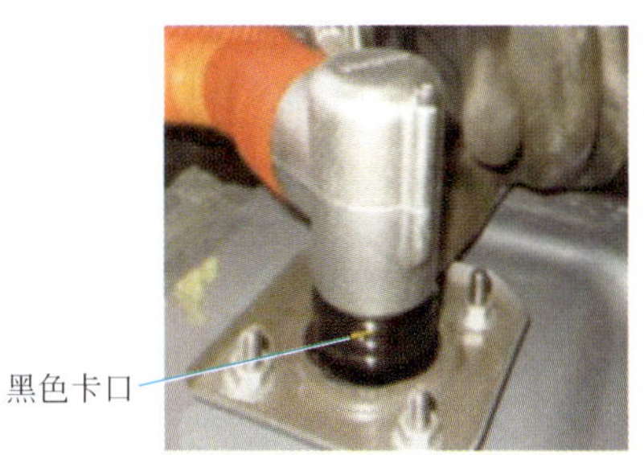

图 7-2-32　黑色卡口

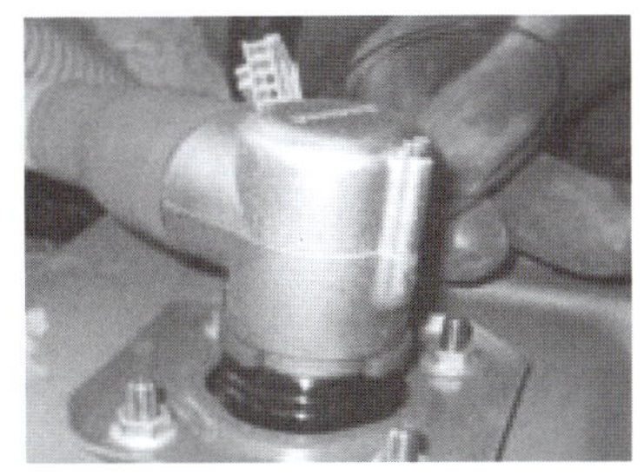
图 7-2-33　电动电池正极安装完成

图 7-2-34　动力电池负极安装完成

注意：安装正负极时必须戴绝缘手套，且必须由培训合格的专业人员进行操作。

c. 安装后排座椅。具体安装步骤及注意事项参照后排座椅拆卸的有关内容。

d. 安装维修开关，如图 7-2-35 所示。

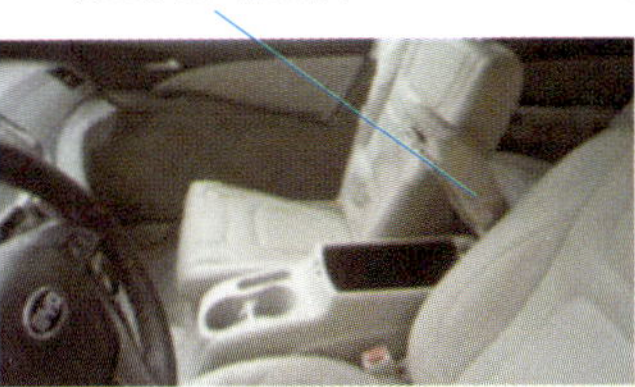

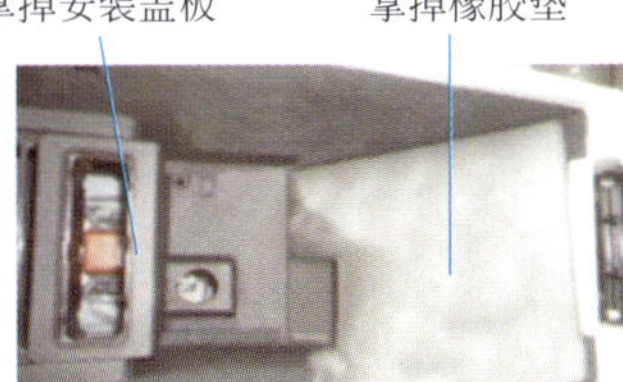

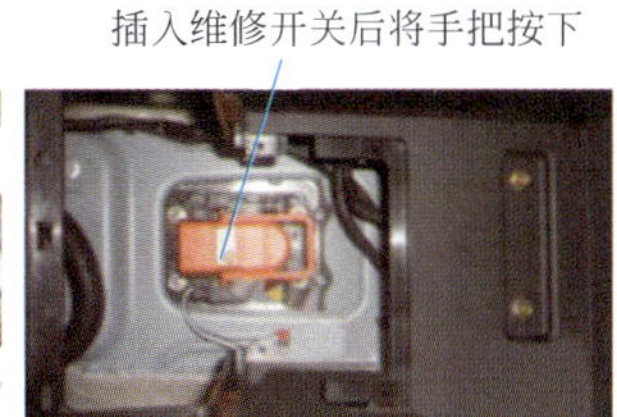

图 7-2-35　安装维修开关

注意：安装维修开关时，必须确保整车低压电源已经关闭，启动按钮未按下启动（切忌在整车低压电源通电状态下进行维修开关的拔插，否则可能会对控制器造成损害）；维修开关安装后，应及时安装盖板、橡胶垫，紧固螺钉并按要求锁紧。

7.2.2　驱动电机

（1）安装位置

比亚迪 e6 驱动电机和变速器组成动力总成，安装在车辆前部，外观如图 7-2-36 所示，

参数见表 7-2-2。

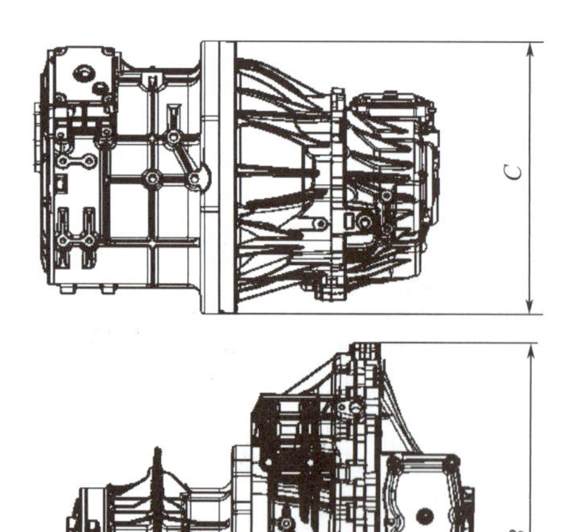

图 7-2-36　比亚迪 e6 驱动电机和变速器外观

表 7-2-2　比亚迪 e6 驱动电机及变速器参数

技术指标	技术参数	技术指标	技术参数
电机最大输出转矩	450N·m	总传动比	6.417
电机最大输出功率	120kW	主减速传动比	3.85
电机最大输出转速	7500r/min	变速箱润滑油量	3.7L
电力总成重量	130kg	动力总成尺寸（$A\times B\times C$）	624mm×598mm×420mm
电机油量	2L		

图 7-2-37　比亚迪 e6 驱动电机带绕组定子铁芯及转子绕组

比亚迪 e6 采用交流无刷永磁同步电机，额定功率为 75kW，最大输出功率为 120kW，电机内外圈定子和内圈转子组成，如图 7-2-37 所示，是汽车的唯一动力源，可向外输出转矩，驱动汽车前进和后退。同时也可作为发电机发电，在高坡下滑、高速滑行以及制动过程中把势能或动能通过电机转化为电能储存到动力电池中。比亚迪 e6 驱动电机具有高密度、小型轻量化、高效率、高可靠性、高耐久性和强适应性等特点。

（2）双向逆变充放电式电机控制器（VTOG）

比亚迪 e6 双向逆变充放电式电机控制器（VTOG）是一款高度集成化的新型多功能控制器，其主要功能有电机控制与车辆控制功能、电网对车辆充电功能、车辆对电网放电功能、车辆对用电设备供电功能以及车辆充放电功能。驱动电机控制器通过采集加速、制动、挡位、模式等信号控制动力输出，控制框图如图 7-2-38 所示。

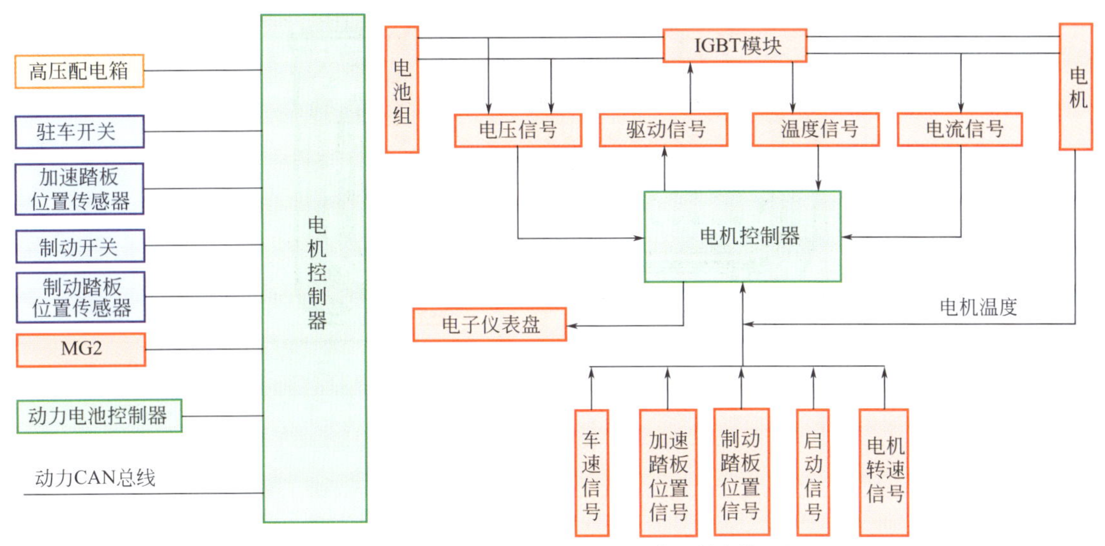

图 7-2-38　比亚迪 e6 VTOG 组成及控制框图

VTOG 安装位置如图 7-2-39 所示，外观如图 7-2-40 所示。在 VTOG 上有低压接口、冷却液进口和出口以及高压插接件。

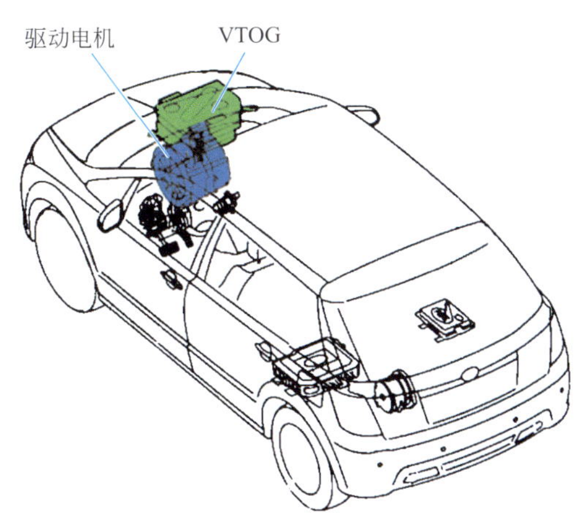

图 7-2-39　比亚迪 e6 VTOG 安装位置

图 7-2-40　比亚迪 e6 VTOG 外观

VTOG 上的低压接口主要为外围低压用电设备提供低压电和接受外围低压设备输入信号。VTOG 工作时会产生大量的热量影响工作安全和效率，为了降低其温度采用了水冷式冷却方式，VTOG 壳体上有冷却液进出管道，如图 7-2-41 所示。低压端子定义见表 7-2-3。

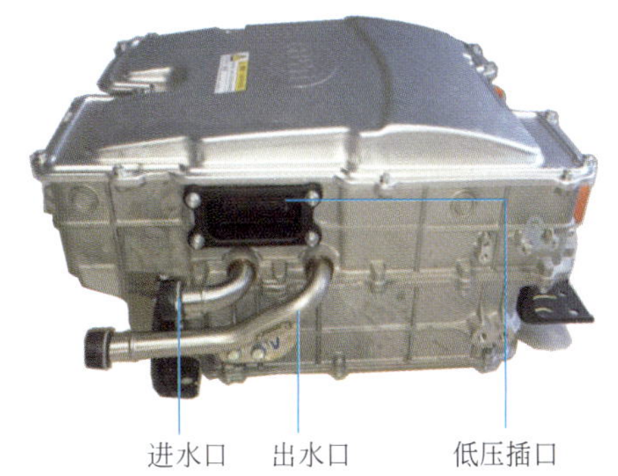

图 7-2-41　低压插口和冷却液进 / 出口

表 7-2-3 低压端子定义

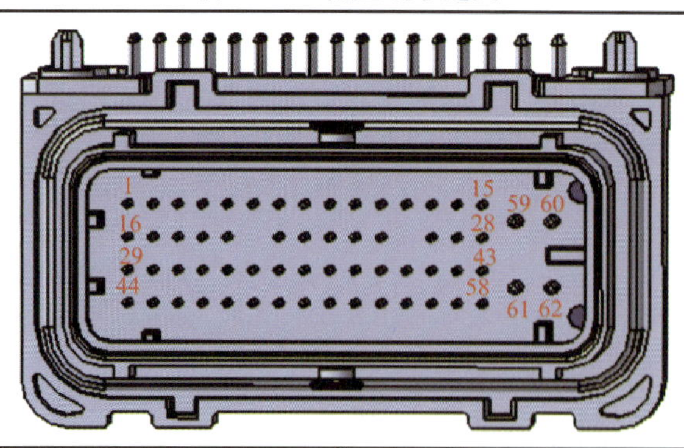

端子	定义	参数	端子	定义	参数
1	励磁 EXCOUT+		21	空	
2	励磁 EXCOUT-		22	经济 / 运动模式输出	低电平有效 <1V
3	电机温度开关地 GND1		23	充电电流确认信号 CP	
4	空		24	制动踏板位置传感器电源 1	5V
5	空		25	加速踏板位置传感器电源 2	5V
6	空		26	制动踏板位置传感器电源 2	5V
7	空		27	加速踏板位置传感器电源 1	5V
8	空		28	加速踏板位置传感器信号 1	
9	空		29	余弦 COS-	
10	制动屏蔽地 GND		30	余弦 COS+	
11	加速踏板屏蔽地 GND		31	空	
12	制动踏板位置传感器电源地 1GND		32	电机模拟温度地 GND1	
13	加速踏板位置传感器电源地 2GND		33	CAN 信号屏蔽地 GND	
14	制动踏板位置传感器电源地 2GND		34	空	
15	加速踏板位置传感器电源地 1GND		35	美标切换开关 1	低电平有效 <1V
16	正弦 SIN+		36	BMS 信号	给电池控制器低电平有效 <1V
17	正弦 SIN-		37	仪表信号	给仪表低电平有效 <1V
18	预留		38	经济 / 运动模式输入	给仪表低电平有效 <1V
19	电机温度开关	低电平有效 <1V	39	驻车制动信号	低电平有效 <1V
20	空				

续表

端子	定义	参数
40	挡位信号 D	低电平有效 <1V
41	油门深度	
42	挡位信号 R	低电平有效 <1V
43	外部提供的电源地 GND	12V 电源地
44	旋转变压器屏蔽地 GND	
45	电机温度屏蔽地 GND	
46	电机绕组温度	
47	CANL 低	
48	CANH 高	
49	美标切换开关 2	低电平有效 <1V
50	美标 CC 信号	充电枪连接确认信号 CC
51	BCM 信号	给 BCM 低电平有效 <1V
52	充电控制信号	充电枪连接确认信号 CC
53	制动信号	高电平有效 ≥ 9V
54	挡位信号 P	低电平有效 <1V
55	制动踏板位置传感器信号 1	
56	挡位信号 N	低电平有效 <1V
57	制动踏板位置传感器信号 2	
58	外部提供的电源 1（+12V）	+12V 常电
59	外部电源地 GND	12V 电源地
60	外部电源地 GND	12V 电源地
61	外部提供的电源（ON 挡电）	+12V
62	外部提供的电源（ON 挡电）	+12V

高压插接件以及连接电机的三相电接口如图 7-2-42 和图 7-2-43 所示。

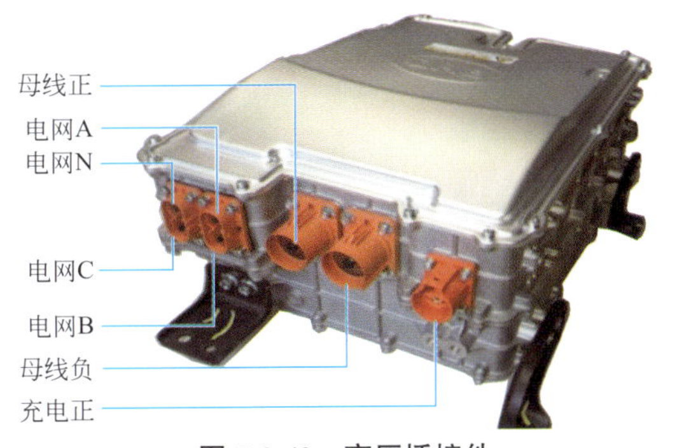

图 7-2-42　高压插接件

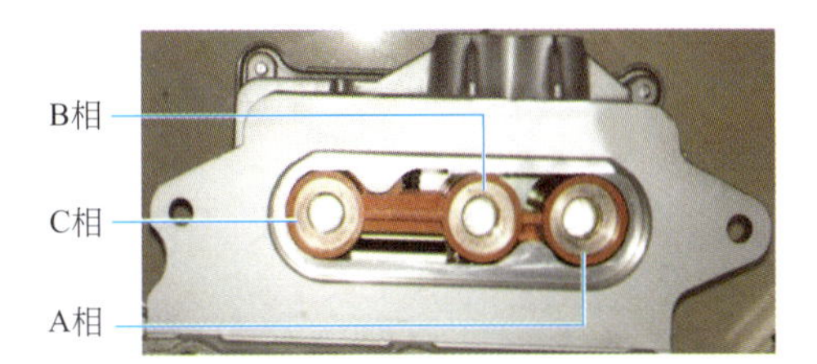

图 7-2-43　三相电接口

7.2.3　充电系统

（1）慢充系统

比亚迪 e6 充电系统由充电口、车载充电机、动力电池控制器和高压配电箱以及相关线

束组成，如图 7-2-44 所示。

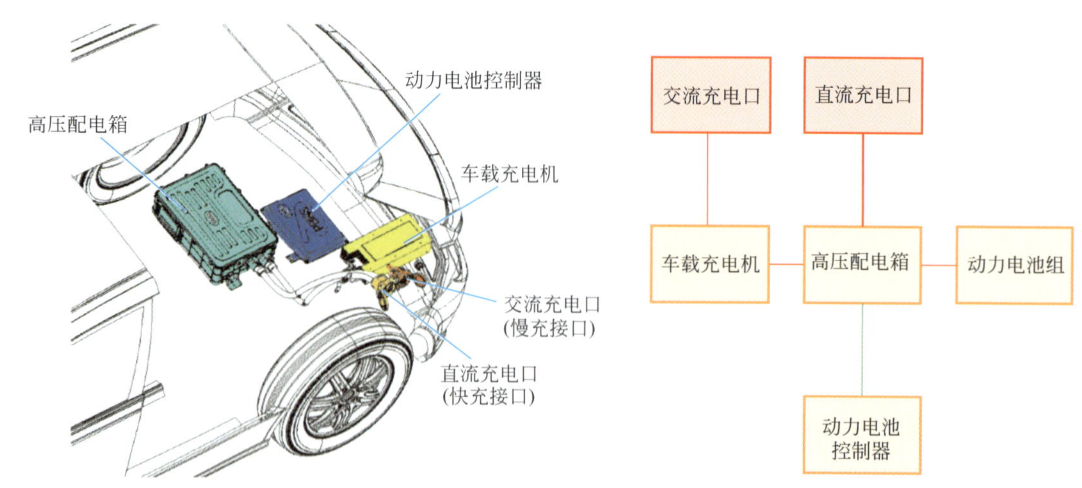

图 7-2-44　比亚迪 e6 充电系统组成

① 慢充接口　比亚迪 e6 慢充和快充充电口都安装在车辆左侧行李厢附近，如图 7-2-45 所示。比亚迪 e6 慢充接口及其端子定义见表 7-2-4。

图 7-2-45　比亚迪 e6 充电口

表 7-2-4　比亚迪 e6 慢充接口及其端子定义

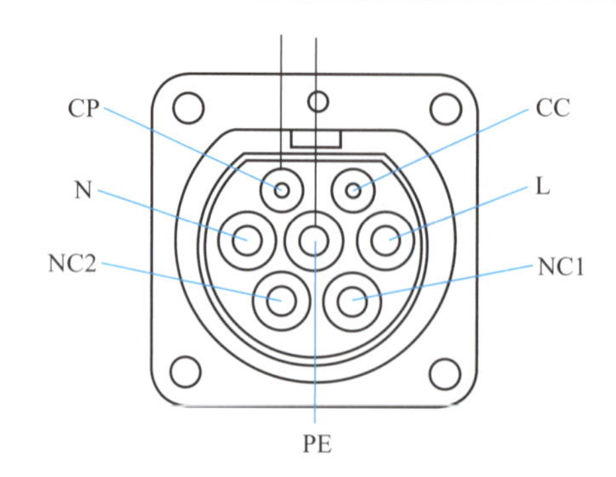

端子功能	端子（左为充电口）	条件	正常值
CP：慢充控制确认线	CC—车身地	OFF	约 5V
	PE—车身地	OFF	小于 1Ω
	N—N（VTOG 高压）	OFF	小于 1Ω

续表

端子功能	端子（左为充电口）	条件	正常值
CC：慢充连接确认线	L—L1（VTOG 高压）	OFF	小于 1Ω
	L—L2（VTOG 高压）	OFF	小于 1Ω
N：交流电源	L—L3（VTOG 高压）	OFF	小于 1Ω
L：交流电源	CC—52（VTOG 低压）	OFF	小于 1Ω
PE：车身搭铁	CP—23（VTOG 低压）	OFF	小于 1Ω
NC1、NC2	未用到		

② 车载充电机　其作用是将输入的 220V 交流电转换为动力电池所需的 290 ～ 420V 高压直流电，实现电池电量的补给。

220V 民用交流电连接慢充线束的一端，将 220V 交流电通过线束输入到车载充电器；车载充电器将 220V 交流电转换为动力电池所需的 290 ～ 420V 高压直流电送往高压配电箱，再由高压配电箱根据动力电池电量情况进行充电。

③ 高压配电箱　其作用是管理整车高压配电系统电量的通断，在车辆上电和充电时，配电箱内各接触器有效按时序运行通断，保证整车高压配电系统的安全运行。高压配电箱连接导线如图 7-2-46 所示，其内部元器件标识如图 7-2-47 所示，其电气原理如图 7-2-48 所示。

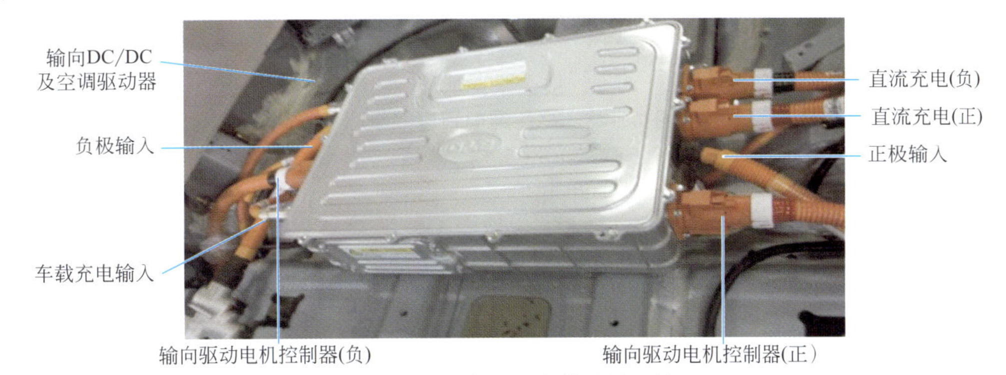

图 7-2-46　高压配电箱连接导线

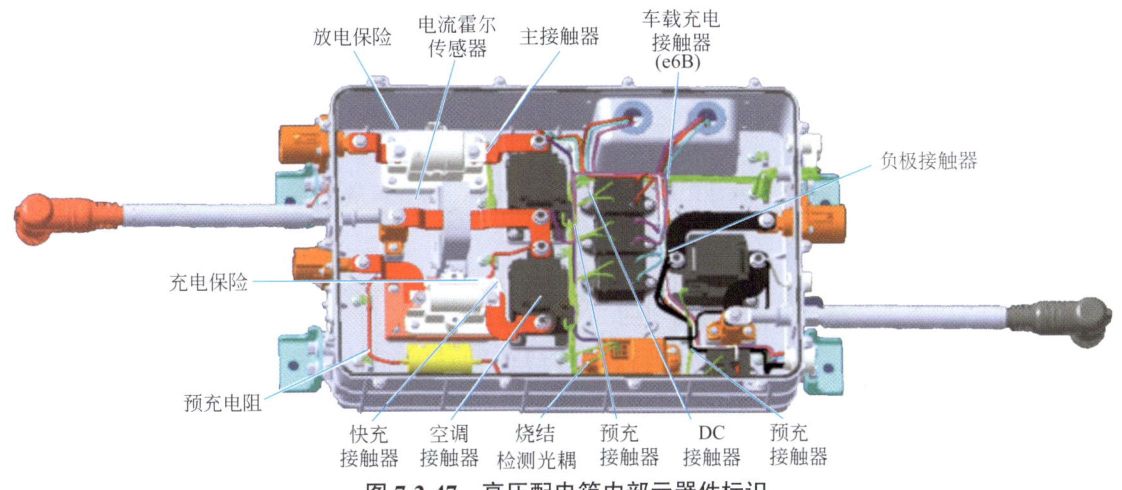

图 7-2-47　高压配电箱内部元器件标识

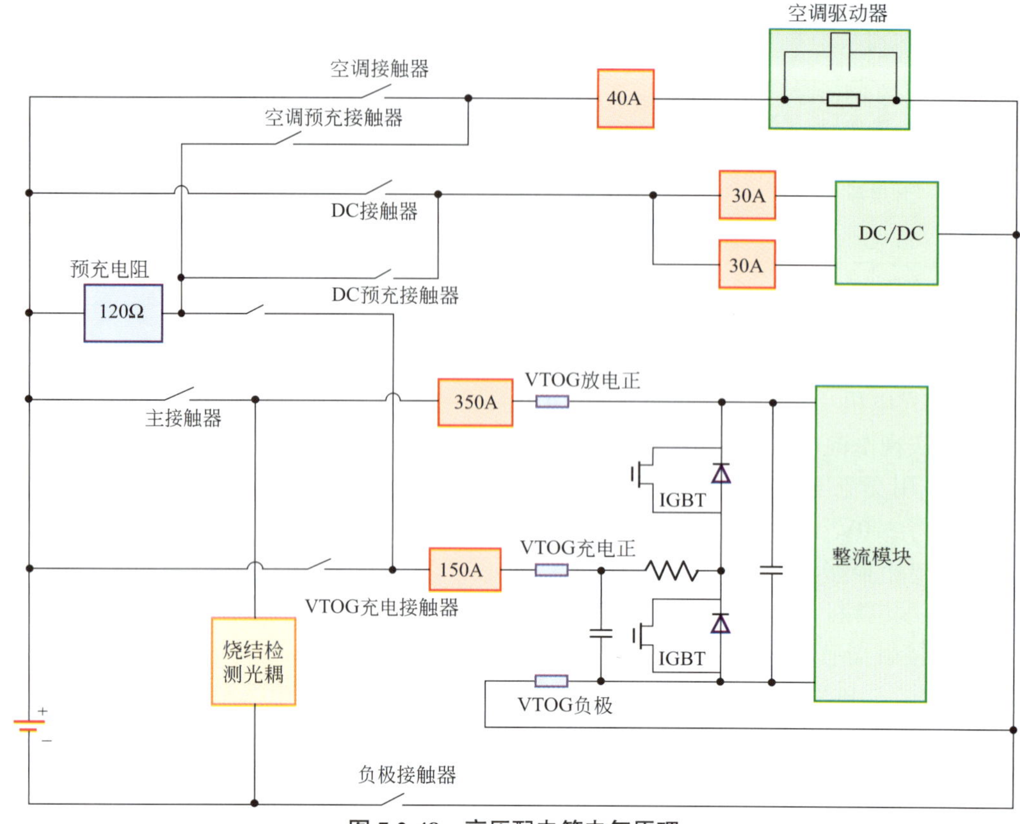

图 7-2-48　高压配电箱电气原理

高压配电箱上电时接触器吸合顺序如下：

吸合负极接触器→吸合 DC 预充接触器→吸合 DC 接触器→断开 DC 预充接触器→吸合主预充接触器→吸合主接触器→断开主预充接触器→吸合空调预充接触器→吸合空调接触器→断开空调接触器。

高压配电箱充电时接触器吸合顺序如下：

吸合负极接触器→吸合 DC 预充接触器→吸合 DC 接触器→断开 DC 预充接触器→吸合主预充接触器→吸合充电接触器→断开主预充接触器。

高压配电箱控制线束采集高压配电箱运行数据，同时控制高压配电箱的运行，熟悉其插接件端子定义，对高压配电箱的维护和修理很有帮助。高压配电箱低压控制线束插接器及其端子定义见表 7-2-5。

表 7-2-5　高压配电箱低压控制线束插接器及其端子定义

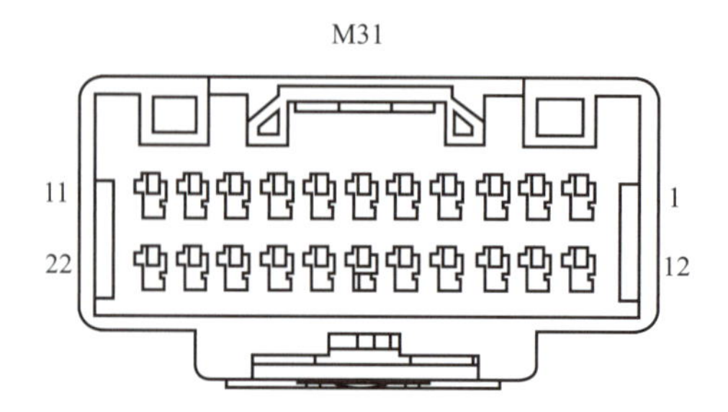

续表

端子	定义	端子	定义
1	预充接触器电源	12	空调接触器电源
2	预留	13	预充接触器控制
3	主接触器电源	14	主接触器控制
4	直流充电接触器	15	空调触器控制
5	负极接触器电源	16	烧结检测 +（C 极）
6	预留	17	烧结检测 +（E 极）
7	预留	18	预留
8	预留	19	电流传感器 +15V
9	电流传感器信号	20	交流充电接触器控制
10	GND	21	电流传感器 -15V
11	预留	22	直流充电接触器控制

高压配电箱端 DC/DC 与空调高压输出线束插接器及端子定义见表 7-2-6。

表 7-2-6　高压配电箱端 DC/DC 与空调高压输出线束插接器与其端子定义

端子	定义	端子	定义
A	空调正	E	空
B	空调负	F	DC2 正
C	DC2 负	G	DC1 正
D	DC1 负	H	空

④ 动力电池控制器　对动力电池充、放电信息进行采集（电流、电压、温度）。主要实现功能：故障检测和报警、动力电池状态监测、充放电控制及电池均衡。动力电池控制器及其端子定义见表 7-2-7。

表 7-2-7　动力电池控制器及其端子定义

端子	定义	端子	定义
1	直流充电接触器	21	正极主接触器
2	放电预充接触器	22	DC 接触器
3	交流充电接触器	23	预留
4	直流充电仪表信号	24	预留
5	接触器地	25	预充信号
6	12V 动力电池电源	26	充电感应开关地
7	12V 动力电池地	27	12VDC 电源
8	直流充电感应信号	28	12VDC 地
9	空	29	空
10	交流充电感应开关	30	空
11	风机地	31	漏电传感器电源
12	漏电传感器电源	32	漏电传感器地
13	一般漏电信号	33	严重漏电信号
14	CAN2 地	34	CANL0 低
15	CANL2 低	35	CANH0 高
16	CANH2 高	36	CAN0 地
17	CANL1 低	37	CAN1 地
18	CANH1 高	38	电流传感器（霍尔式）电源
19	空	39	电流传感器（霍尔式）电源
20	电流传感器（霍尔式）信号	40	电流传感器（霍尔式）

⑤ 充电盒　是充电系统电能的来源，可安装在地下停车场，小区内以及家庭车库内，使用民用 220V 电源供电，如图 7-2-49 所示。

急停开关（在充电盒侧面）：紧急情况下，按下急停开关，即可断开充电盒输入电源，使充电盒停止工作，恢复需顺时针旋转开关至开关弹出。

指示灯：包括电源、准备、充电盒故障。

充电枪：充电盒和电动车充电连接的装置（具体操作流程以设备使用说明为准）。

控制箱：充电盒进线输入连接装置，内置充电盒断路器。

触摸显示屏：功能操作和显示界面，用户在此观察充电盒的实时状态和提示，从而对充电盒进行操作（具体操作流程以设备使用说明为准）。

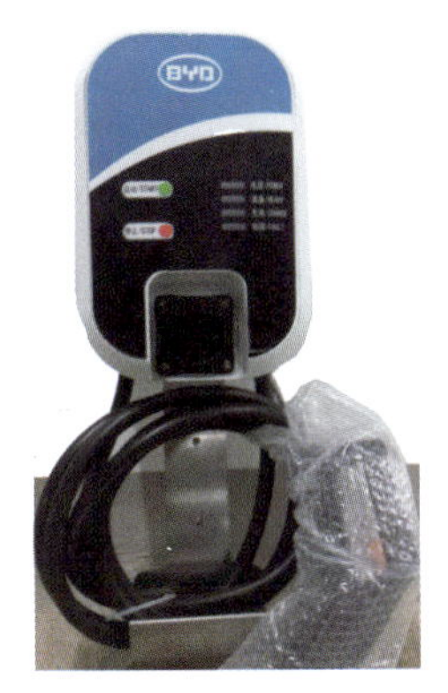

(a) 外观

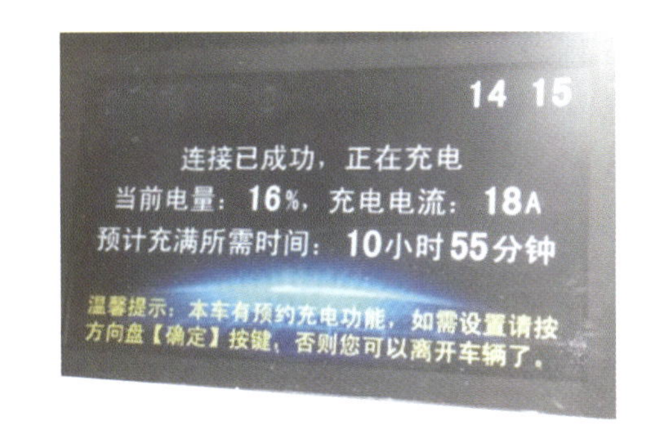

(b) 屏幕显示

图 7-2-49 充电盒

（2）快充系统

比亚迪 e6 快充接口及其端子定义见表 7-2-8。充电口盖有阻尼特性，即检测充电口上 CC1 对 PE 的阻值是否为 1kΩ；同时，需要检测充电口到电源管理器的连接是否正常。

表 7-2-8 比亚迪 e6 快充接口及其端子定义

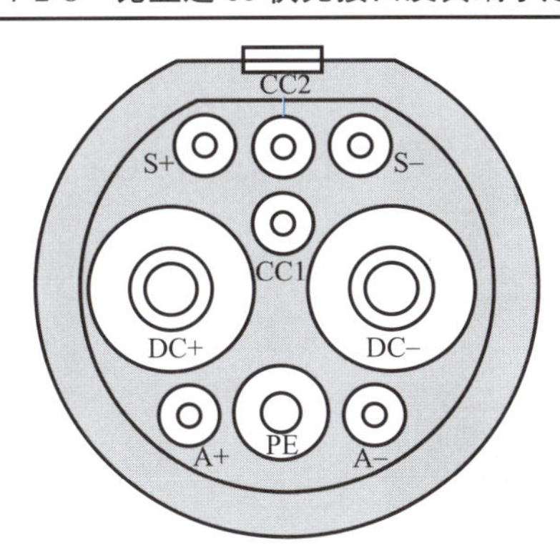

端子	定义	端子	定义
CC1	CANH	DC−	充电输入 −
CC2	充电连接确认	A+	12V 电源 +
S+	CANH	A−	12V 电源 −
S−	CANL	PE	车身地
DC+	充电输入 +		

7.3 北汽 EV160/EV200 电动汽车

7.3.1 动力电池

（1）动力电池系统

动力电池系统主要由动力电池模组、动力电池控制系统（动力电池）、动力电池箱及辅助元器件四部分组成，如图 7-3-1 所示。

动力电池模块：一组并联的电池单体的组合，该组合额定电压与电池单体的额定电压相等，是电池单体在物理结构和电路上连接起来的最小分组，可作为一个单元替换。

动力电池模组：由多个电池模块或单体电芯串联组成的一个组合体。

动力电池控制系统：具有通过电压、电流及温度检测等实现对动力电池系统的过压、欠压、过流、过高温和过低温保护及继电器控制、SOC 估算、充放电管理、均衡控制、故障报警及处理、与其他控制器通信等功能，此外还具有高压回路绝缘检测功能，以及为动力电池系统加热的功能。

辅助元器件：主要包括动力电池系统内部的电子电气元件如熔断器、继电器、分流器、插接器、紧急开关、烟雾传感器等和维修开关以及其他辅助元器件如密封条、绝缘材料等，如图 7-3-2 所示。

图 7-3-1 动力电池系统组成

图 7-3-2 动力电池辅助元器件位置

案例分析：动力电池高压母线连接故障。

此故障的报出是动力电池检测不到高低压互锁信号所致，排查步骤如下。

① 用万用表测量线束端的 12V 是否导通，若导通则进入②。

② 检查维修开关（MSD）是否松动，重新插拔后若问题依然存在，则进入③。

③ 插拔高压线束，看是否存在接触不良问题，若问题依然存在，应进行动力电池内部检修。

根据统计，此故障除了软件的误报之外，维修开关（MSD）没有插到位引起的故障占70%，高压线束端问题占 20%，电池内部线束连接出问题的概率很小。

绝缘故障说明：无论电池自身还是动力电池外电路的高压回路上存在绝缘故障，系统都会上报故障，直接导致高压断开，在排查时要先断开动力电池与其他部件的连接，然后用摇表依次测量各部件的绝缘值，建议优先排查顺序为高压配电箱、电机控制器、空调压缩机、PTC 加热器。

（2）充电系统

北汽 EV160/EV200 电动汽车充电系统有慢充和快充两种充电形式，慢充和快充构成简图如图 7-3-3 所示。

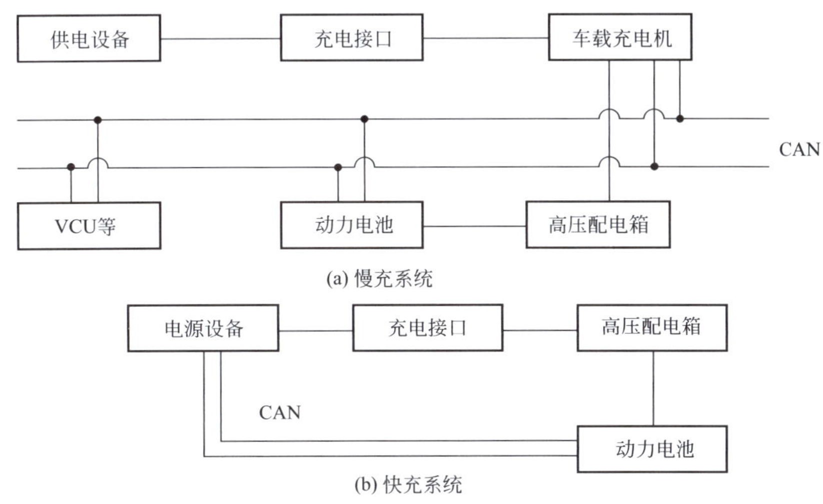

图 7-3-3　充电系统构成简图

① 快充系统

a. 快充线束　连接快充接口到高压配电箱之间的线束，如图 7-3-4 所示。

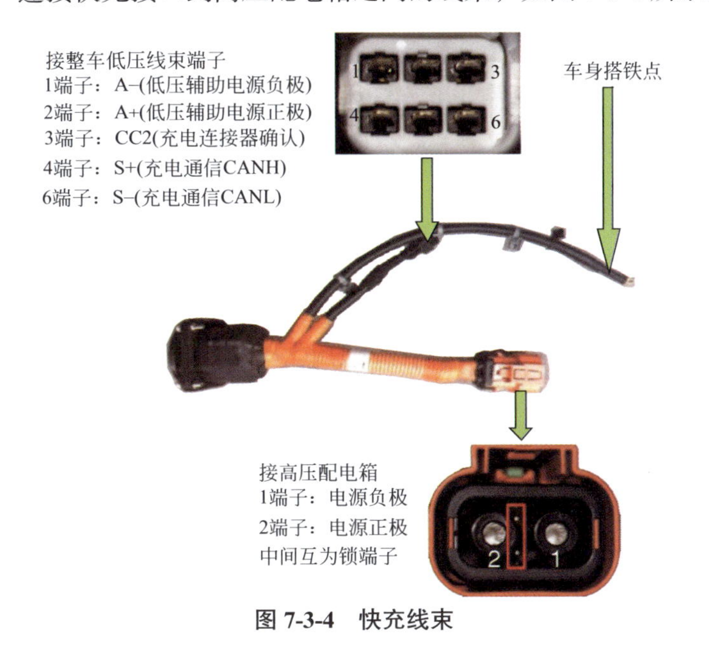

图 7-3-4　快充线束

b. 快充接口　采用标准充电接口，以方便采用任意充电桩进行充电，如图 7-3-5 所示。

DC−：直流电源负
DC+：直流电压正
PE：车身地(搭铁)
A−：低压辅助电源负极
A+：低压辅助电源正极
CC1：充电连接确认
CC2：充电连接确认
S+：充电通信CANH
S−：充电通信CANL

CC2
CC1
S−
S+
DC−
DC+
A−
A+
PE

图 7-3-5　快充接口

② 慢充系统　由慢充接口、车载充电机、高压配电箱、动力电池以及线束等组成。

a. 慢充线束　连接慢充接口到车载充电机之间的线束，如图 7-3-6 所示。

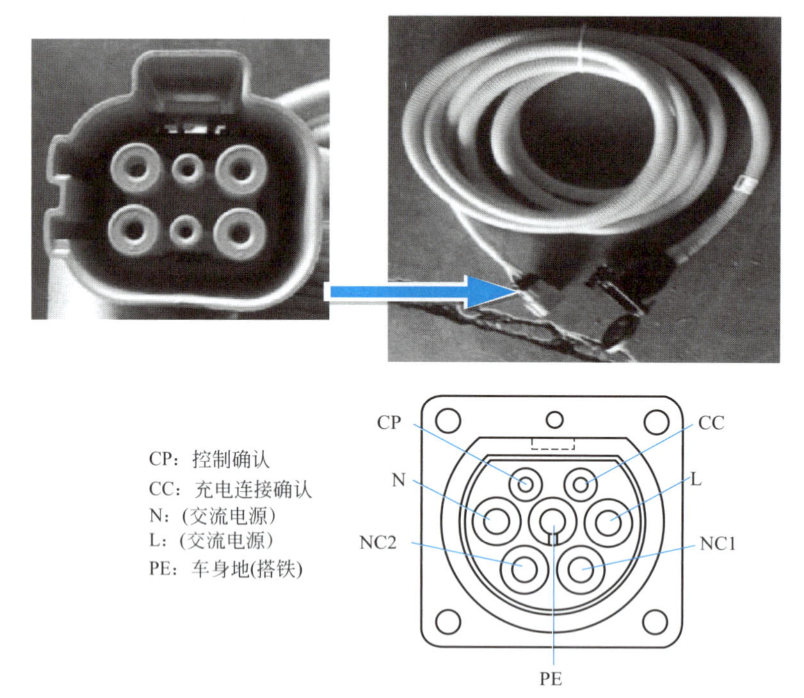

图 7-3-6　慢充线束和慢充接口

b. 车载充电机　将 220V 交流电转换为动力电池的直流电，实现电池电量的补给。车载充电机外观和各插口连接如图 7-3-7 所示，其各端子定义如图 7-3-8 所示，慢充系统电路如图 7-3-9 所示。

③ 常见故障及维修

a.DC/DC 常见故障　DC/DC 未正常工作。

解决方案：检查插接器是否正常连接；检查高压熔丝是否熔断；检查使能信号是否给出。

b. 车载充电机常见故障

图 7-3-7 车载充电机

(a) 交流输入端和直流输出端

1—L(交流电源)；2—N(交流电源)；3—PE[车身地(搭铁)]；4—空；
5—CC(充电连接确认)；6—CP(控制确认)；
A—电源负极；B—电源正极；

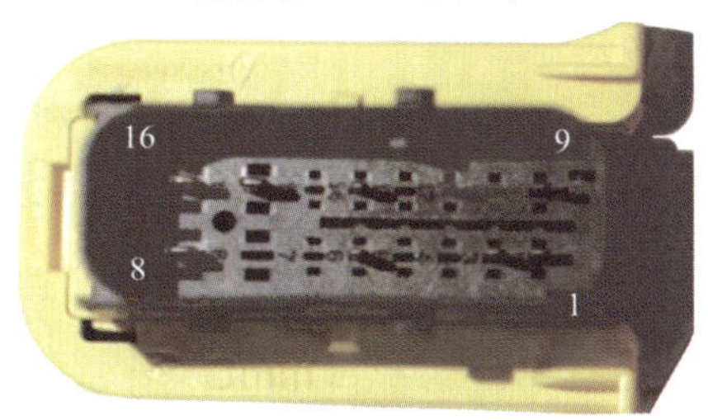

(b) 低压控制端

1—CANL；2—CAN_GND；3，4，6，7，10，12，
14—空；5—互锁输出(到高压配电箱低压插件)；
8—GND；9—CANH；11—CC信号输出；13—互锁输入
(到空调压缩机低压插件)；15—12V+OUT；16—12V+IN

图 7-3-8 车载充电机各端子定义

i. 充电桩显示车辆未连接。

解决方案：检查车辆与充电桩两端充电枪是否接反。

ii. 动力电池继电器未闭合。

解决方案：检查插接器是否正常连接，检查充电机输出唤醒是否正常。

iii. 电池继电器正常闭合，但充电机无输出电流。

解决方案：检查车辆端充电枪是否连接到位，检查高压熔丝是否熔断，检查高压连接器及线缆是否正确连接。

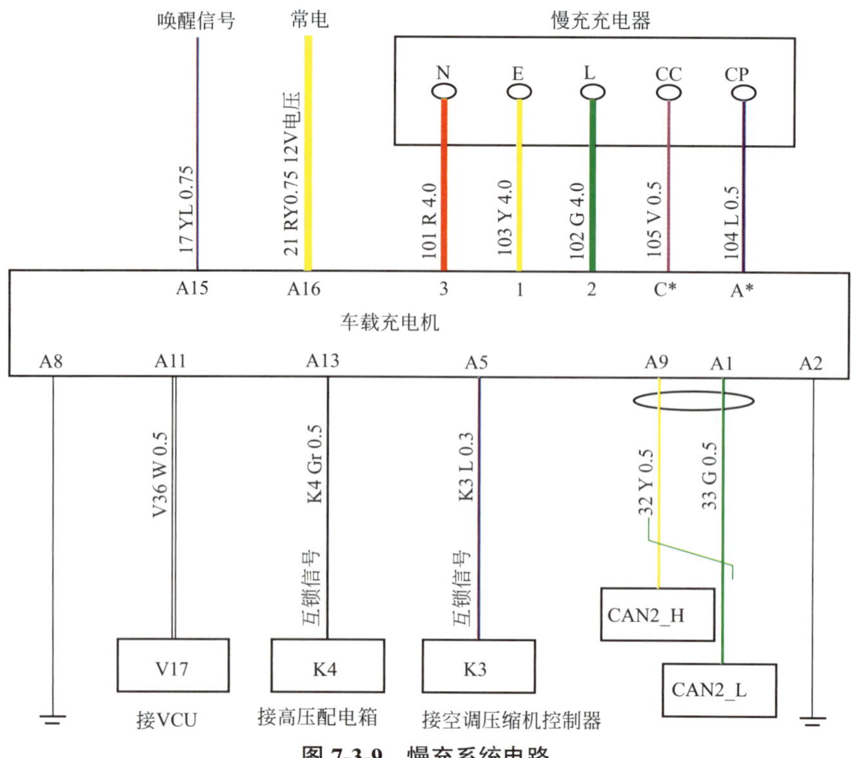

图 7-3-9 慢充系统电路

7.3.2 驱动电机

（1）驱动电机系统组成与技术参数

驱动电机系统是纯电动汽车三大核心部件之一，是车辆行驶的主要执行机构，其特性决定了车辆的主要性能指标，直接影响车辆动力性、经济性和用户驾乘感受。

驱动电机系统主要由驱动电机（DM）和驱动电机控制器（MCU）构成，通过高、低压线束及冷却管路与整车其他系统用电设备和散热装置连接，如图 7-3-10 所示。

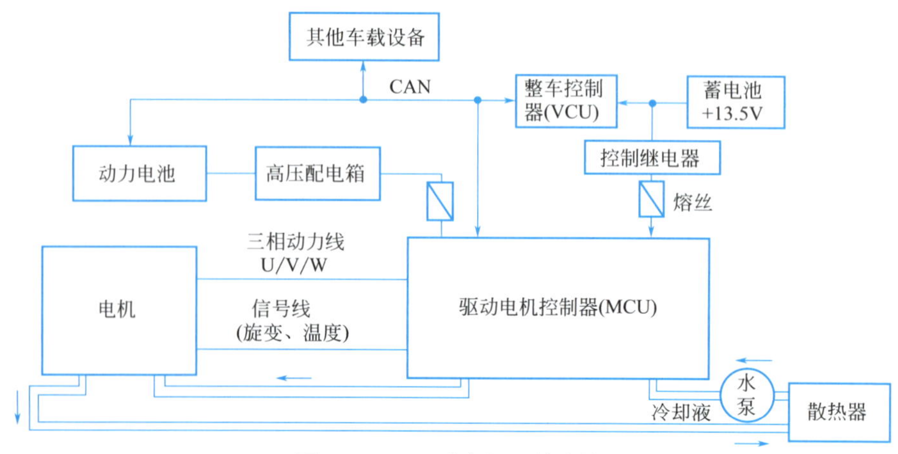

图 7-3-10 驱动电机系统连接

整车控制器（VCU）根据驾驶员意图发出各种指令，电机控制器响应并反馈，实时调整驱动电机输出，以实现整车的怠速、前行、倒车、停车、能量回收以及驻坡等功能。电机控制器另一个重要功能是通信和保护，实时进行状态和故障检测，保护驱动电机系统和整车安全可靠运行。

北汽 EV160/EV200 电动汽车采用的永磁同步交流电机技术参数见表 7-3-1。

表 7-3-1　北汽 EV160/EV200 电动汽车永磁同步交流电机技术参数

项目	参数	项目	参数
类型	永磁同步	额定转矩	102N・m
基速	2812r/min	峰值转矩	180N・m
转速范围	0 ～ 9000r/min	质量	45kg
额定功率	30kW	防护等级	IP67
峰值功率	53kW		

（2）驱动电机系统关键部件

驱动电机采用永磁同步电机（PMSM），具有效率高、体积小、重量轻及可靠性高等优点，是动力系统的重要执行机构，是电能与机械能转化的部件，且自身的运行状态等信息可以被采集到驱动电机控制器，依靠内置传感器来提供电机的工作信息，如图 7-3-11 所示。

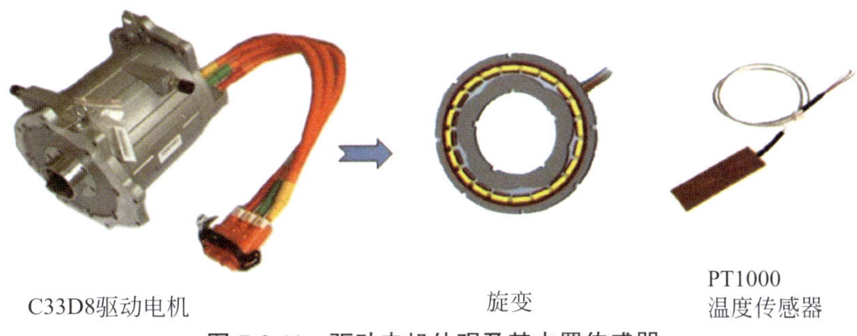

图 7-3-11　驱动电机外观及其内置传感器

旋转变压器：用以检测电机转子位置，控制器解码后可获知电机转速。

温度传感器：用以检测电机的绕组温度，控制器可以保护电机避免过热。

驱动电机结构如图 7-3-12 所示，其主要零件如图 7-3-13 所示。

（3）驱动电机控制器

① 驱动电机控制器组成　北汽 EV160/200 电动汽车驱动电机控制器采用三相两电平电压源型逆变器。驱动电机控制器是驱动电机系统的控制中心，又称智能功率模块，以 IGBT（绝缘栅双极型晶体管）模块为核心，辅以驱动集成电路、主控集成电路，如图 7-3-14 所示。

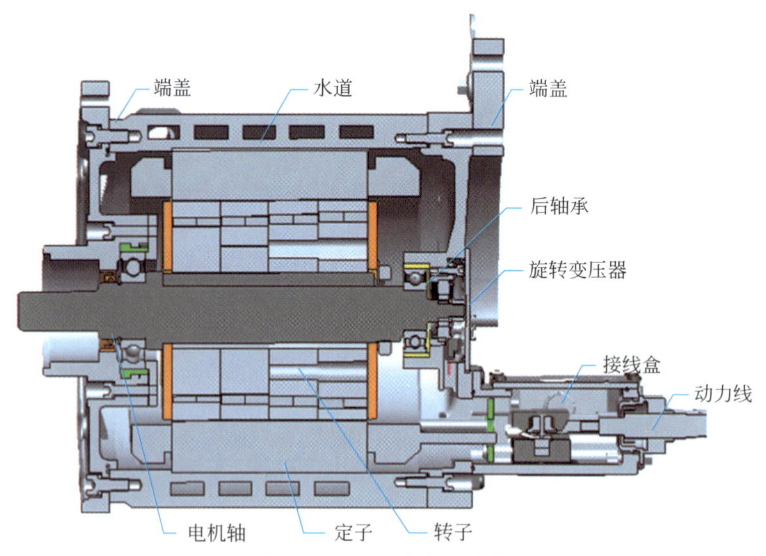

图 7-3-12　驱动电机结构

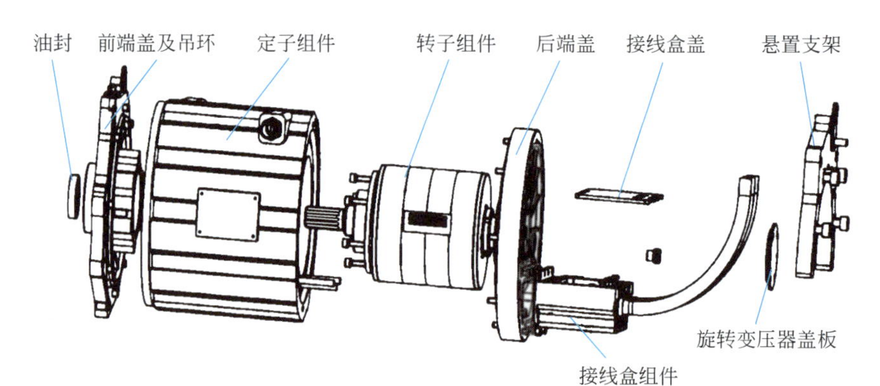

图 7-3-13　驱动电机主要零件

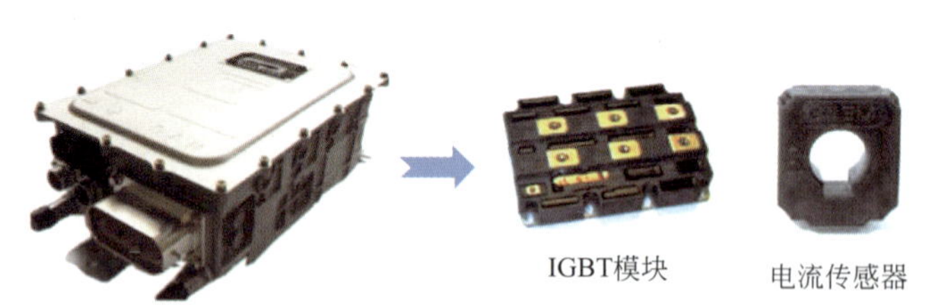

图 7-3-14　驱动电机控制器组成

驱动电机控制器是对所有的输入信号进行处理，并将驱动电机控制系统运行状态的信息通过 CAN2.0 网络发送给整车控制器。驱动电机控制器内含故障诊断电路。当诊断出异常时，它将会激活一个错误代码，发送给整车控制器，同时也会存储该故障码和数据。

驱动电机控制器使用以下传感器来提供驱动电机系统的工作信息：电流传感器，用以检测电机工作的实际电流（包括母线电流、三相交流电流）；电压传感器；用以检测供给电机控制器工作的实际电压（包括动力电池电压、12V 辅助电池电压）；温度传感器，用以检测电机控制系统的工作温度（包括 IGBT 模块温度、电机控制器板载温度）。

② 驱动电机系统工作原理　如图 7-3-15 所示，在驱动电机系统中，驱动电机的输出动作主要依靠控制单元给定命令执行，即控制器输出命令。控制器主要是将输入的直流电逆变成电压、频率可调的三相交流电，供给配套的三相交流永磁同步电机使用。

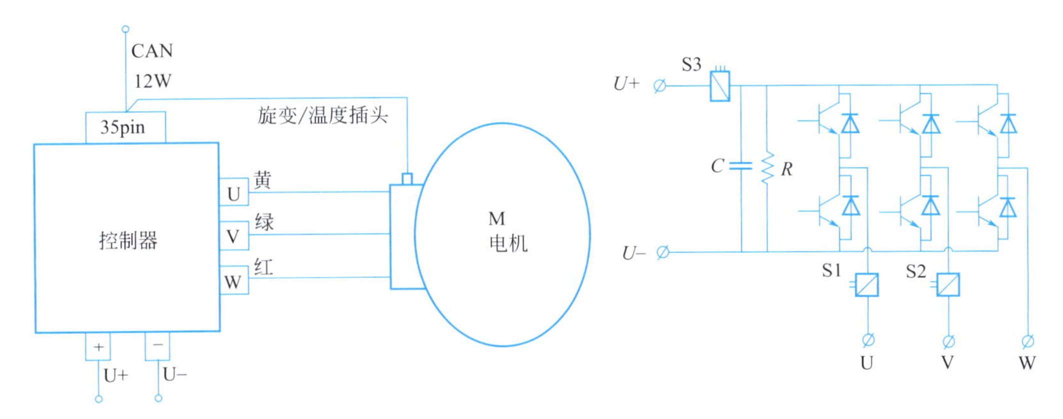

图 7-3-15　驱动电机系统工作原理

③ 驱动电机系统驱动模式　整车控制器根据车辆运行的不同情况，包括车速、挡位、电池 SOC 值来决定电机输出转矩和功率。

当电机控制器从整车控制器处得到转矩输出命令时，将动力电池提供的直流电转换成三相正弦交流电，驱动电机输出转矩，通过机械传输来驱动车辆，如图 7-3-16 所示。

图 7-3-16　驱动电机系统驱动模式

7.3.3　整车控制系统

（1）整车控制器硬件

整车控制器（VCU）是电动汽车的又一核心部件。整车控制器与驱动电机控制器、动力电池控制器相互配合采集电动汽车运行的各个重要参数，确保电动汽车安全有效的运行。整车控制原理如图 7-3-17 所示。

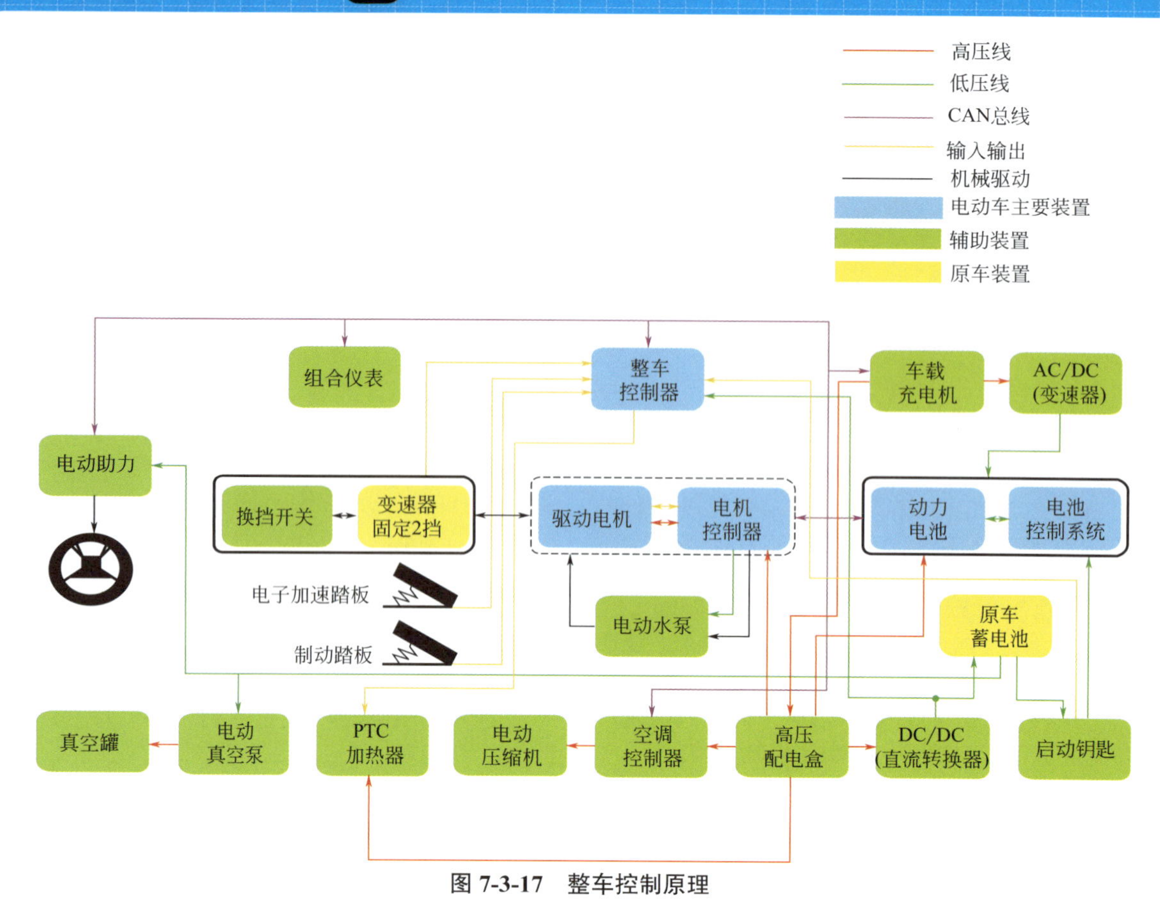

图 7-3-17　整车控制原理

（2）整车控制器功能

整车控制器功能见表 7-3-2。

表 7-3-2　整车控制器功能

功能	详述
驾驶员意图解释	主要是对驾驶员操作信息及控制命令进行分析处理，也就是将驾驶员的加速踏板信号和制动踏板信号根据某种规则，转化成电机的需求转矩命令
驱动控制	根据驾驶员对车辆的操纵输入（加速踏板、制动踏板以及选挡开关）、车辆状态、道路及环境状况，经分析和处理，向驱动电机控制器发出相应的指令，控制电机的驱动转矩来驱动车辆，以满足驾驶员对车辆驱动的动力性要求；同时根据车辆状态，向驱动电机控制器发出相应指令，保证安全性、舒适性
制动能量回馈控制	整车控制器根据加速踏板和制动踏板的开度、车辆行驶状态信息以及动力电池的状态信息来判断某一时刻能否进行制动能量回馈，在满足安全性能、制动性能以及驾驶员舒适性的前提下，回收部分能量。包括滑行制动和行车制动过程中的电机制动转矩控制
整车能量优化管理	通过对电动汽车的电机驱动系统、动力电池控制系统、传动系统以及其他车载能源动力系统（如空调、电动泵等）的协调和管理，提高整车能量利用效率，延长续驶里程
充电过程控制	与动力电池控制系统共同进行充电过程中的充电功率控制，整车控制器接收到充电信号后，应该禁止高压配电系统上电，保证车辆在充电状态下处于行驶锁止状态；并根据电池状态信息限制充电功率，保护电池

续表

功能	详述
高压上、下电控制	根据驾驶员对钥匙开关的控制，进行动力电池的高压接触器开关控制，以完成高压设备的电源通断和预充电控制。上、下电流程处理：协调各相关部件的上电与下电流程，包括电机控制器、电池管理系统等部件的供电，预充电继电器、主继电器的吸合和断开时间等
防溜车功能控制	纯电动汽车在坡上起步时，驾驶员从松开制动踏板到踩下加速踏板的过程中，会出现整车向后溜车的现象。在坡上行驶过程中，如果驾驶员踩下加速踏板的深度不够，整车会出现车速逐渐降为零后向后溜车现象。防溜车功能可以保证整车在坡上起步时，向后溜车小于 10cm；在整车坡上运行过程中如果动力不足时，整车车速会慢慢降到零，然后保持零车速，不再向后溜车
电动化辅助系统管理	电动化辅助系统包括电动空调、电动制动、电动助力转向。整车控制器应根据动力电池以及低压电池状态，对 DC/DC、电动化辅助系统进行监控
车辆状态的实时监测和显示	整车控制器应对车辆的状态进行实时检测，并将各子系统的信息发送给车载信息显示系统，其过程是通过传感器和 CAN 总线，检测车辆状态及其动力系统与相关电气附件相关各子系统状态信息驱动显示仪表，将状态信息和故障诊断信息通过数字仪表显示出来
故障诊断与处理	连续监视整车电控系统，进行故障诊断，并及时进行相应安全保护处理。根据传感器的输入及其他通过 CAN 总线通信得到的电机、电池、充电机等的信息，对各种故障进行判断、等级分类、报警显示；存储故障码，供维修时查看。故障指示灯指示出故障类型和部分故障码。在行车过程中，根据故障内容，进行故障诊断与处理

7.3.4 电动转向系统

（1）转向系统组成

新能源汽车上一般都采用电动助力转向系统（EPS），如图 7-3-18 所示。

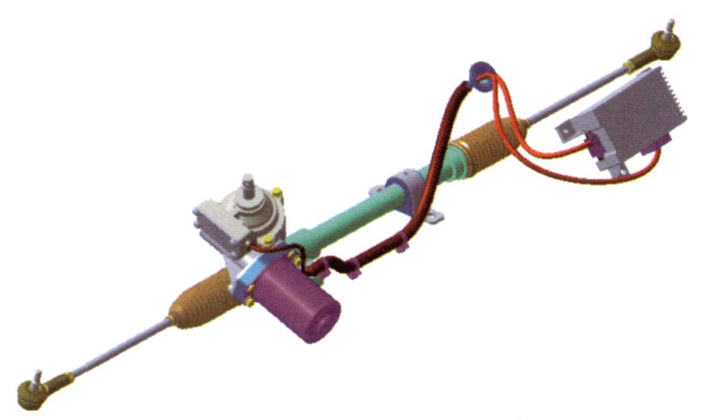

图 7-3-18 电动助力转向系统

电动助力转向系统由转矩传感器、电子控制单元和助力电机等共同组成。电子控制单元根据传感器输出的信号计算所需的转向助力，并通过功率放大模块控制助力电机的转动，电机的输出经减速机构减速增矩后驱动齿轮齿条机构产生相应的转向助力。

安装在转向器上的电机总成由蜗杆、蜗轮和直流电机组成。当蜗杆与安装在转向器输出轴上的蜗轮啮合时，降低电机速度并把电机输出转矩传递到输出轴。

转矩传感器由两个带孔圆环、线圈、线圈盒及电路板组成。它获得转向盘上操作力大小和方向信号，并把它们转换为电信号，传递到 EPS 控制器。

（2）转向系统控制策略

电动助力转向系统（EPS）电气原理如图 7-3-19 所示。

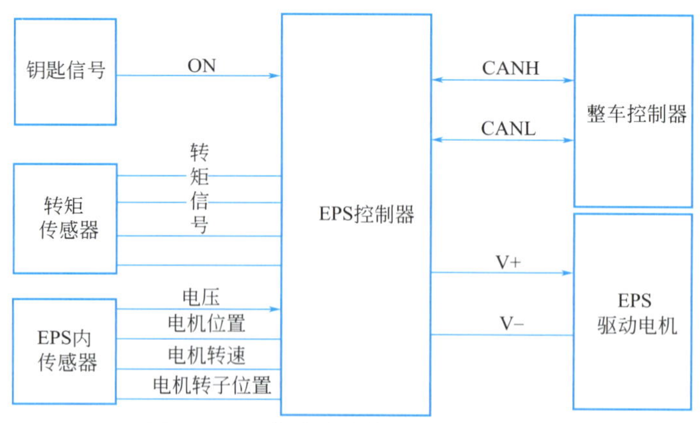

图 7-3-19　电动助力转向系统电气原理

① 当整车处于停车下电状态，EPS 不工作（EPS 不进行自检、不与 VCU 通信、EPS 驱动电机不工作）；当钥匙开关处于 ON 挡，ON 挡继电器吸合后 EPS 开始工作。

② EPS 正常工作时，根据接收来自 VCU 的车速信号、唤醒信号及来自转矩传感器的转矩信号和 EPS 助力电机的位置、转速、转子位置、电流、电压信号等进行综合判断，以控制 EPS 助力电机的转矩、转速和方向。

③ 转向控制器在上电 200ms 内完成自检，上电 200ms 后可以与 CAN 总线交互信息。

④ 当 EPS 检测到故障时，通过 CAN 总线向 VCU 发送故障信息，并采取相应的处理措施。

（3）转向系统插接件定义

电动助力转向控制器端口及其端子定义见表 7-3-3 所示。

表 7-3-3　电动助力转向控制器及其端子定义

端子	定义	颜色	端子	定义	颜色
A1	电源正	红	C6	地 GND	黑
A2	电压负	黑	C7	电源 +12V	红
B1	电机正	黑	C8	电源 TSV5	红
B2	电机负	红	D5	CANH	黄
C2	辅路 T2	绿	D6	CANL	白
C5	主路 T1	黑	D8	点火 IG	绿

（4）EPS 故障处理

电动助力转向系统（EPS）故障处理如图 7-3-20 和图 7-3-21 所示。

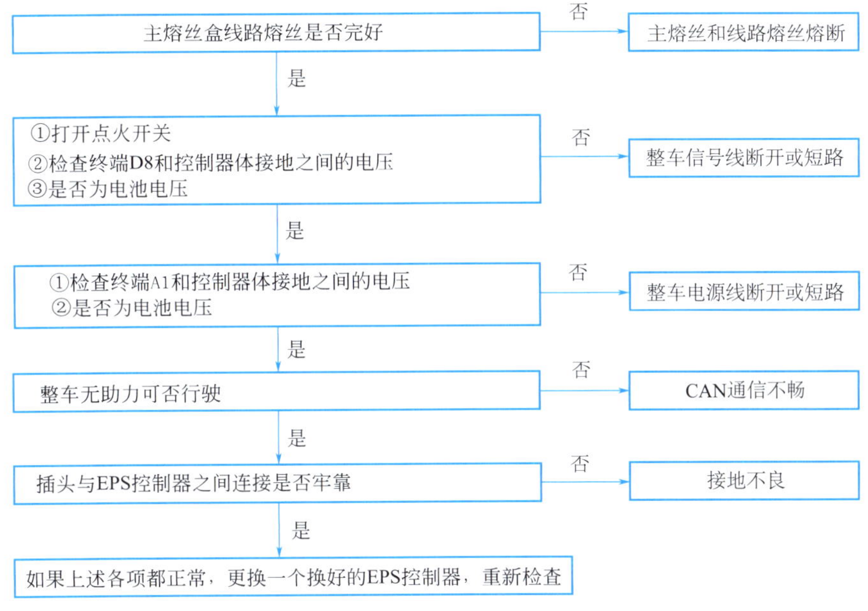

图 7-3-20　EPS 故障诊断流程

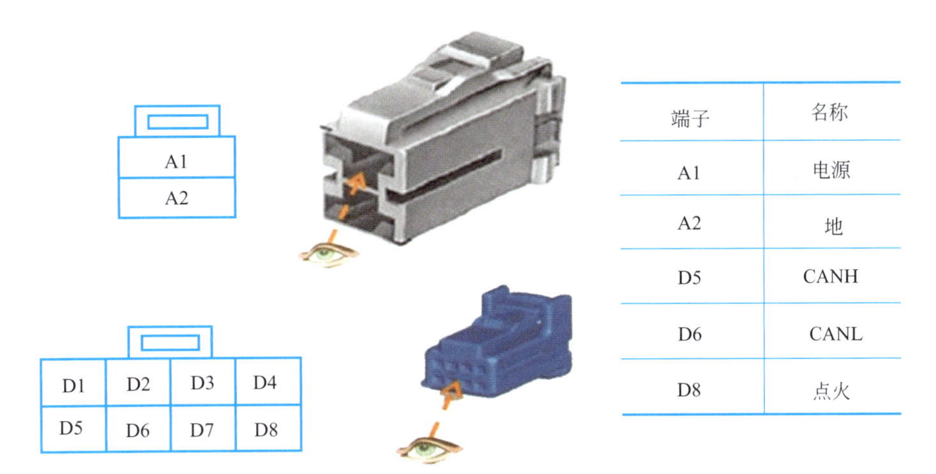

端子	名称
A1	电源
A2	地
D5	CANH
D6	CANL
D8	点火

图 7-3-21　EPS 故障处理涉及的端子

7.3.5　电动空调系统

（1）空调系统组成及原理

北汽 EV160/EV200 电动汽车空调系统采用了电动空调压缩机和 PTC 加热器，其主要部件布置位置如图 7-3-22 所示。PTC 加热器和电动空调压缩机布置位置分别如图 7-3-23 和图 7-3-24 所示。

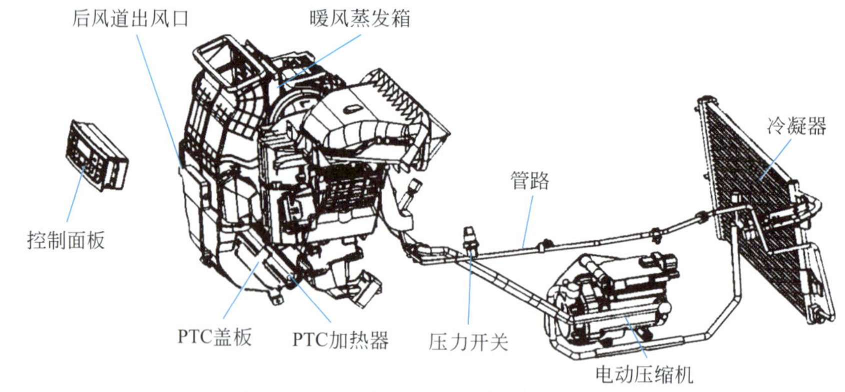

图 7-3-22　空调系统主要部件布置位置

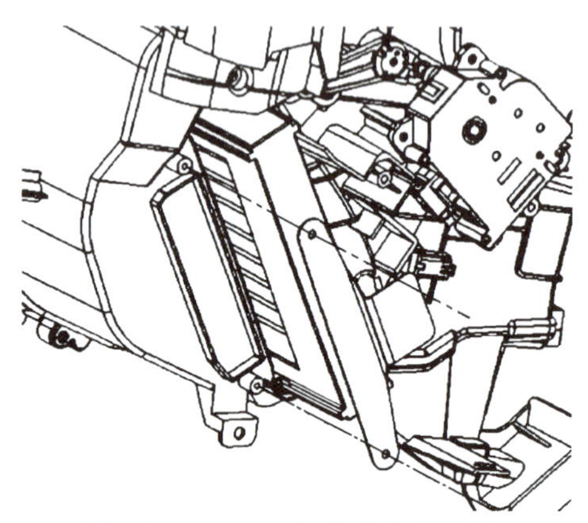

图 7-3-23　PTC 加热器布置位置

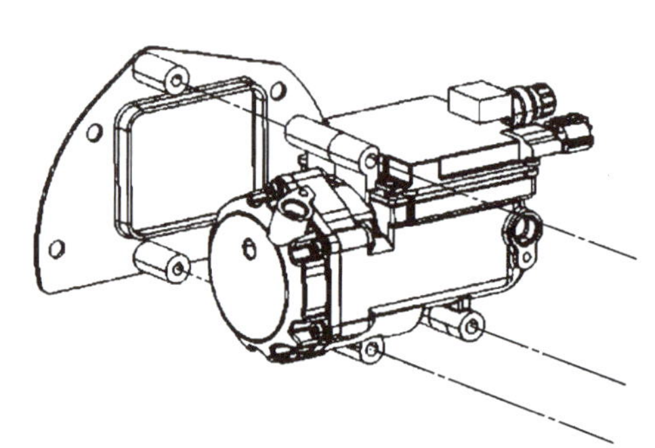

图 7-3-24　电动压缩机布置位置

北汽 EV160/EV200 电动汽车 C33DB 型空调控制系统原理如图 7-3-25 所示。

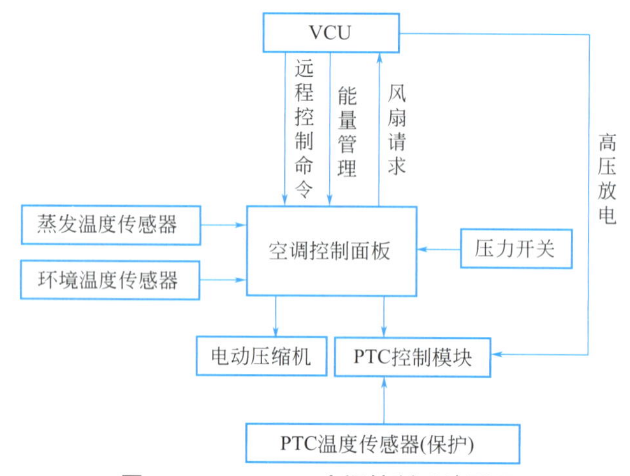

图 7-3-25　C33DB 空调控制系统原理

电动空调压缩机的剖视图如图 7-3-26 所示，其周边产品如图 7-3-27 所示。

PTC 加热器直接加热流经表面的空气从而产生热量，其外观和电路如图 7-3-28 所示。

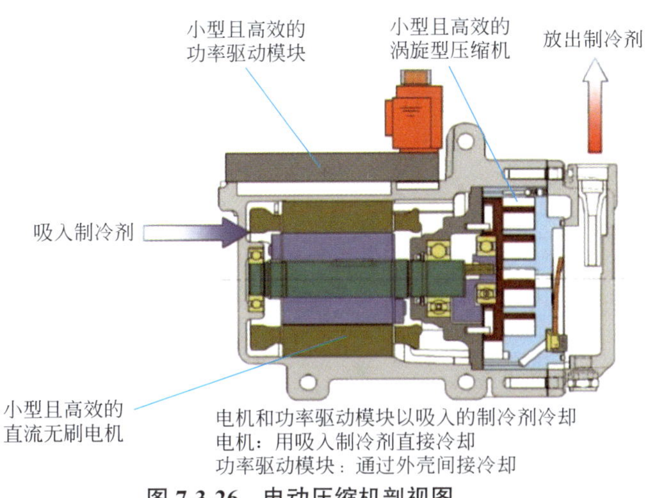

图 7-3-26　电动压缩机剖视图

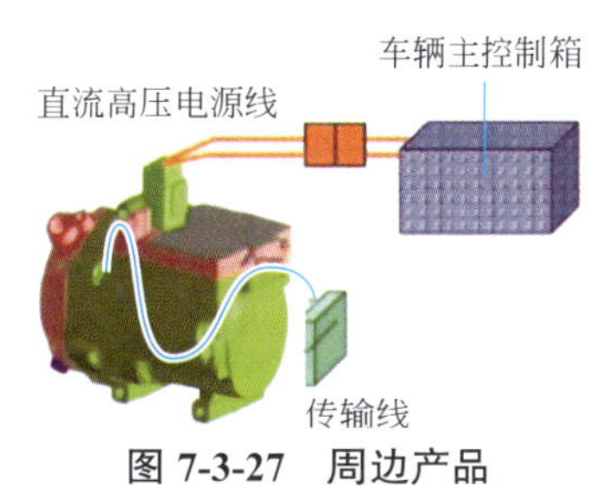

图 7-3-27　周边产品

外观

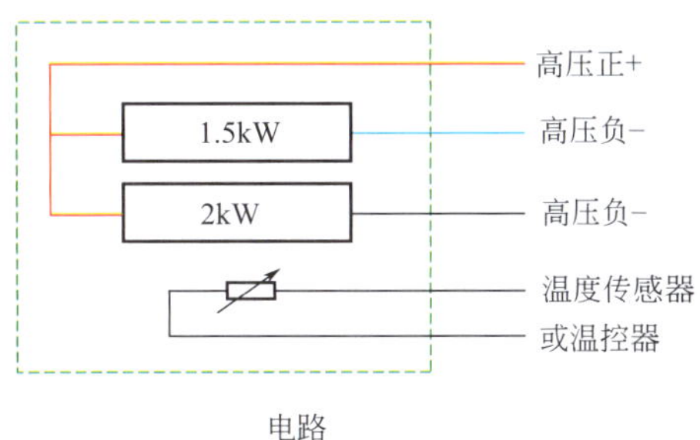

电路

图 7-3-28　PTC 加热器外观和电路

PTC 加热器的端口及其端子功能见表 7-3-4。

表 7-3-4　PTC 加热器的端口及其端子功能

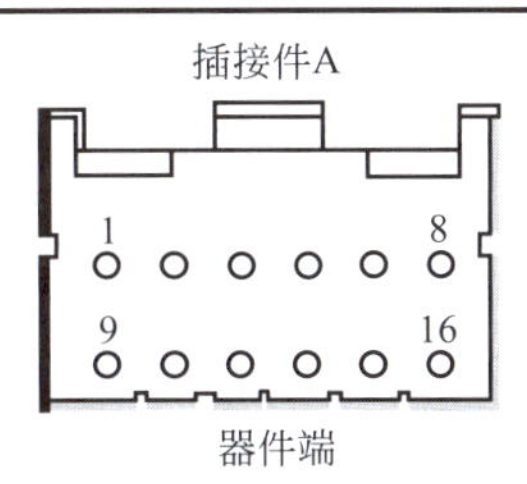

端子	定义	功能说明	端子	定义	功能说明
A1	EVAP 传感器	蒸发温度传感器	A9	CAN 屏蔽	CAN 屏蔽
A2	IG2	点火电压	A10	管路压力高 / 低	管路压力高 / 低压触发
A3	风机上电继电器	风机上电继电器	A11	SEND	传感器地
A4	BLW 控制	风机控制信号	A12	RDEF	后除霜信号
A5	FAN F/B	风机反馈信号	A13	RDEF F/B	后除霜反馈
A6	AMB 传感器	环境温度传感器	A14	ILL-	夜光 -
A7	CANH	CAN 高	A15	ILL+	夜光 +
A8	CANL	CAN 低	A16	GND	地

续表

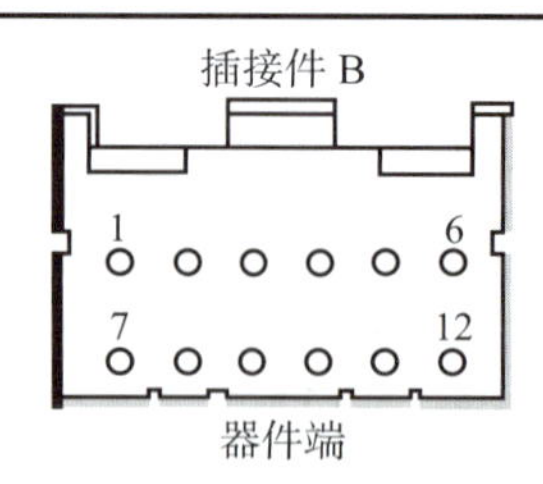

端子	定义	功能说明	端子	定义	功能说明
B1	SREF+	电位器 +	B7	MODE VENT	模式 -
B2	SGND	模拟地	B8	MODE DEF	模式 +
B3	INTAKE FRE	外循环	B9	新风电机电源	新风电机电源
B4	INTAKE REC	内循环	B10	管路压力中	管路压力中压触发
B5	TEMP COOL	温度冷	B11	TEMP F/B	混合风门反馈
B6	TEMP WARM	温度暖	B12	MODE F/B	模式风门反馈

（2）空调系统维护与常见故障诊断

① 空调系统日常维护　空调系统日常使用中应注意系统工作时是否有异响，如压缩机啸叫声、鼓风机异响，注意有无因控制器失效导致不制冷不制热等现象，同时应定期更换空调滤清器。

② 维修操作注意事项

a. 压缩机绝缘电阻为 20MΩ。

b. 高压部件安全操作。

c. 拆解后及时密封各管路开口，防止水或湿空气进入系统。

d. 冷冻油（压缩机润滑油）为 POe68，与传统车（PAG 冷冻油）不同，勿混用。

e. 连接安装各管路接口时注意管口清洁，O 形圈涂抹冷冻油。

f. 制冷剂加注量应按要求。

g. 制冷剂喷出时注意个人防护，避免接触冻伤、吸入及误入眼睛。

③ 制冷剂加注流程

a. 检查空调系统部件安装情况。此过程中主要检查管路、冷凝器、膨胀阀、压缩机等各主要连接部件是否齐全，是否安装到位，确认各连接点有无漏装 O 形圈，拧紧螺栓。

b. 抽真空。空调高、低压充注阀均连接制冷剂加注机，打开阀门后开始抽真空过程，根据实际情况持续 5 ～ 10min，若结束后压力值仍偏高或认为原系统内水分含量偏多，可酌情反复进行多次。

c. 保压。抽真空完毕后关闭高、低压软管阀门，10min 后观察压力值变化，若无明显反弹，则可认为此空调系统密封正常，可进行后续加注工作。

d. 制冷剂加注。按照车辆前舱指示标签所要求的加注量加注相应的制冷剂，制冷剂加注过多或过少均影响空调使用效果。加注过程中注意采用优质、含水率低的制冷剂产品。

④ 空调系统常见故障现象及原因　如图 7-3-29 所示。

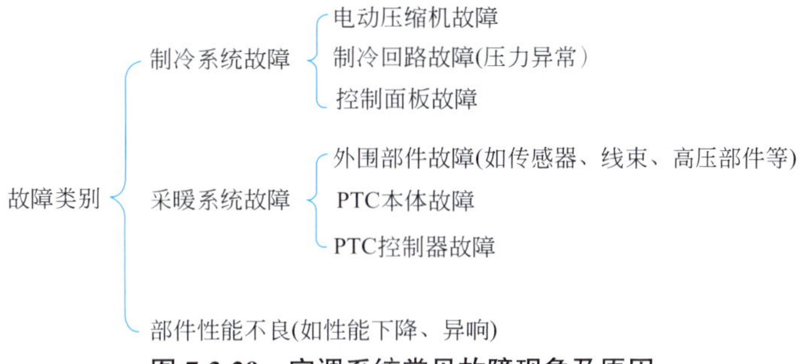

图 7-3-29　空调系统常见故障现象及原因

7.3.6　电动制动系统

北汽 EV160/EV200 电动汽车制动系统与传统汽车相比最大的不同是采用了电动真空泵为真空助力器提供真空，其他部分与传统汽车的制动系统相同，这里不再赘述。

电动真空泵故障诊断及排除方法见表 7-3-5。

表 7-3-5　电动真空泵故障诊断及排除方法

<table>
<tr><th>故障现象</th><th colspan="2">诊断与排除</th></tr>
<tr><td rowspan="5">连接电源后电机不转</td><td colspan="2">检查熔丝是否熔断</td></tr>
<tr><td>熔断</td><td>未熔断</td></tr>
<tr><td>线路短路</td><td>动力电池亏电</td></tr>
<tr><td>控制器损坏</td><td>线路断路</td></tr>
<tr><td>电机烧毁短路</td><td>控制器损坏</td></tr>
<tr><td>接通电源后，真空度抽至上限设定值电机不停转</td><td colspan="2">开关触点短路常开
电子延时模块损坏，应更换</td></tr>
<tr><td>压力开关不能正常开启和断开</td><td colspan="2">压力开关触点污损、锈蚀，接触不良，清洁触点或更换压力开关
连接线折断或插接器连接处脱焊，应更换连接线
管路密封性不好，检查管路密封性，必要时更换</td></tr>
<tr><td>设备的机壳带电</td><td colspan="2">电源线接错，壳体与电源的正极的连接，应纠正错误连接
电源插座的地线未真实与地连接，应把电源插座中的地线连接好</td></tr>
</table>

7.4　荣威 E50 电动汽车

7.4.1　驱动电机及其控制系统

（1）驱动电机、电力电子箱及其连接器

荣威 E50 电动汽车的驱动电机和电力电子箱（电机控制器）安装位置如图 7-4-1 所示，

系统组成如图 7-4-2 所示。驱动电机参数如表 7-4-1 所示。

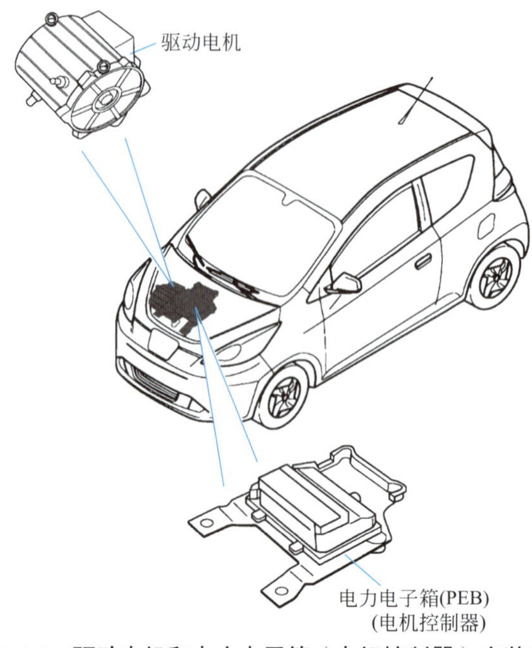

图 7-4-1　驱动电机和电力电子箱（电机控制器）安装位置

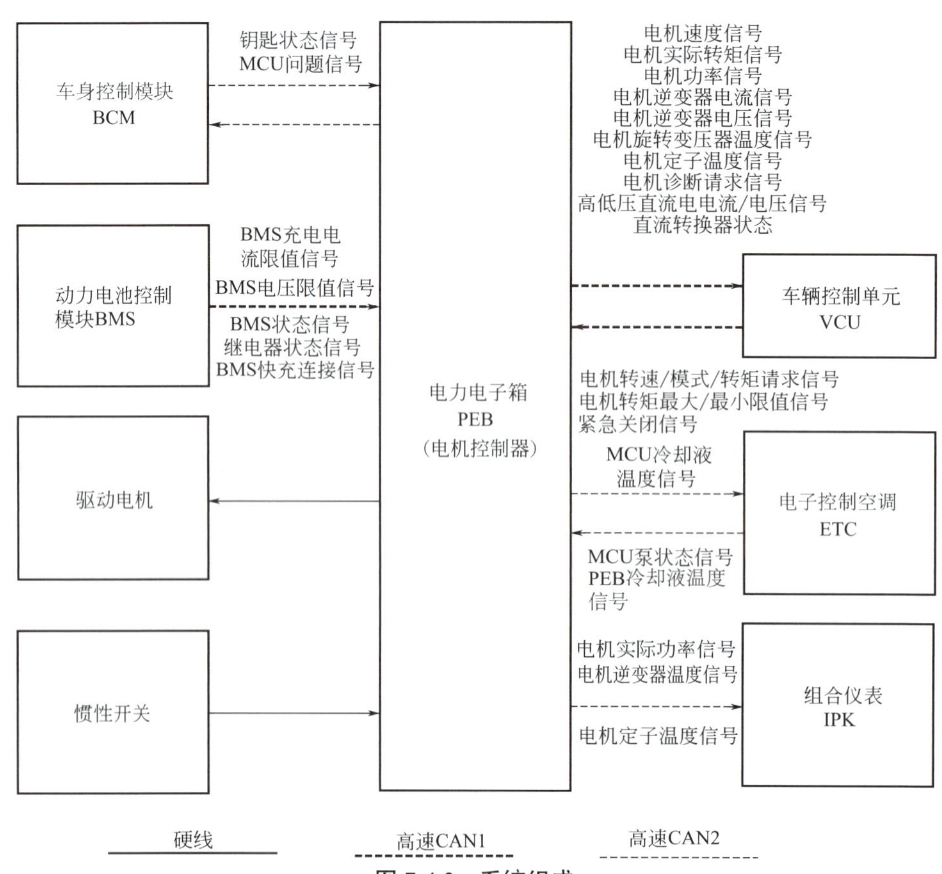

图 7-4-2　系统组成

表 7-4-1 驱动电机参数

项目	参数	项目	参数
工作电压范围	250 ～ 345V	电机控制器额定输入电压	280V
峰值相电流	200A（有效值）	绕组接法	Y
持续功率 / 峰值功率	28 kW /52 kW	相间电阻	27MΩ
额定转速 / 峰值转速	3000r/min/8000r/min	电机质量	≤ 38.5kg
额定转矩 / 峰值转矩	90 N • m /155N • m	防护等级	IP67

电力电子箱（电机控制器）电路如图 7-4-3 所示。

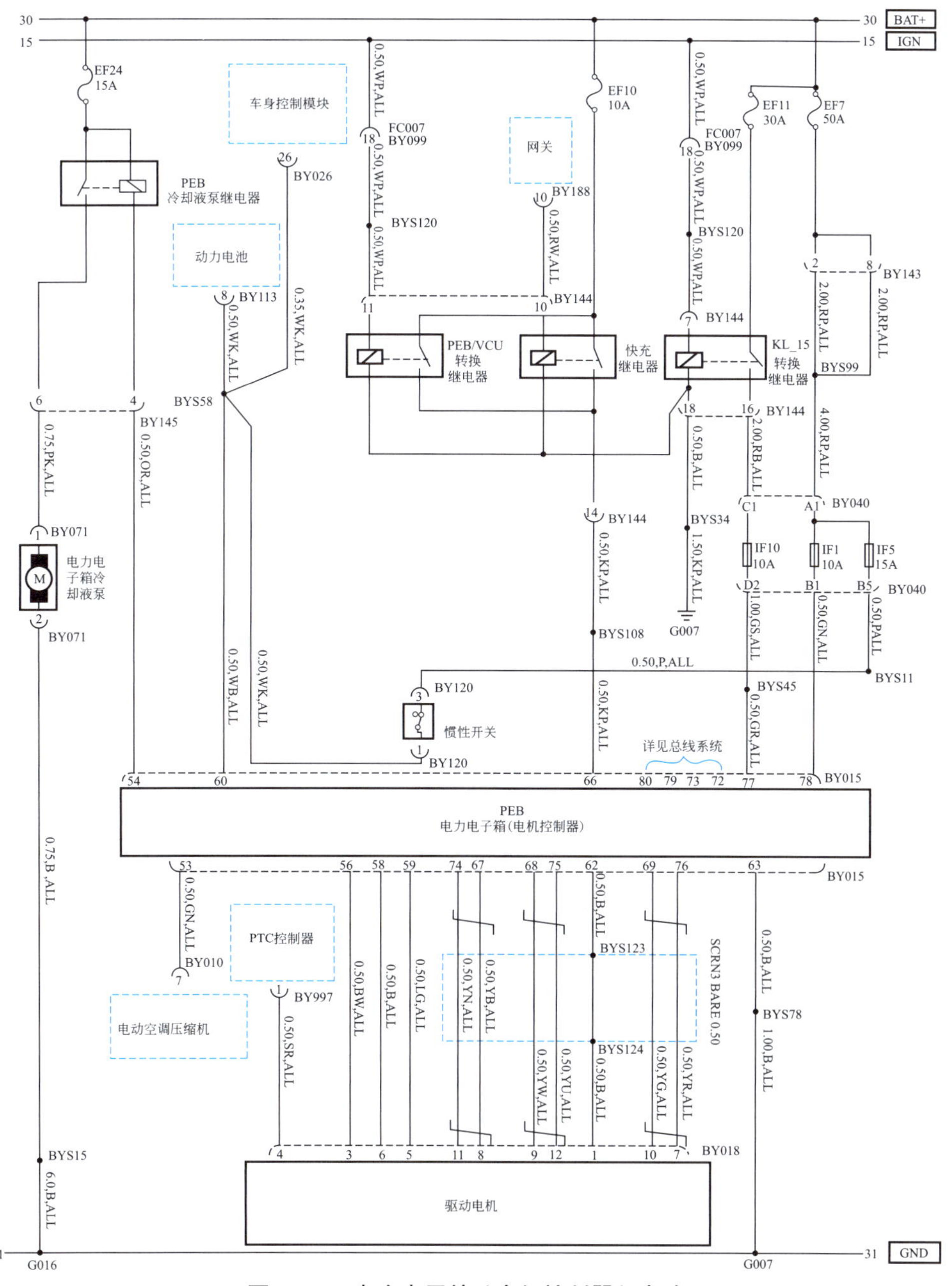

图 7-4-3 电力电子箱（电机控制器）电路

驱动电机为三相交流电机，受电力电子箱（电机控制器）的控制，是整个车辆的动力源。电力电子箱（电机控制器）是控制驱动电机的电气组件，在高速 CAN 上与 VCU、IPK、BCM 等控制器通信。接受 VCU 的转矩命令以控制驱动电机，且电力电子箱（电机控制器）带有自诊断功能，确保系统安全运行。电力电子箱（电机控制器）系统内部集成以下主要部件：MCU、逆变器、DC/DC 转换器。

连接器 BY015 位于前舱右前部电力电子箱（电机控制器）上（黑色），其端子信息见表 7-4-2。

表 7-4-2　电力电子箱（电机控制器）连接器端信息

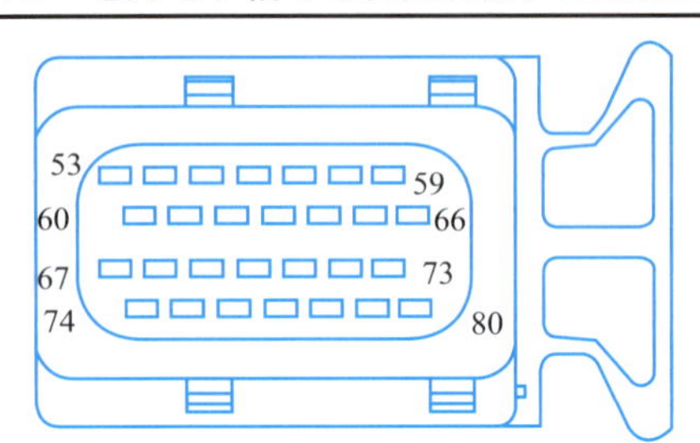

端子	定义	端子	定义
53	高压互锁	68	余弦负信号
54	电力电子箱（电机控制器）冷却泵控制信号	69	正弦负信号
55	—	70	—
56	高压互锁	71	—
57	—	72	高速 CAN1 高电平
58	环境温度传感器	73	高速 CAN1 低电平
59	电机温度模拟信号 0 ～ 5V	74	励磁负信号
61	—	75	余弦正信号
62	屏蔽线接地	76	正弦正信号
63	接地	77	点火输入信号
64	—	78	电力电子箱（电机控制器）供电 12V
65	—	79	本地 CAN 高电平
66	唤醒信号	80	本地 CAN 低电平
67	励磁正信号		

（2）电力电子箱的拆装

① 关闭点火钥匙，车辆静置 5min 以上，才可进行拆卸作业。

② 拆下动力电池负极电缆。拆下动力电池盒支架。

③ 排空电机冷却系统中的冷却液。

④ 拆下手动维修开关。

⑤ 打开盖子，拆下将 2 根电池电缆固定到电力电子箱（电机控制器）上的 2 个螺母，断开电池电缆，如图 7-4-4 所示。

⑥ 断开电力电子箱（电机控制器）低压插接器，如图 7-4-5 所示。

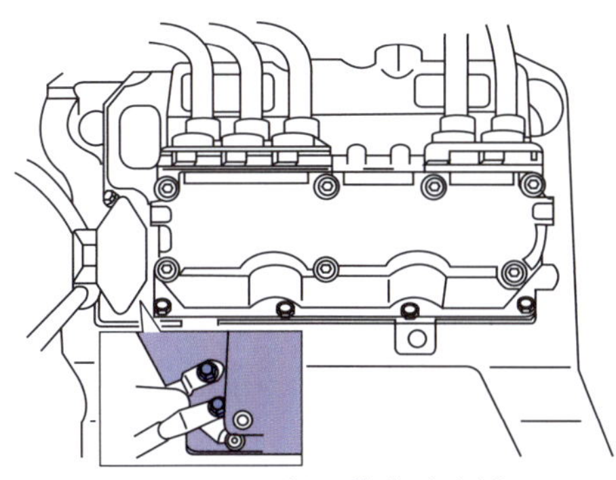
图 7-4-4　断开蓄电池电缆

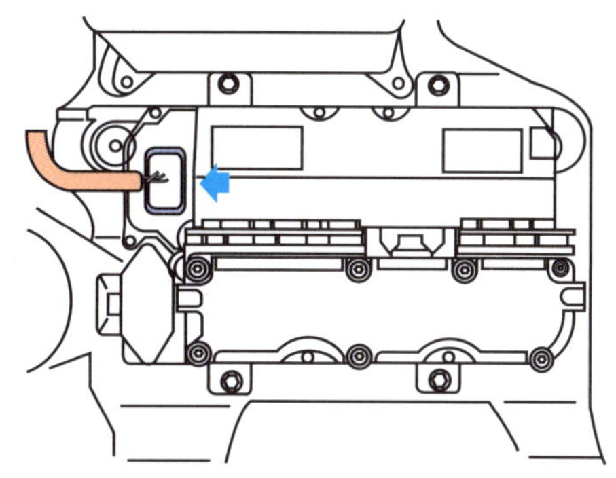
图 7-4-5　断开低压插接器

⑦ 拆下将电力电子箱（电机控制器）盖板固定到电力电子箱（电机控制器）上的 7 个螺栓，如图 7-4-6 所示。

⑧ 用万用表（直流电压挡，量程大于 400V）测量电力电子箱（电机控制器）上高压插接件各端间、端子与地间以及高压线束端高压插接件内的端子之间是否有高压电。如果电压为零，则可以继续拆解。

⑨ 拆下将 3 根电机线接头固定到电力电子箱（电机控制器）上的 3 个螺栓 1，如图 7-4-7 所示。

⑩ 拆下将 3 根电机线固定到电力电子箱（电机控制器）外壳上的 6 个螺栓 2，取下 3 根电机线束，如图 7-4-7 所示。

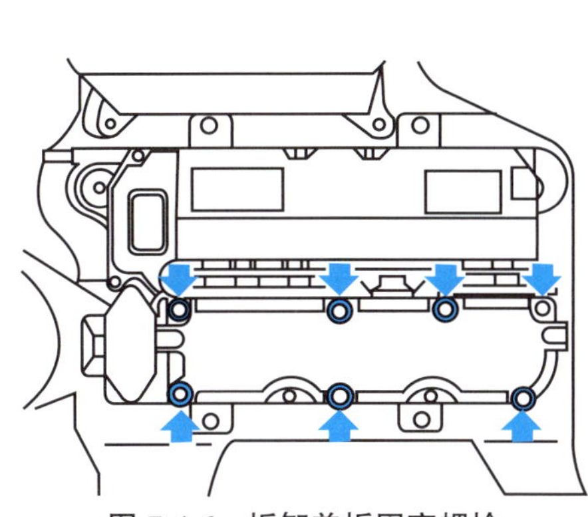
图 7-4-6　拆卸盖板固定螺栓

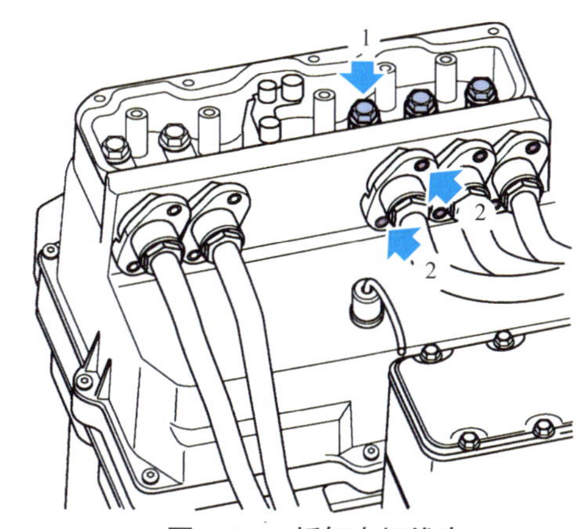

图 7-4-7　拆卸电机线束

1，2—螺栓

⑪ 拆下动力电池线束固定于电力电子箱（电机控制器）内的 2 个螺栓 1，如图 7-4-8 所示。

⑫ 拆下动力电池线束固定于电力电子箱（电机控制器）外壳的 4 个螺栓 2，取下动力电池线束，如图 7-4-8 所示。

⑬ 拆下固定在电力电子箱（电机控制器）托架上的 4 个螺栓，如图 7-4-9 所示。

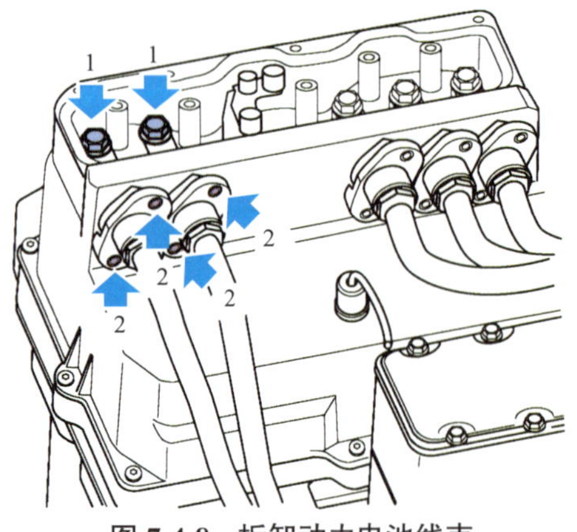

图 7-4-8 拆卸动力电池线束

1, 2—螺栓

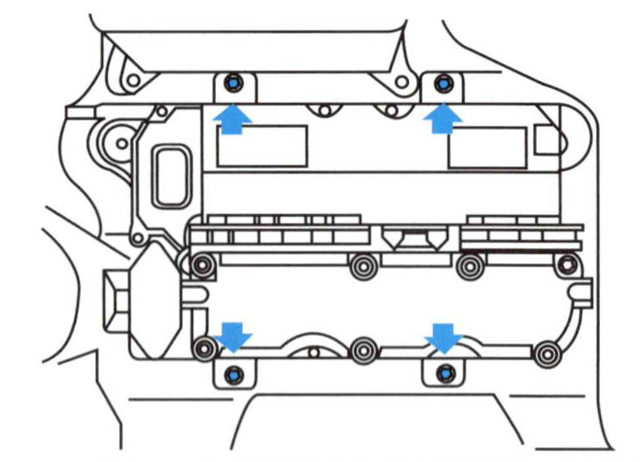

图 7-4-9 拆卸电力电子箱（电机控制器）固定螺栓

⑭ 松开卡箍，从电力电子箱（电机控制器）上断开到电机的软管并拆下，如图 7-4-10 所示。

⑮ 松开卡箍，从电力电子箱（电机控制器）上断开水泵来的软管并拆下，如图 7-4-11 所示。

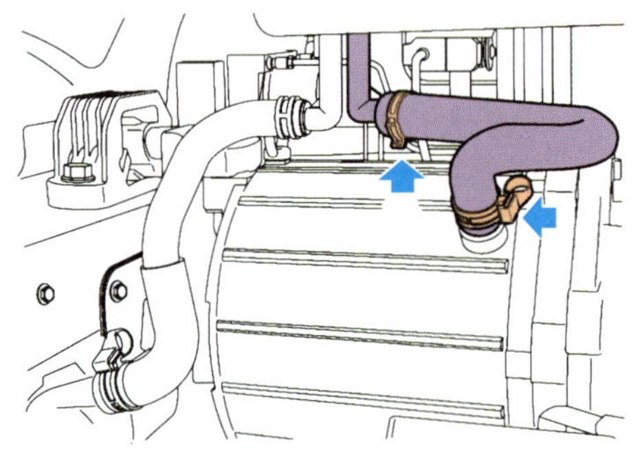

图 7-4-10 拆卸到电机的软管

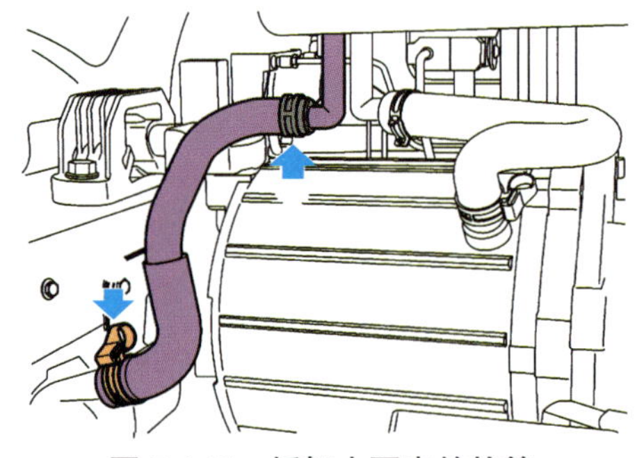

图 7-4-11 拆卸水泵来的软管

⑯ 拆下电力电子箱（电机控制器）。

安装按与拆卸相反的顺序进行。

7.4.2 动力电池及其控制系统

（1）组成、安装位置与控制系统框图

动力电池采用锂电子单体电池组成电池模块，包含 5 个模块，其中 3 个大模块（27 串 3 并），2 个小模块（6 串 3 并），其组成如图 7-4-12 所示，其参数见表 7-4-3。

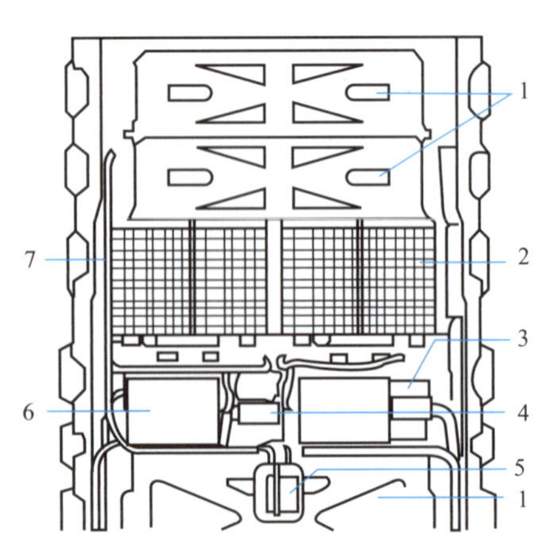

图 7-4-12 动力电池的组成

1—动力电池组电池模块；2—动力电池组电池模块；3—动力电池包动力电池控制器与电池采集和均衡模块；4—动力电池包电池检测模块；5—手动维修开关；6—动力电池包电池高压电力分配单元与电池采集和均衡模块；7—动力电池组电池模块

表 7-4-3 高压电池参数

项目	参数
总能量	18kW·h
可用能量	16kW·h
总容量	60A·h
防护等级	IP67
总电压范围	232.5 ~ 334.8V
单体电池电压范围	2.5 ~ 3.6V
单体电池容量	20A·h

动力电池总成安装在底盘上，由动力电池、高压惯性开关、快充接口、慢充接口及慢充充电器和手动维修开关组成，如图 7-4-13 所示。

动力电池控制系统框图如图 7-4-14 所示。

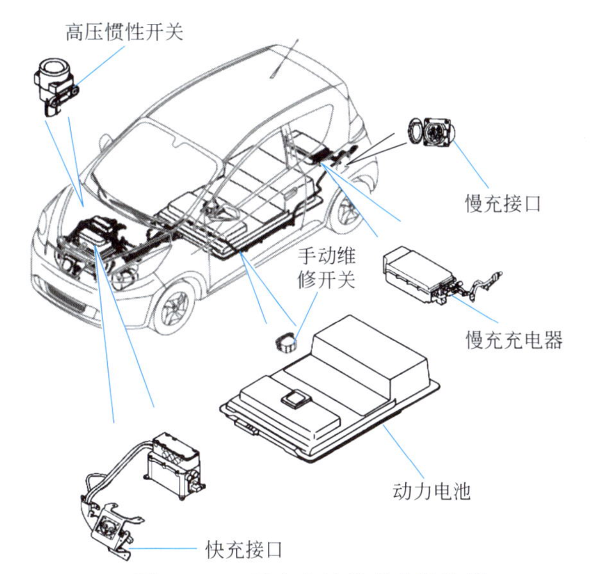

图 7-4-13 动力电池总成安装位置

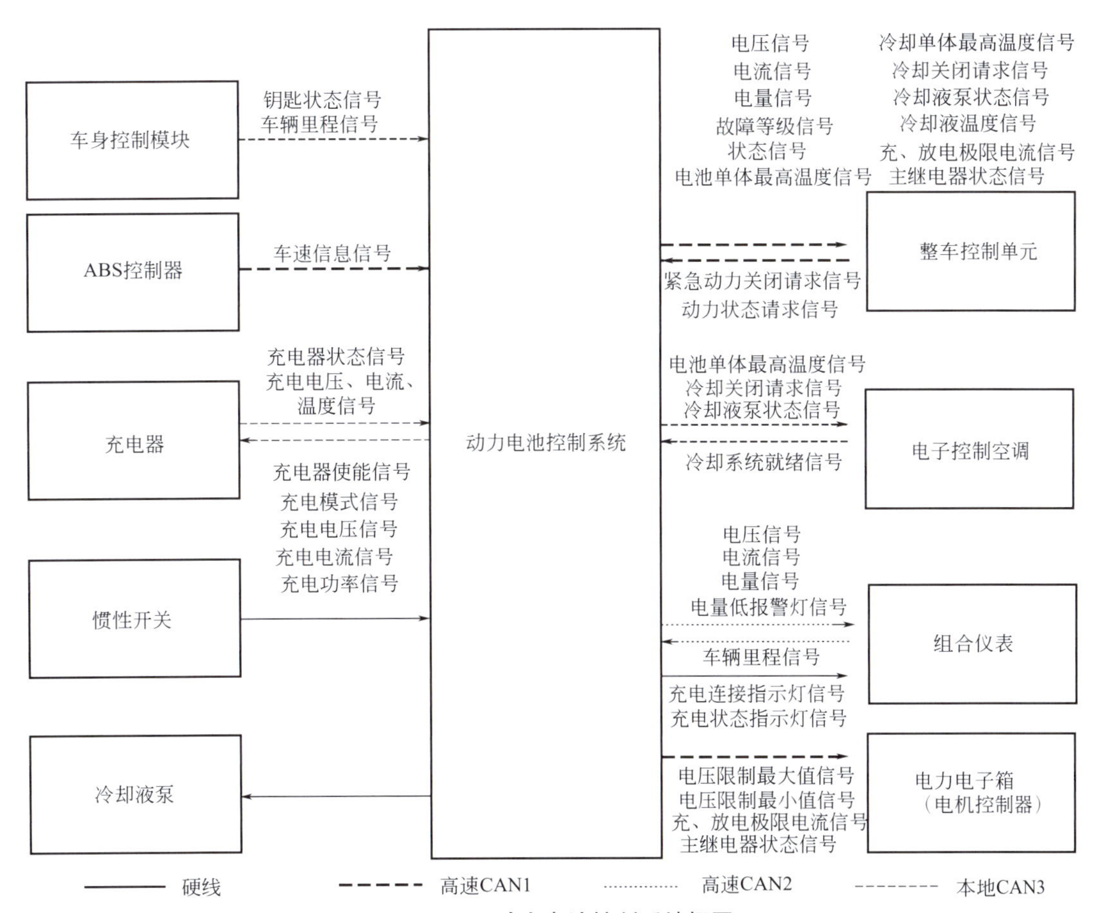

图 7-4-14 动力电池控制系统框图

动力电池电路如图 7-4-15 所示。

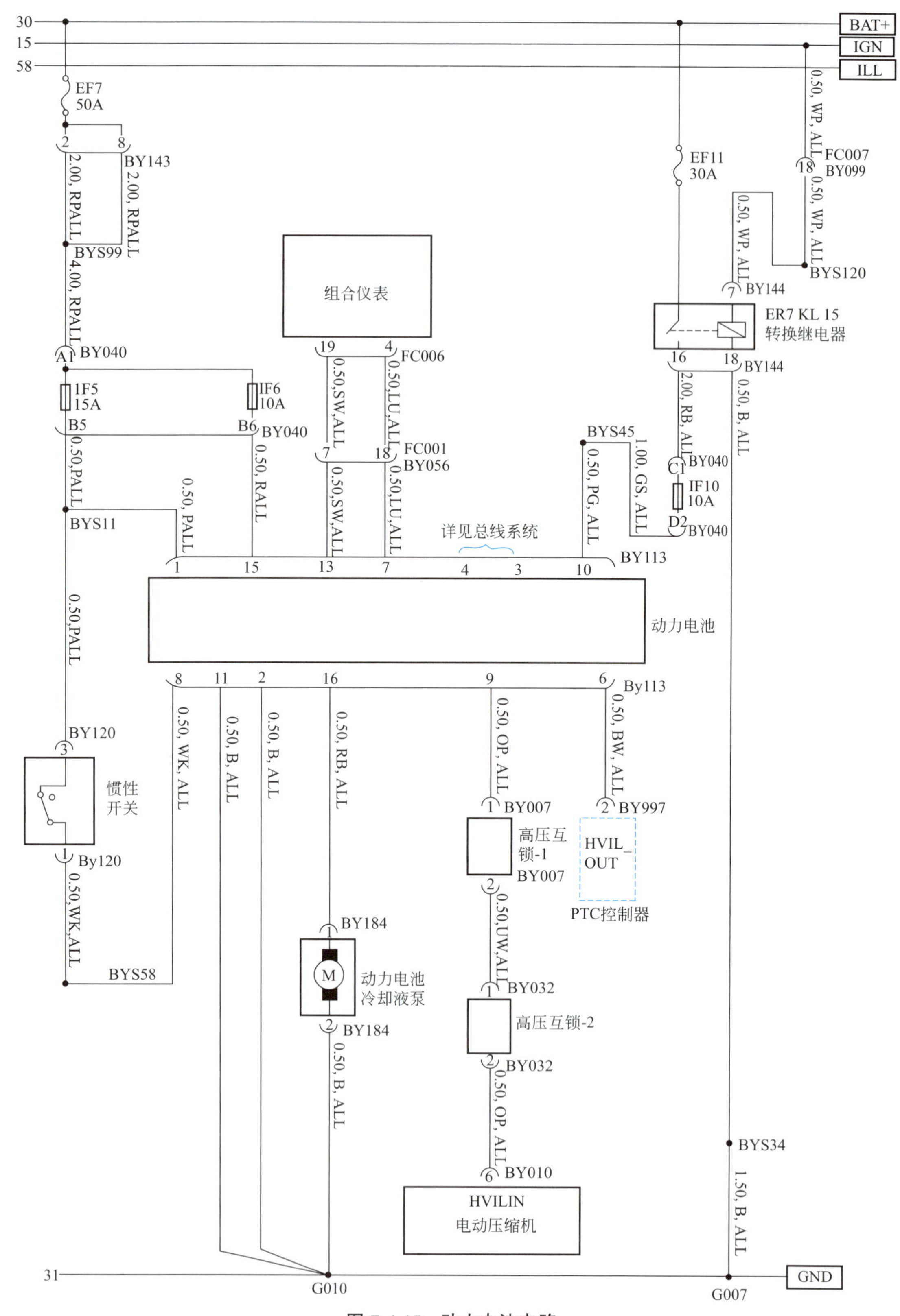

图 7-4-15　动力电池电路

（2）动力电池系统部件接口

① 动力电池包接口及插接件　如图 7-4-16 所示。

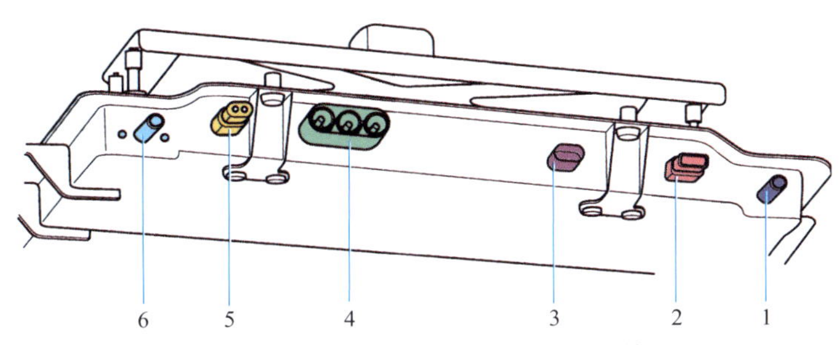

图 7-4-16　动力电池包接口及插接件

1—冷却液入口；2—低压插接件（整车低压插接件 BY113）；3—低压插接件（充电低压插接件 BY115）；4—高压插接件（整车快充插接件）；5—高压插接件（车载充电插接件）；6—冷却液出口

② 整车低压插接件 BY113　见表 7-4-4。

表 7-4-4　整车低压插接件 BY113

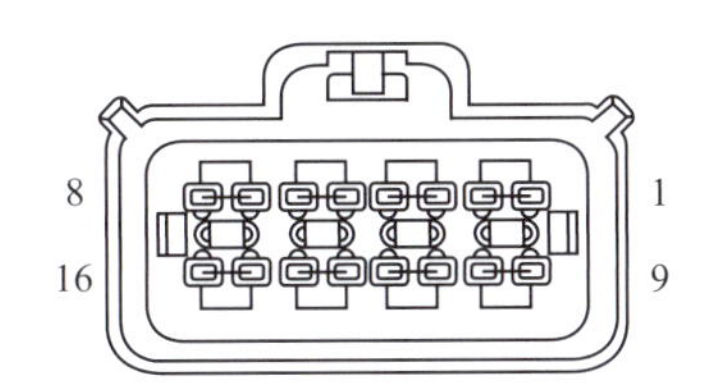

端子	定义	端子	定义
1	12V 低压供电正极（KL30）	9	主高压互锁线路源路
2	12V 低压供电负极接地（GND）	10	低压唤醒（KL15）
3	高速 CAN1 高电平	11	底盘接地
4	高速 CAN1 低电平	12	—
5	—	13	充电连接指示
6	主高压互锁线路回路	14	—
7	充电状态指示	15	动力电池冷却液泵供电电源
8	高压惯性开关	16	动力电池冷却液泵输出驱动

③ 充电低压插接件 BY115　见表 7-4-5。

表 7-4-5　充电低压插接件 BY115

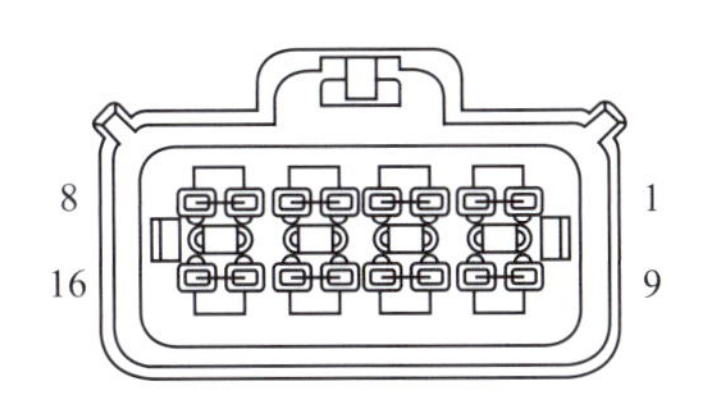

续表

端子	定义	端子	定义
1	车载充电器低压供电	9	—
2	车载和非车载低压供电接地	10	—
3	本地 CAN2 高电平（与车载充电器通信）	11	车载充电器连接线检测输入
4	本地 CAN2 低电平（与车载充电器通信）	12	非车载充电器连接线检测输入
5	—	13	本地 CAN1 高电平（与非车载充电器通信）
6	充电高压互锁线路回路	14	本地 CAN1 低电平（与非车载充电器通信）
7	充电高压互锁线路源路	15	—
8	车载充电器低压唤醒	16	非车载充电器低压唤醒

④ 高压惯性开关　如果车辆发生碰撞或突然冲击，其撞击加速度达到一定值时，会触发高压惯性开关打开，自动切断高压供电系统。组合仪表显示动力系统切断警告。此时车辆无法正常启动。经过排除故障，确认安全后才可进行复位操作。

高压惯性开关位于手套箱右后方，固定于右侧 A 柱车身上。高压惯性开关顶面上有一个重置按钮（图 7-4-17 中箭头标出），在拆下手套箱后，可以用手触摸到，按下按钮可使惯性开关复位。

车辆启动前必须保证高压惯性开关处于复位位置。

高压惯性开关插接件 BY120 如图 7-4-18 所示。

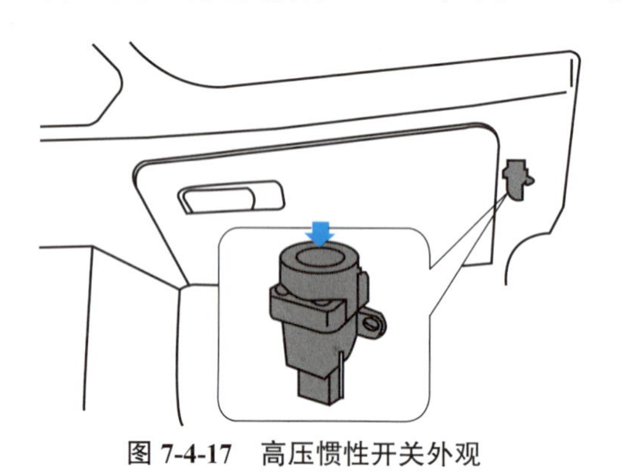

图 7-4-17　高压惯性开关外观

图 7-4-18　高压惯性开关插接件 BY120

1—控制端；2—未使用；3—电源端

（3）手动维修开关、惯性开关和动力电池的拆装

① 手动维修开关

a. 关闭点火开关，车辆静置 5min 以上才可进行拆卸作业。

b. 拆下动力电池负极电缆。

c. 打开中控台前部中控台饰板。

d. 拆下将中控台连接到中控台后盖板的螺钉，如图 7-4-19 所示。

e. 拆下将中控台后盖板固定到车底上的螺栓，如图 7-4-20 所示。

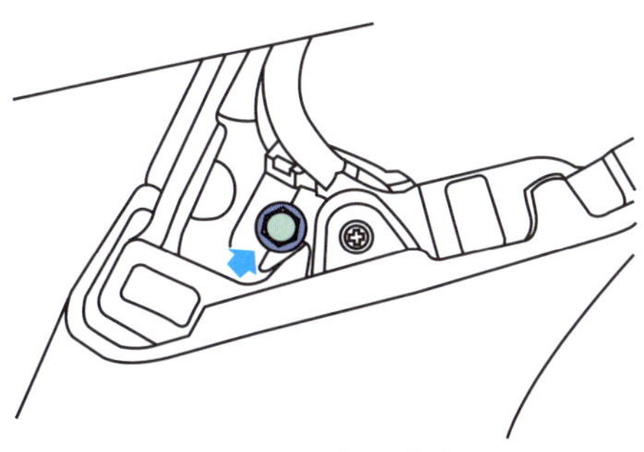

图 7-4-19　拆下螺钉

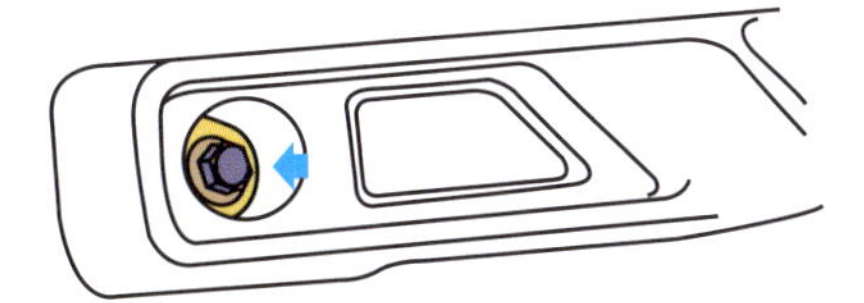

图 7-4-20　拆后盖板螺栓

f. 揭开保护材料，如图 7-4-21 所示。

g. 打开手动维修开关盖，如图 7-4-22 所示。

h. 取出手动维修开关，如图 7-4-22 所示。

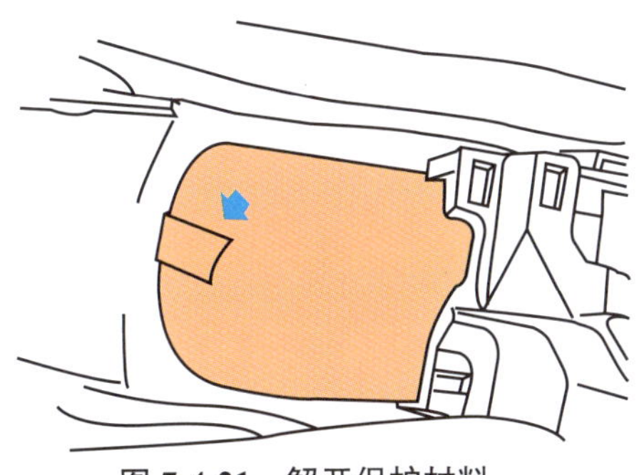

图 7-4-21　解开保护材料

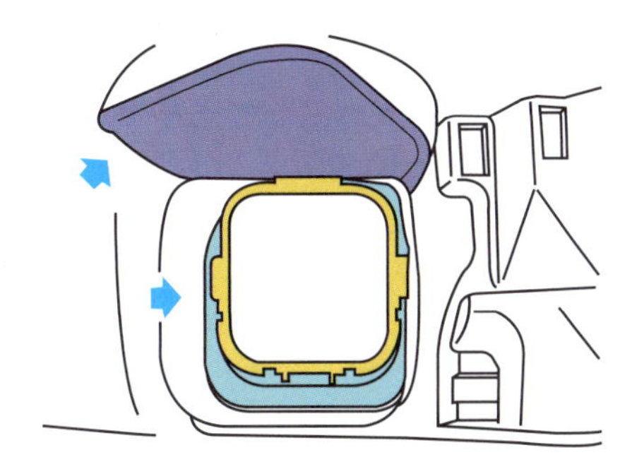

图 7-4-22　打开并取出手动维修开关

i. 使用手动维修开关替代保护盖盖住手动维修开关安装处，如图 7-4-23 所示。

安装按照与拆卸相反的顺序进行。

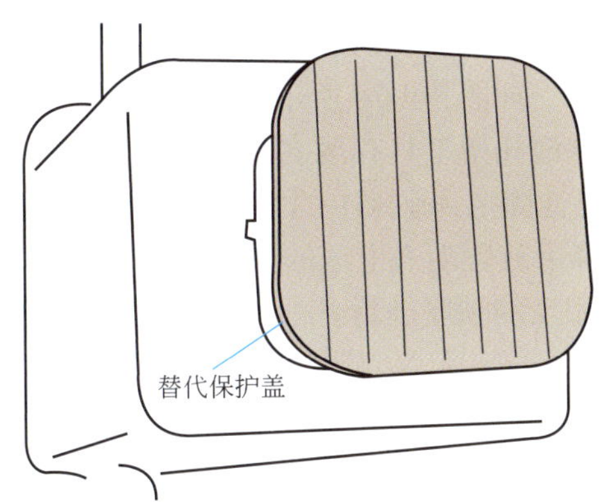

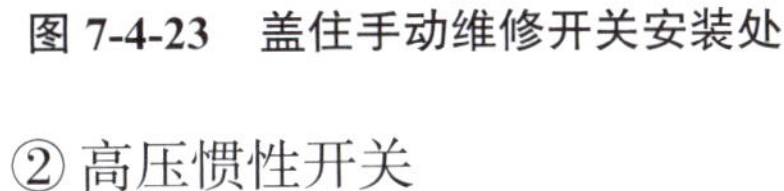

图 7-4-23　盖住手动维修开关安装处

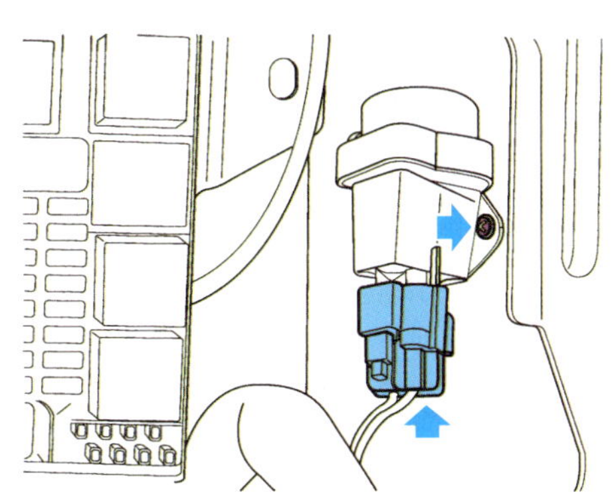

图 7-4-24　拆卸高压惯性开关

② 高压惯性开关

a. 关闭点火开关，车辆静置 5min 以上才可进行拆卸作业。

b. 断开动力电池负极电缆。

c. 拆下手动维修开关。

d. 拆下手套箱总成。

e. 断开高压惯性开关连接器的连接，如图 7-4-24 所示。

f. 拆下将高压惯性开关固定于 A 柱内侧下方的 2 个螺栓，如图 7-4-24 所示。

g. 取下高压惯性开关。

安装按照与拆卸相反的顺序进行。

③ 动力电池

a. 关闭点火开关，车辆静置 5min 以上才可进行拆卸作业。拆下动力电池负极电缆。拆下手动维修开关。在举升台上举升车辆。将动力电池冷却液排空。

b. 依次断开图 7-4-25 中动力电池上的冷却水入口管、整车低压连接器、充电低压连接器、整车快充连接器、车载充电连接器和冷却水出口管。

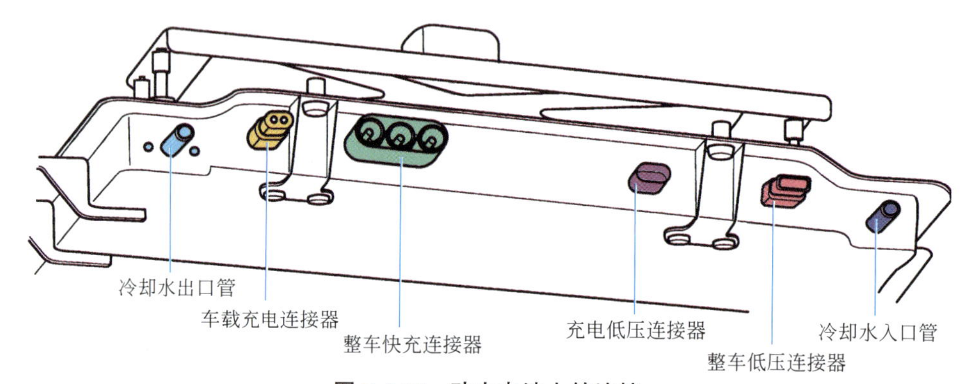

图 7-4-25　动力电池上的连接

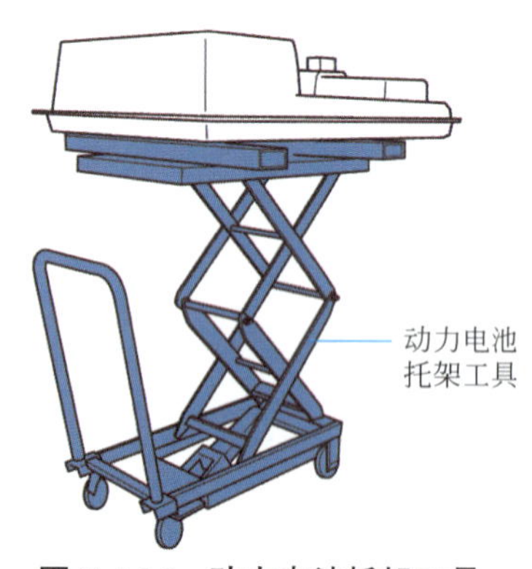

图 7-4-26　动力电池托架工具

c. 用万用表（直流电压挡，量程大于 400V）测量动力电池上高压插接器各端子间、端子与地之间，以及高压线束端高压插接器内的端子之间是否有高压电。如果电压为零，则可以继续拆解。

d. 使用动力电池托架工具，缓慢升起支撑平台，置于动力电池下方举升工位，如图 7-4-26 所示。

e. 继续抬升动力电池托架工具直至支撑平台与动力电池底部接触。拆下动力电池固定到车架上的 23 个螺栓。利用动力电池托架工具缓慢降下放置动力电池的支撑平台，并移走。

安装按照与拆卸相反的顺序进行。

7.4.3 充电系统

（1）组成与安装位置

充电系统由快充接口、慢充接口、慢充充电器以及相关线束组成，如图 7-4-27 所示，充电系统电路如图 7-4-28 所示。

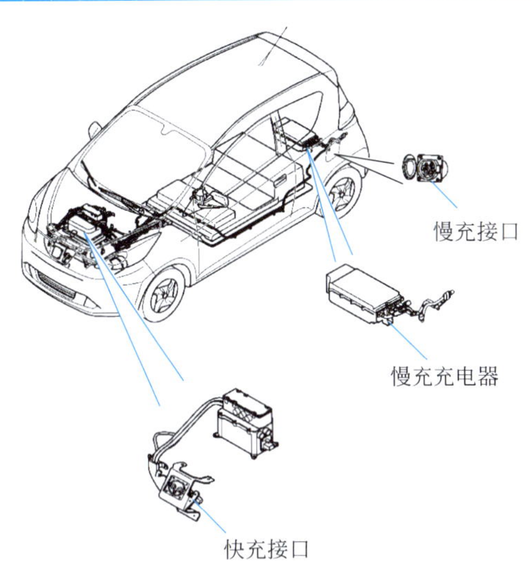

图 7-4-27　充电系统组成与安装位置

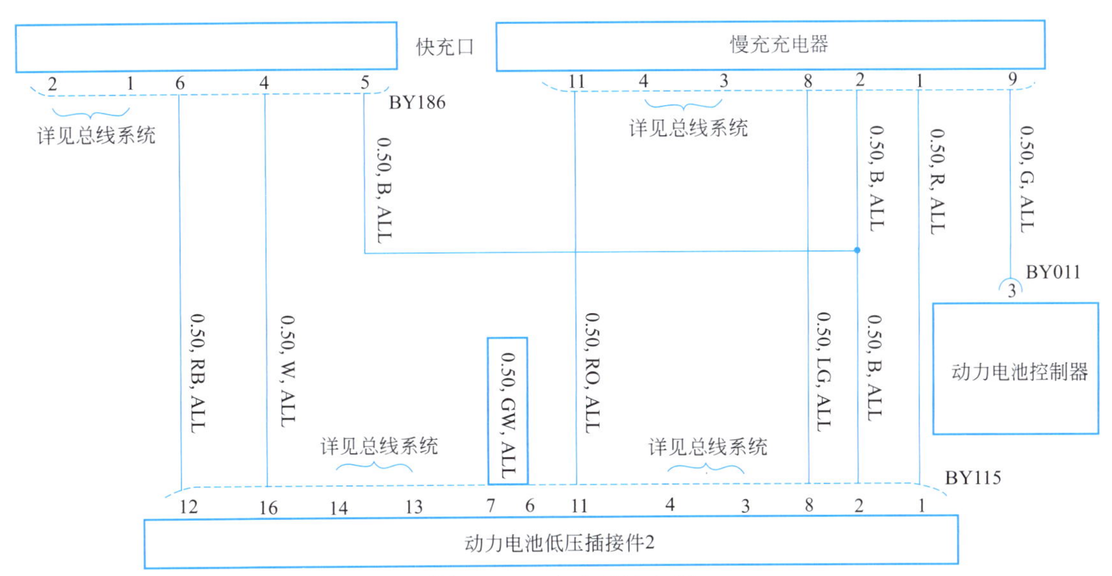

图 7-4-28　充电系统电路

快充接口与高压配电箱连接在一起，安装在水箱上横梁上，主要作为给动力电池快速补充电能的接口。直流充电桩的高压直流电通过此接口，给动力电池补充电能。

慢充接口与慢充充电器相连，固定在车身侧围（左）上，主要作为民用电供给慢充充电器的接口，将民用电的 220V 交流电，通过此接口提供给慢速充电器。

慢速充电线装配在行李厢的随车工具盒上，主要功能为将民用 220V 交流电引到交流充电口，同时，具有连接指示和交流电路过流保护功能。

（2）充电系统插接器

慢充充电器上的插接件如图 7-4-29 所示。

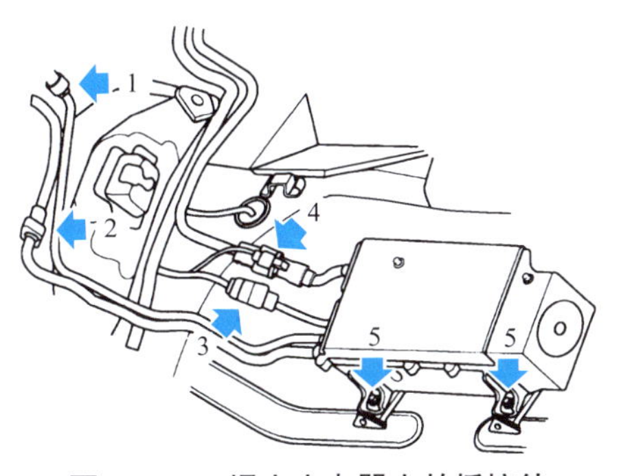

图 7-4-29　慢充充电器上的插接件

1—连接确认插接件；2—交流输入插接件；3—充电低压插接件 BY185；4—高压直流输出插接件；5—M8 螺栓

连接确认接插接件端子定义见表7-4-6，交流输入插接件端子定义见表7-4-7，高压直流输出插接件端子定义见表7-4-8，充电低压插接件BY185端子定义见表7-4-9。

表7-4-6　连接确认插接件端子定义

端子	定义	端子	定义
1	充电连接确认CC	2	控制确认CP

表7-4-7　交流输入插接件端子定义

端子	定义	端子	定义
1	高压交流L	4	—
2	—	5	保护接地PE
3	高压交流N		

表7-4-8　高压直流输出插接件端子定义

端子	定义	端子	定义
1	高压输出正	3	高压互锁信号
2	高压输出负	4	高压互锁信号

表7-4-9　充电低压插接件BY185端子定义

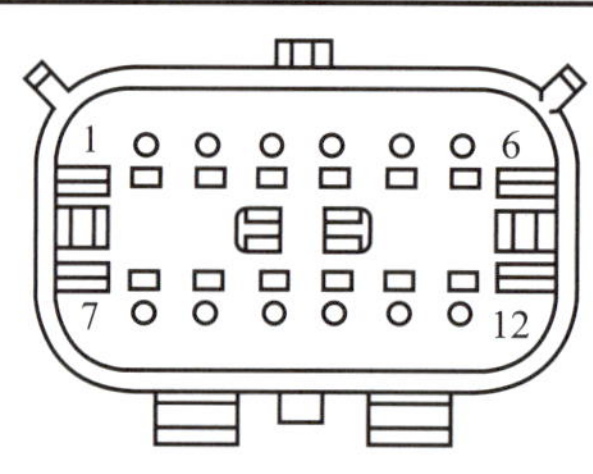

端子	定义	端子	定义
1	充电12V输出	7	—
2	充电器地线	8	动力电池控制系统唤醒
3	本地CAN2 H	9	低压电源管理单元唤醒
4	本地CAN2 L	10	—
5	本地CAN SHD	11	连接确认
6	—	12	—

（3）慢充接口和充电器的拆装

①慢充接口的拆装

a. 关闭点火开关，车辆静置5min以上，才可进行拆卸作业。拆下动力电池负极电缆。拆下手动维修开关。拆下左后侧围饰板。

b. 拆下连接慢充充电器线束低压插接件，如图7-4-30所示。

c. 拆下连接慢充充电器线束高压插接件，如图 7-4-31 所示。

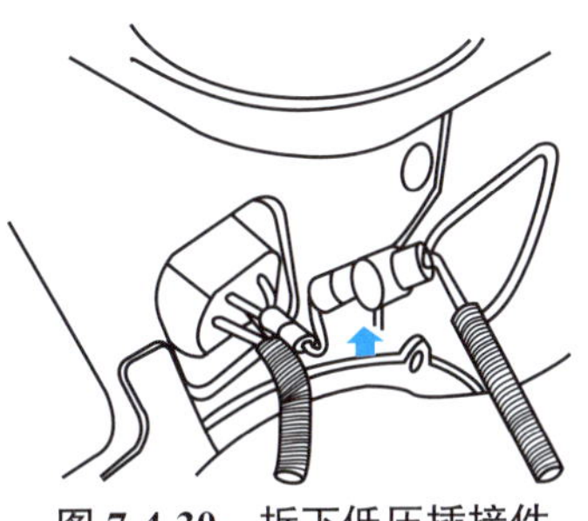

图 7-4-30　拆下低压插接件

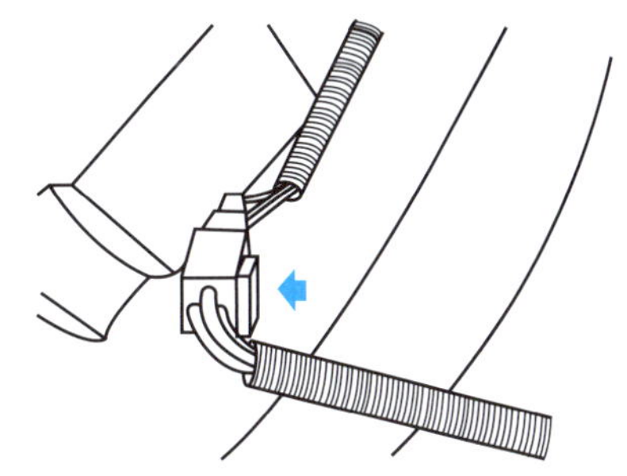

图 7-4-31　拆下高压插接件

d. 拆下慢速充电口固定到车身上的 4 个螺栓，如图 7-4-32 所示。

e. 将连接充电器线束的高压插接件和低压插接件从慢充小门的开孔处退出车身，如图 7-4-32 所示。

f. 拆下慢速接口。

安装按照与拆卸相反的顺序进行。

② 慢充充电器的拆装

a. 关闭点火开关，车辆静置 5min 以上，才可进行拆卸作业。拆下动力电池负极电缆。拆下手动维修开关。拆卸后衣帽架，拆卸后排座椅和座垫。

b. 拆下将后排座椅靠背中间枢轴支架固定到车身的 2 个螺栓，如图 7-4-33 所示。

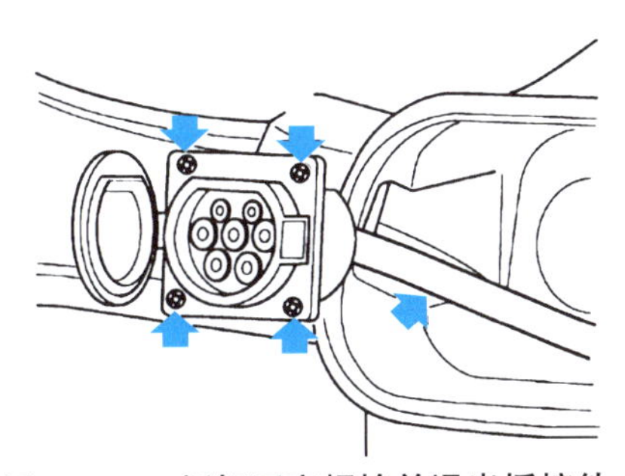

图 7-4-32　拆卸固定螺栓并退出插接件

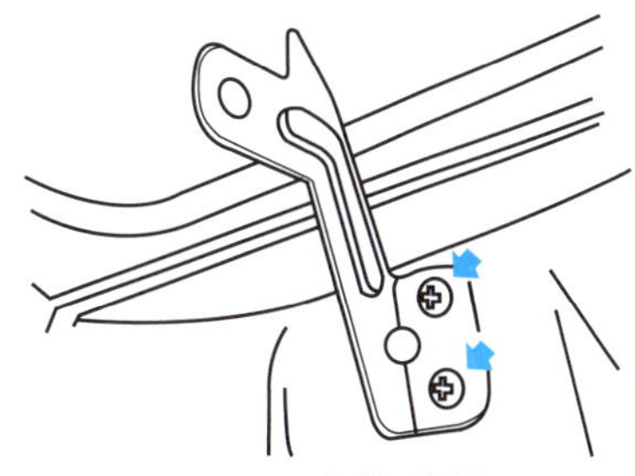

图 7-4-33　拆卸螺栓

c. 取出固定于行李厢尾部的装有交流充电线及拖车挂钩的随车工具盒。

d. 断开固定于慢充充电器一侧的连接确认插接件、交流输入插接件、充电低压插接件、高压直流输出插接件，并断开将慢充充电器固定于车身的 4 个螺栓，如图 7-4-34 所示。

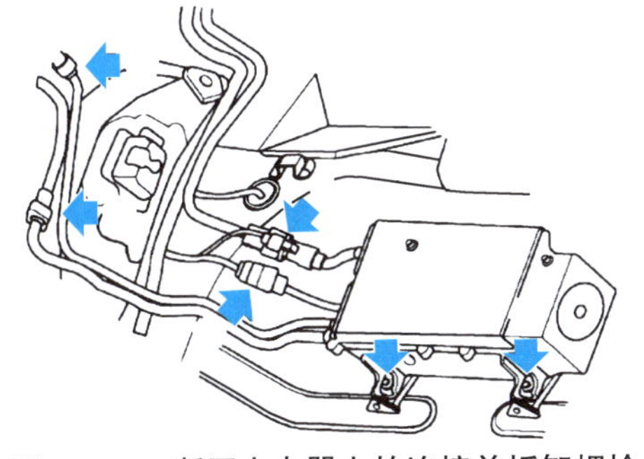

图 7-4-34　断开充电器上的连接并拆卸螺栓

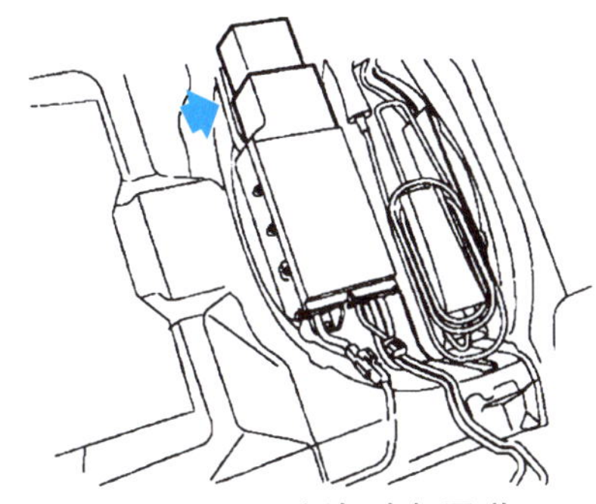

图 7-4-35　拆卸冷却风道

e. 拆卸固定于慢充充电器另一侧的冷却风道，如图 7-4-35 所示，并将慢充充电器从车身上取出。

安装按照与拆卸相反的顺序进行。

7.4.4 电动冷却系统

（1）系统组成

冷却系统分为两个独立的系统，分别是电力电子箱（电机控制器）/ 驱动电机冷却系统、动力电池冷却系统（ESS）。

冷却系统利用热传导的原理，通过冷却液在各个独立冷却系统回路中循环，使驱动电机、电力电子箱（电机控制器）和动力电池保持在最佳的工作温度。驱动电机冷却系统如图 7-4-36 所示，动力电池冷却系统如图 7-4-37 所示。

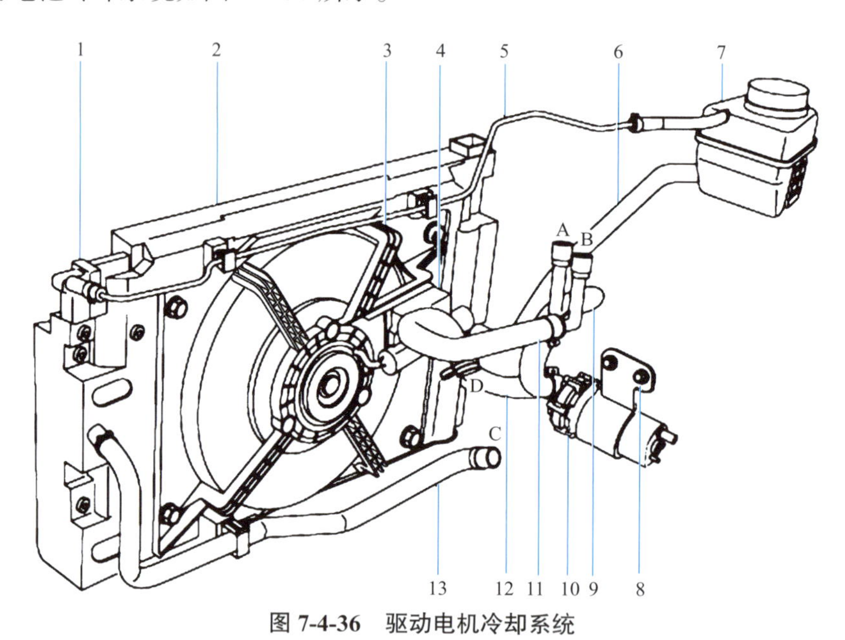

图 7-4-36 驱动电机冷却系统

1—散热器；2—冷却风扇罩；3—冷却风扇；4—冷却风扇低速电阻；5—散热器溢流管；6—软管（膨胀水箱到散热器）；7—膨胀水箱（驱动电机）；8—驱动电机冷却液泵安装支架；9—软管［电力电子箱（电机控制器）］；10—冷却液泵（驱动电机）；11—软管［电力电子箱（电机控制器）到驱动电机］；12—软管（冷却液泵到散热器）；13—软管（驱动电机到散热器）；A—电力电子箱（电机控制器）进液口；B—电力电子箱（电机控制器）出液口；C—驱动电机出液口；D—驱动电机进液口

（2）冷却原理

驱动电机冷却系统液流和动力电池冷却系统液流分别如图 7-4-38 和图 7-4-39 所示。

① 冷却液流　冷却系统利用传导原理，将热量从电力电子箱（电机控制器）/ 驱动电机组件传递到冷却液中，再传递到散热器上，通过冷却风扇吹动气流，将热量传递到大气中。当系统处于较低温度时，冷却液泵不工作。当温度上升后，冷却液泵工作，冷却液经软管流入散热器内，散热器将热量散发到空气中，使电力电子箱（电机控制器）/ 驱动电机组件保持最佳工作温度。

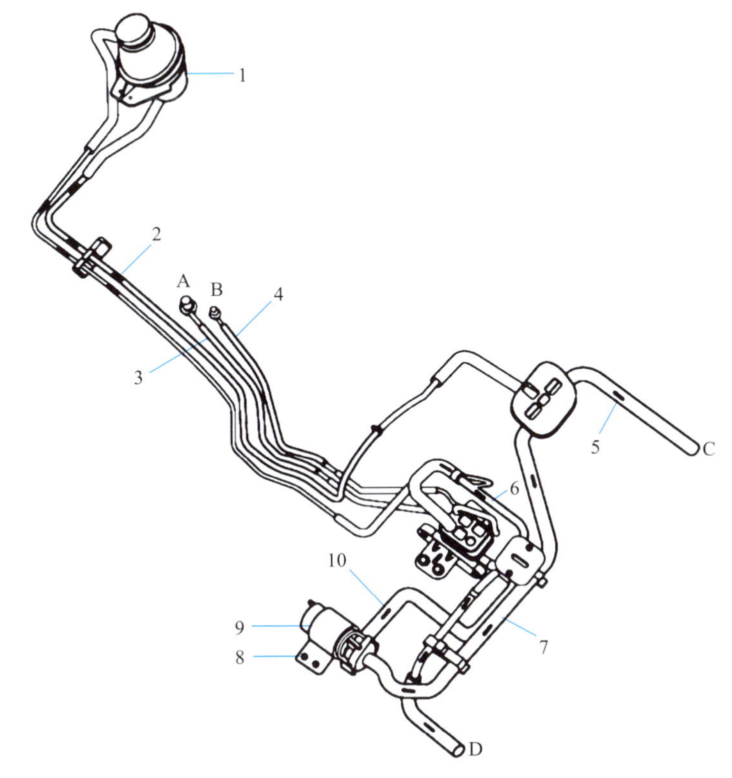

图 7-4-37 动力电池冷却系统

1—膨胀水箱（动力电池）；2—软管（膨胀水箱到冷却液管三通）；3—动力电池冷却器低压空调管；4—动力电池冷却器高压空调管；5—软管（动力电池到冷却水管三通）；6—软管（动力电池冷却器到动力电池）；7—软管（冷却液管三通到冷却液泵）；8—动力电池冷却液泵安装支架；9—冷却液泵（动力电池）；10—软管（冷却液泵到动力电池冷却器）；A—动力电池冷却器低压空调管接口；B—动力电池冷却器高压空调管接口；C—动力电池冷却液出液口；D—动力电池冷却液进液口

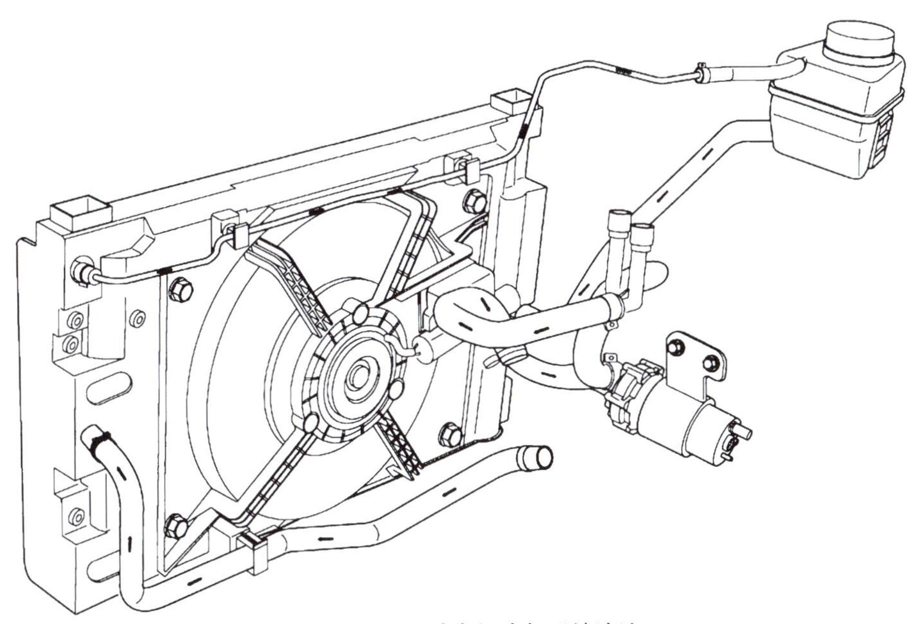

图 7-4-38 驱动电机冷却系统液流

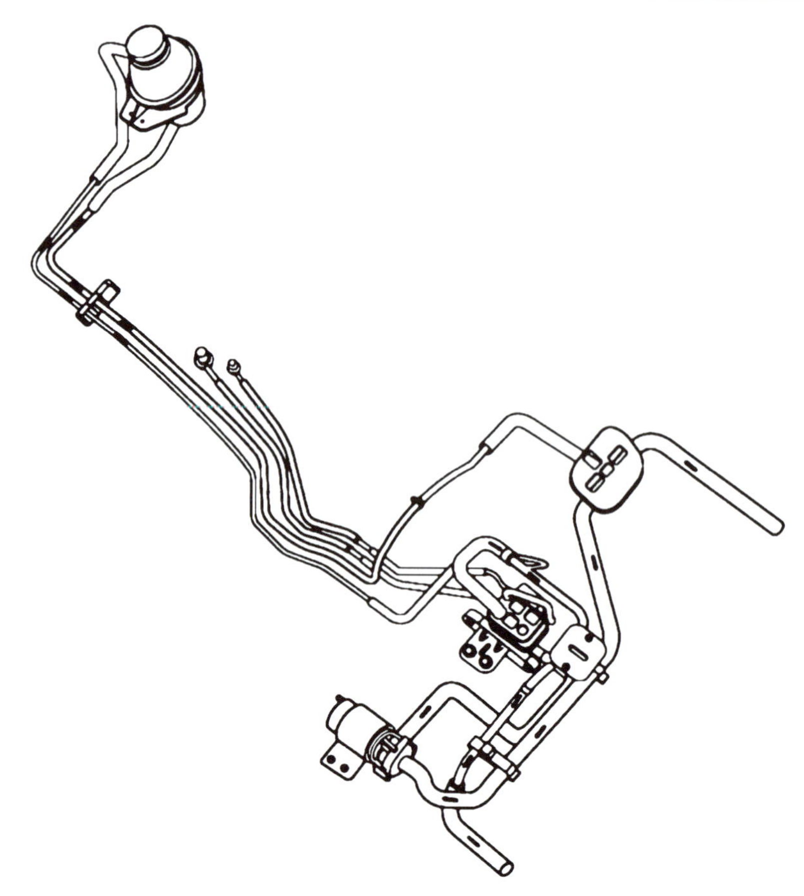

图 7-4-39　动力电池冷却系统液流

由热膨胀所产生的多余冷却液经散热器顶部的溢流管返回到膨胀水箱中，膨胀水箱同时消除冷却液中的气体。膨胀水箱由出液管连接到冷却液回路中，当循环冷却系统中冷却液冷却收缩或循环冷却系统中冷却液不足时，膨胀水箱中的冷却液会及时补充到循环系统中。

额定压力为 140kPa 的膨胀水箱盖将冷却系统与外界大气隔开，因而随着温度的升高冷却液膨胀，使冷却系统的压力随之升高。压力的升高增加了冷却液的沸点，可使电力电子箱（电机控制器）/驱动电机组件在更高、更有效的工作温度下运转，而没有冷却液沸腾的风险。冷却系统的增压有极限，因此膨胀箱盖上安装了卸压阀，在超过最大工作压力时，可释放冷却系统中过度的压力。

② 冷却风扇控制　冷却风扇受整车控制器控制。冷却风扇工作时，整车控制器控制风扇驱动模块使冷却风扇以 20% ～ 90% 占空比范围内的 8 个挡位的速度工作，满足不同的冷却负荷要求。

冷却风扇开启条件：冷却风扇开启取决于空调和电力电子箱（电机控制器）冷却液温度这两个重要因素。当空调开启或电力电子箱（电机控制器）冷却液温度高于 52℃时，冷却风扇开始工作。

冷却风扇停止工作条件：如果电力电子箱（电机控制器）冷却液温度低于 65℃，并且空调关闭，冷却风扇停止工作。

点火开关关闭，空调关闭，电力电子箱（电机控制器）冷却液温度高于 65℃，冷却风扇继续工作，如果环境温度低于 10℃，冷却风扇会工作 30s，环境温度高于 10℃，冷却风扇会工作 60s。

③ 电力电子箱（电机控制器）/ 驱动电机冷却系统控制　电力电子箱（电机控制器）的工作温度不能超过 75℃，最合适的工作温度应低于 65℃。将温度控制在 75℃以下可以更好地延长电力电子箱（电机控制器）和驱动电机的使用寿命。

电力电子箱（电机控制器）开始工作时，电动冷却液泵会立即打开，冷却液温度传感器向 ETC 提供温度信号。

④ ESS（动力电池冷却系统）泵控制 / 冷却循环控制　动力电池控制器负责控制电动冷却液泵。电动冷却液泵会在动力电池温度上升到 32.5℃时开启，在温度低于 27.5℃时关闭。动力电池控制器发出要求动力电池冷却器膨胀阀关闭和冷却液泵运转的信号。

空调控制器收到来自动力电池控制器的膨胀阀电磁阀开启信号要求，空调控制器首先打开动力电池冷却器膨胀阀的电磁阀，并向电动空调压缩机发出启动信号。动力电池最适宜温度为 20 ～ 30℃。

正常工作时，当动力电池的冷却液温度在 30℃以上时，空调控制器会限制乘客舱制冷量，冷却液温度在 48℃以上，空调控制器会关闭乘客舱制冷功能，但除霜模式除外。空调控制器只控制冷却液温度。动力电池控制器控制冷却液与动力电池控制器动力电池内部的热量交换。

⑤ 快速充电冷却必要条件　当车辆进入快充模式时，空调控制器会被网关模块唤醒，此时动力电池冷却系统进入正常工作状态。

7.4.5 整车控制系统

（1）安装位置和系统组成

整车控制系统具有以下功能。

① 进行制动与加速即驾驶员意图分析，依据动力系统部件状态协调动力系统输出动力。

② 动力模式管理。监控车辆状态，获取动力电池状态并根据当前车辆动力状态监控电动空调的运行。

③ 制动能量回收。滑行或减速时，进行制动能量回收，制动能量通过驱动电机转化为电能储存到动力电池中。

④ 辅助功能。冷却风扇控制、12V 电能的管理、仪表显示、换挡锁止的释放、快速充电下的辅助功能等。

整车控制器安装位置和组成框图分别如图 7-4-40 和图 7-4-41 所示。

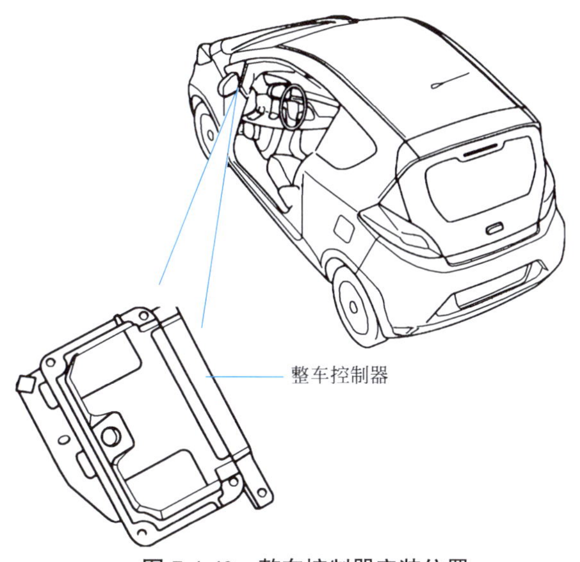

图 7-4-40　整车控制器安装位置

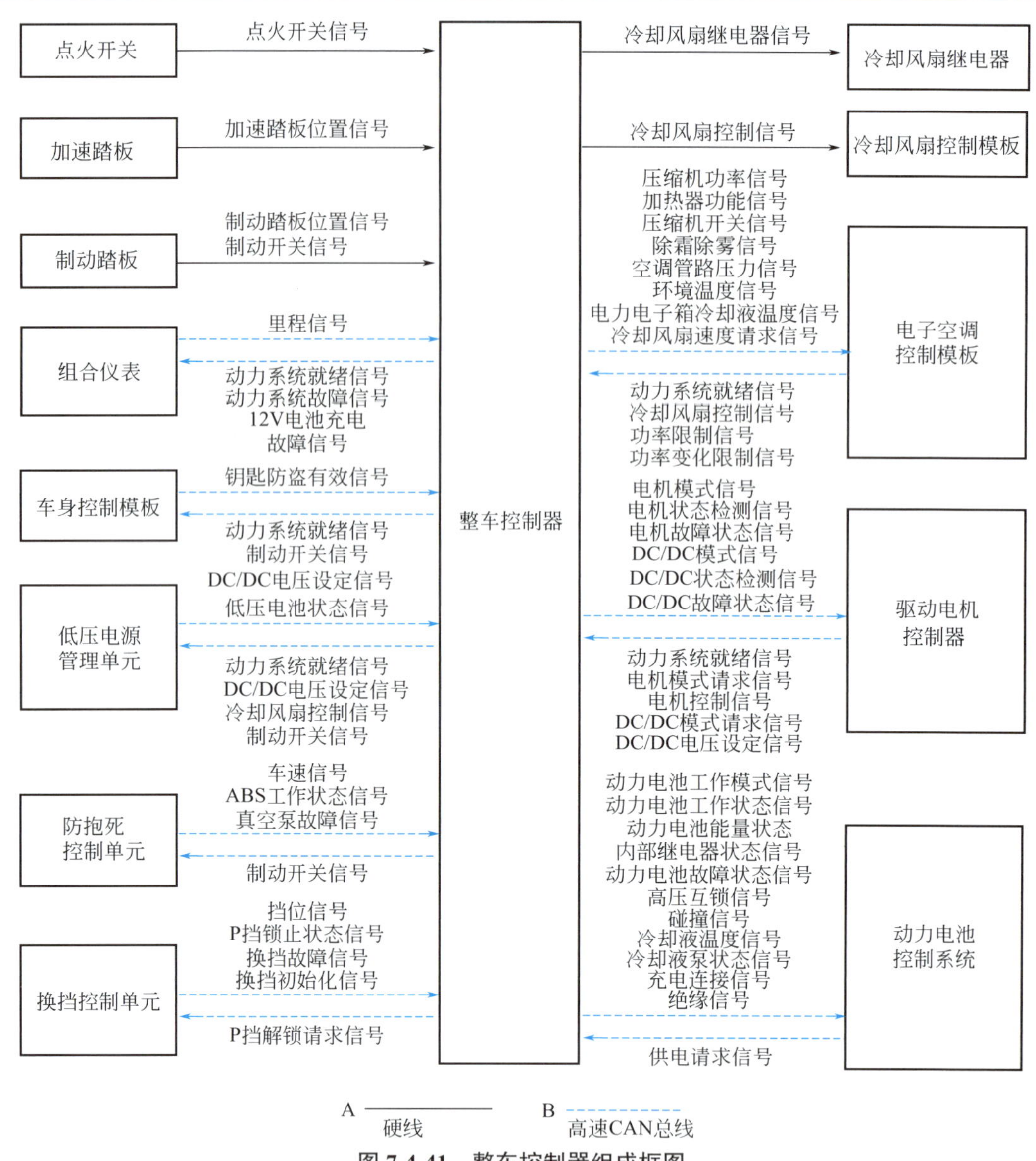

图 7-4-41　整车控制器组成框图

（2）整车控制器端子信息

整车控制器（VCU）用于行车控制，安装于车辆左前围板下板上。VCU 插接件 BY013 端子信息见表 7-4-10。

表 7-4-10　整车控制器端子信息

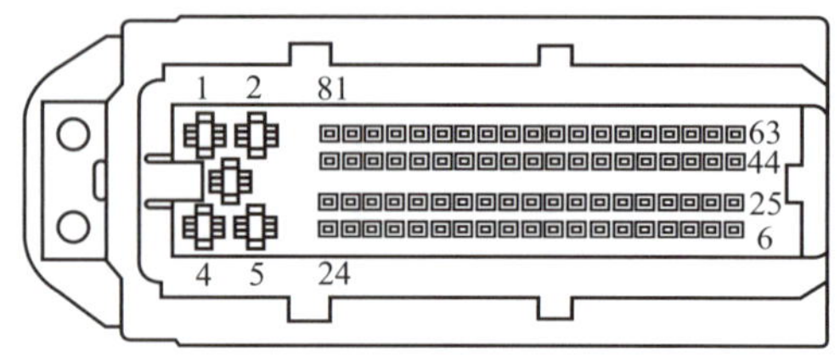

续表

端子	定义	端子	定义
1	整车控制器接地（GND）	46～52	—
2	整车控制器接地（GND）	53	制动踏板位置传感器信号
3	整车控制器接地（GND）	54	—
4	整车控制器供电（B+）	55	高速 CAN2 高电平（HS CAN2 H）
5	整车控制器供电（B+）	56	高速 CAN2 低电平（HS CAN2 L）
6	整车控制器供电（IGN）	57～63	—
7～11	—	64	制动踏板位置传感器和加速踏板位置传感器 1 接地（GND）
12	整车控制器供电（ST）	65	加速踏板位置传感器 2 接地（GND）
13，14	—	66	—
15	加速踏板位置传感器 1 信号	67	制动踏板开关信号
16	加速踏板位置传感器 2 信号	68	—
17	高速 CAN1 低电平（CAN1 L）	69	制动踏板开关接地（GND）
18	高速 CAN1 高电平（CAN1 H）	70	—
19～25	—	71	制动踏板位置传感器和加速踏板位置传感器 1 接地（GND）
26	制动踏板位置传感器和加速踏板位置传感器 1 供电（+5V）	72	—
27	加速踏板位置传感器 2 供电（+5V）	73	制动踏板位置传感器和加速踏板位置传感器 1 接地（GND）
28～38	—	74	加速踏板位置传感器 2 接地（GND）
39	冷却风扇信号	75	加速踏板位置传感器 2 接地（GND）
40～44	—	76～81	—
45	冷却风扇继电器		

7.4.6 高压配电系统

高压配电系统组成如图 7-4-42 所示。

（1）高压配电箱

高压配电箱位于前舱中，固定在电力电子箱（电机控制器）和高压配电箱托盘之上，主要作用是将动力电池的高压电分配给各高压用电设备，同时对电动空调压缩机和 PTC 加热器高压回路起过流保护作用。

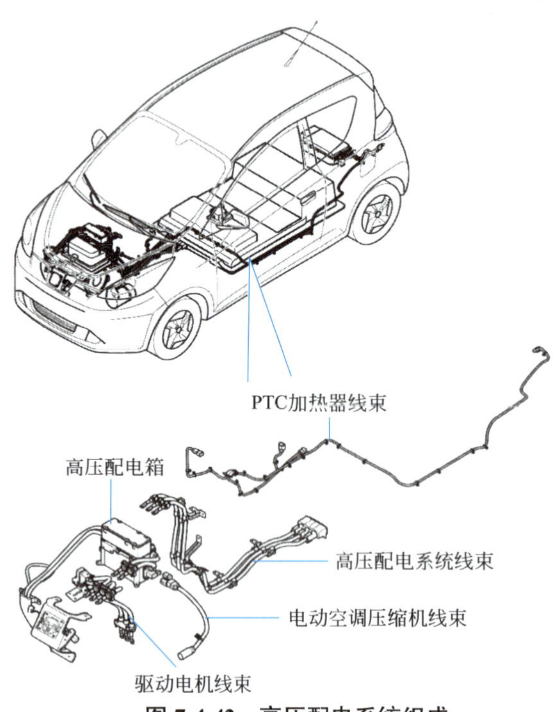

图 7-4-42　高压配电系统组成

（2）高压配电系统线束

高压配电系统线束位于车身底板下，连接动力电池和高压配电箱，主要功能是将动力电池的直流电引到高压配电箱上。

（3）电动空调压缩机线束

电动空调压缩机线束位于前舱中，连接高压配电箱和电空调压缩机，主要作用是将高压配电箱上的高压直流电引给电动空调压缩机。

（4）PTC 加热器线束

PTC 加热器线束从乘客舱车身前围处穿到前舱和底板下，主要作用是连接高压配电箱和 PTC 加热器，将高压配电箱的高压直流电引给 PTC 加热器，连接慢充充电器和动力电池，将慢充充电器的直流电传给动力电池。

（5）驱动电机线束

驱动电机线束位于前舱，连接电力电子箱（电机控制器）和驱动电机，主要功能是将电力电子箱（电机控制器）上的三相交流电提供给驱动电机。

7.4.7 暖风、通风与空调系统

（1）空调系统特点与组成

新能源汽车空调系统最大的特点就是使用了电动空调压缩机，暖风系统采用了 PTC 加热器。其他与传统汽车空调系统相同。空调系统组成如图 7-4-43 所示，暖风与通风系统组成如图 7-4-44 所示。

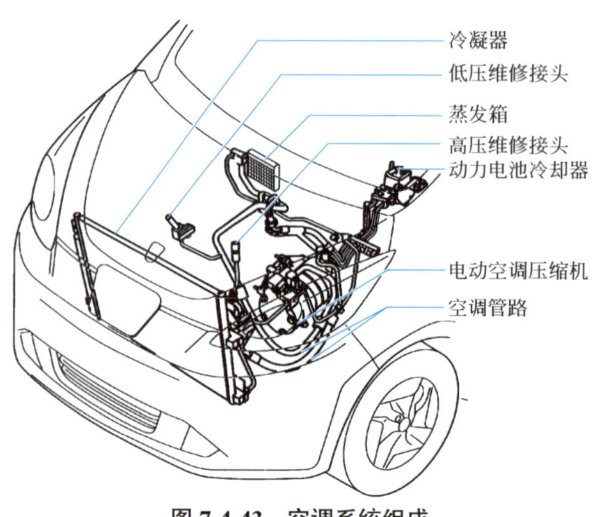

图 7-4-43　空调系统组成

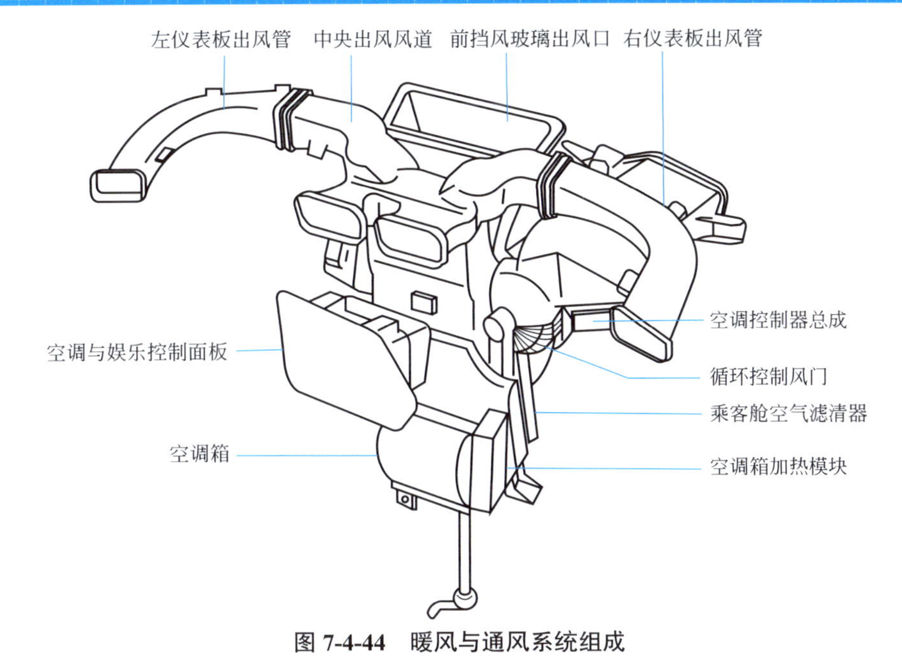

图 7-4-44　暖风与通风系统组成

（2）电动空调压缩机的拆装

① 回收空调系统制冷剂。

② 断开动力电池负极。

③ 拆下动力电池盒支架。

④ 拆下前舱熔丝盒。

⑤ 断开电动空调压缩机高压线束。

⑥ 断开电动空调压缩机低压控制连接器，如图 7-4-45 所示。

⑦ 分别拆下 2 个将空调管路固定到电动空调压缩机上的螺栓（图 7-4-45），从电动空调压缩机上松开空调管路，并废弃掉密封圈。

⑧ 在举升机上举升车辆，拆卸底部导流板。

⑨ 拆下将电动空调压缩机固定到安装支架上的 3 个螺栓，如图 7-4-46 所示。

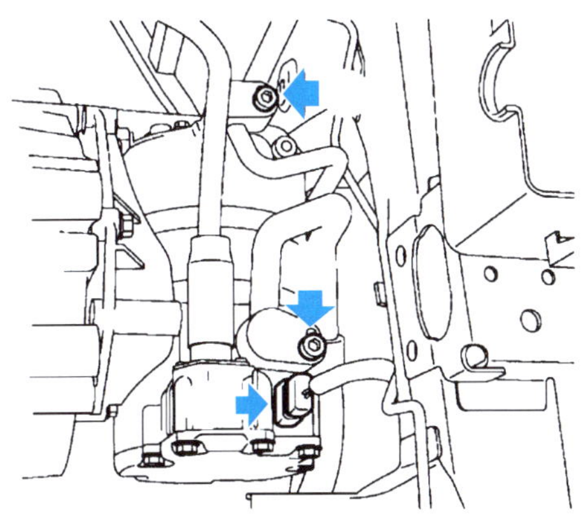

图 7-4-45　断开线束并松开管路

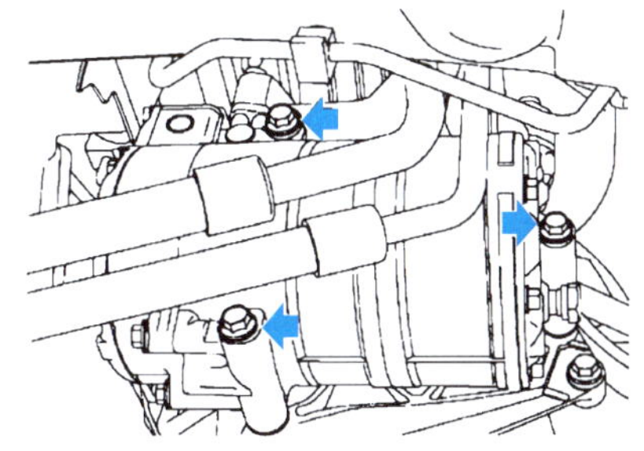

图 7-4-46　拆卸固定螺栓

⑩ 在机舱内移动电动空调压缩机并取出电动空调压缩机。

安装按与拆卸相反的顺序进行。

7.4.8 转向系统

新能源汽车转向系统普遍采用了 EPS 电控转向系统，不再采用由发动机驱动的动力转向泵，而是直接使用 EPS 助力电机产生助力。

转向系统部件布置如图 7-4-47 所示，动力转向机分解图如图 7-4-48 所示。

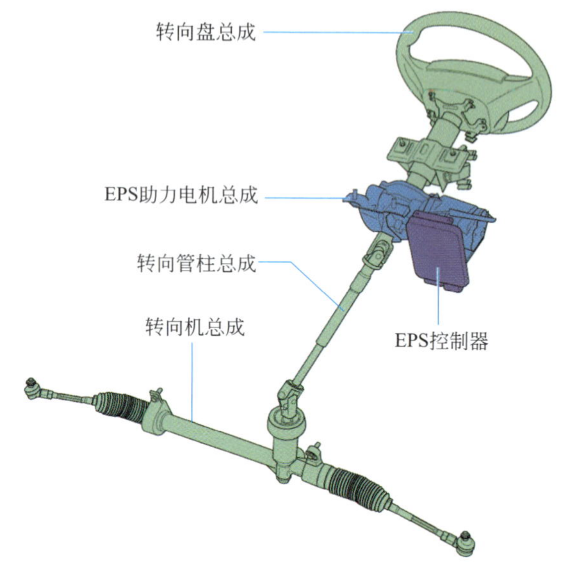

图 7-4-47 转向系统部件布置

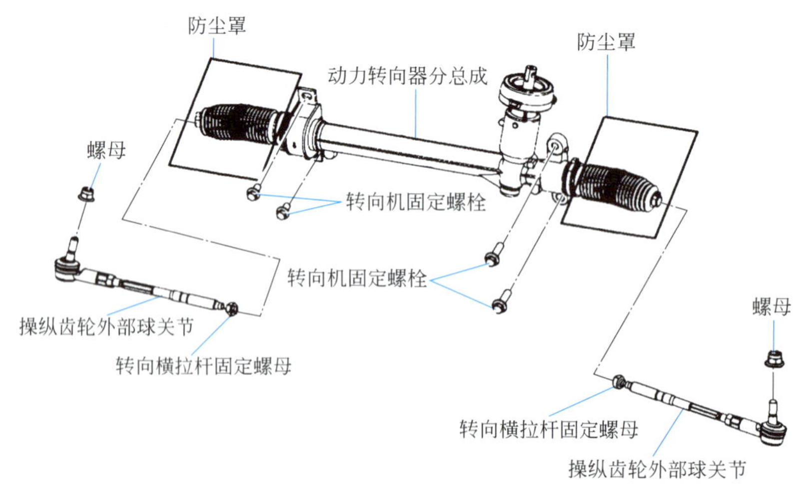

图 7-4-48 动力转向机分解图

7.4.9 制动系统

新能源汽车由于发动机是按需工作或没有装配发动机，所以为制动系统助力装置提供真空源的装置就换成了电动真空泵。在装配有智能启停装置的传统燃油汽车上也普遍采用电动真空泵提供真空，以避免发动机停止运转无法提供真空，造成制动系统工作异常。

制动液压系统布局如图 7-4-49 所示。

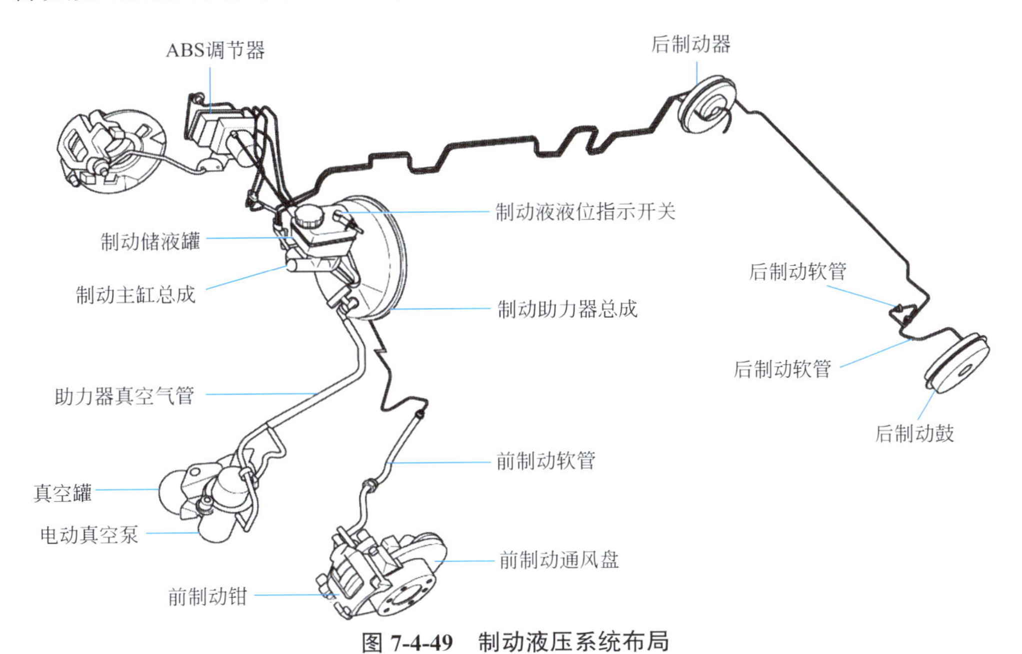

图 7-4-49 制动液压系统布局

制动系统控制部件布置如图 7-4-50 所示。

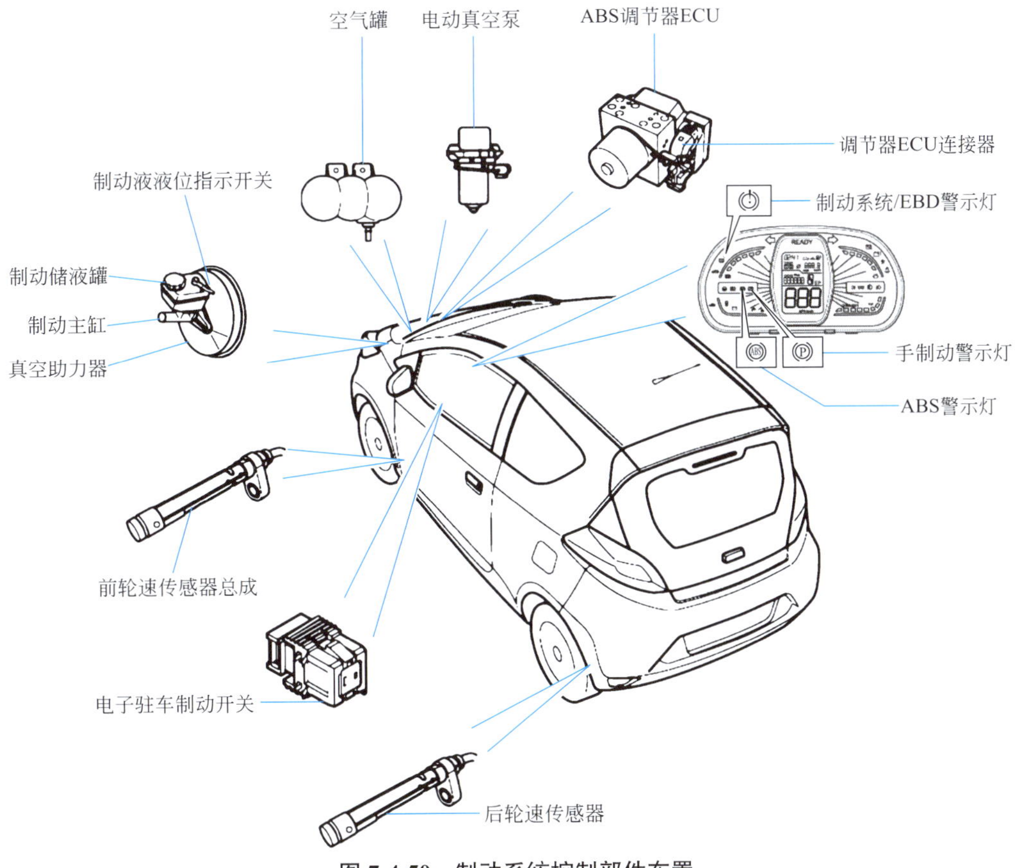

图 7-4-50 制动系统控制部件布置

7.5 广汽 GA3S-PHEV 插电式增程电动汽车

7.5.1 概述

广汽 GA3S-PHEV 插电式增程电动汽车是以传祺 GA3S 为原型开发，采用 130kW 的永磁同步电机驱动，搭载 11kW·h 的锂电子电池。在纯电动模式下整车可以行使 60km，在动力电池电量不足时通过车载增程器给动力电池充电，车辆总续驶里程大于 600km。克服了纯电动汽车续驶里程短的缺点。整车动力充沛，0 ～ 100km 加速为 8.9s，最高车速可达 180km/h，同时油耗仅为 1.4L/100km，与同级的传统汽车相比油耗大幅降低。

广汽 GA3S-PHEV 插电式增程电动汽车系统组成如图 7-5-1 所示。

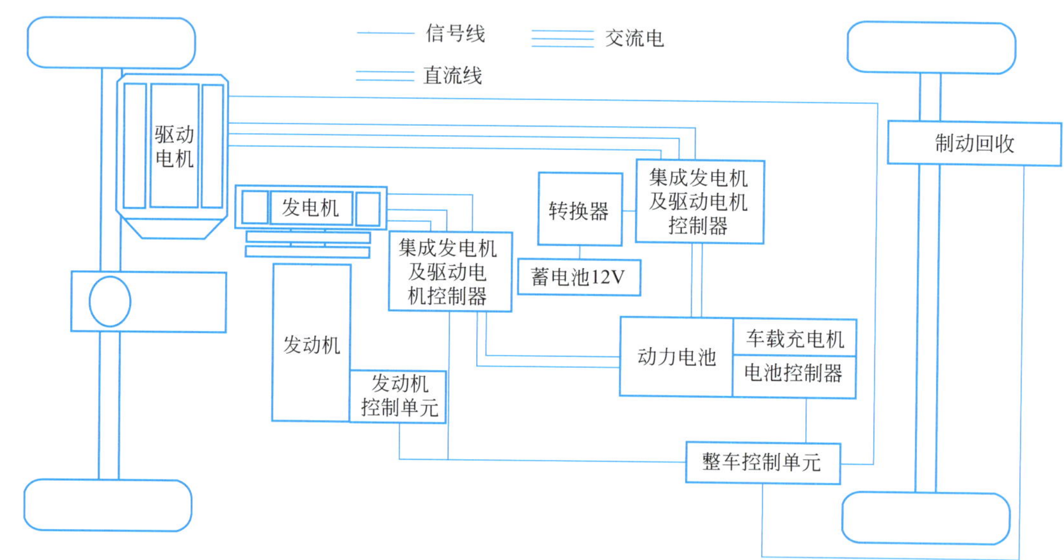

图 7-5-1 广汽 GA3S-PHEV 插电式增程电动汽车系统组成

7.5.2 工作模式

广汽 GA3S-PHEV 插电式增程电动汽车在必要时发动机可以通过离合器的接合参与动力传递，这样就形成了纯电动、增程模式、混动驱动和能量回收四种工作模式，见表 7-5-1。

表 7-5-1 广汽 GA3S-PHEV 插电式增程电动汽车工作模式

工况	工作原理	图示
纯电动	动力电池电量充足，发动机停止工作，动力电池直接提供能源给驱动电机，电机驱动车辆行驶	

续表

工况	工作原理	图示
增程模式	动力电池电量低于整车控制要求，发动机启动带动增程发电机给动力电池充电	
混动驱动	离合器接合后，如果车辆驱动功率需求很大，则发动机和驱动电机共同驱动车辆行驶	
能量回收	当车辆制动时，驱动电机回收能量，向动力电池充电，既可增加制动力效果，又可进行能量回收	

7.5.3　主要系统组件

（1）整车 CAN 总线

GA3S-PHEV 整车主要有四路 CAN：P-CAN（高速 CAN，ABS 等高速通信）、E-CAN（新能源系统专用 CAN）、B-CAN（低速 CAN，音响等通信）、A-CAN（B-CAN 的辅助 CAN），如图 7-5-2 所示。

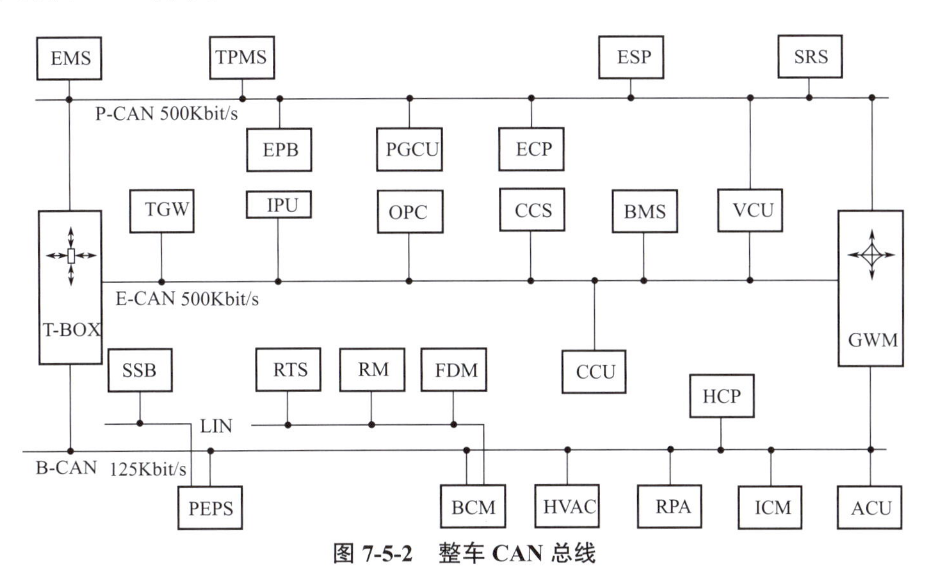

图 7-5-2　整车 CAN 总线

（2）整车控制器

整车控制器作为电动汽车的核心部件，负责实现整车控制策略，协调各子系统工作，是电动汽车的控制中枢，如图 7-5-3 所示，各零部件功能见表 7-5-2。

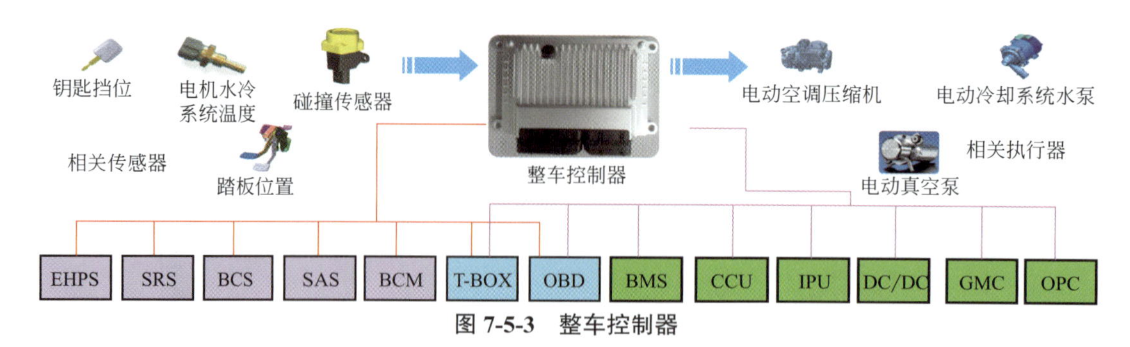

图 7-5-3　整车控制器

表 7-5-2　整车控制器各零件功能

零件名称	缩写	功能	零件名称	缩写	功能
电子控制动力转向系统	EHPS	控制电磁阀的开度，从而满足高、低速时的转向助力要求	动力电池控制器	BMS	检测动力电池状态，控制动力电池输入 / 输出
安全气囊	SRS	被动安全性保护系统，与座椅安全带配合使用，为乘员提供防撞保护	整车控制器	VCU（HCU）	接收整车高压 / 低压附件信号，对整车进行控制
车身控制系统	BCS	控制 ABS/ESP	机电耦合系统控制器	CCU	检查 GMC 油压 / 油温，通过控制电磁阀实现离合器吸合 / 断开
半主动悬架	SAS	通过传感器感知路面状况和车身姿态，改善汽车行驶平顺性和稳定性的一种可控式悬架系统	电机控制器	IPU	控制驱动电机和发电机
车身控制模块	BCM	设计功能强大的控制模块，实现离散的控制功能，对众多用电设备进行控制	直流直流转换器	DC/DC	将动力电池内高压直流电转化为 12V，供低压用电设备使用
远程监控系统	T-BOX	行车时实时上传整车信号至服务器，实现对车辆进行实时动态监控	机电耦合系统	GMC	内置 TM、ISG、差速器，实现整车动力输出
车载诊断系统	OBD	诊断整车故障状态	低压油泵控制器	OPC	辅助控制 GMC 内部冷却油流动

（3）发动机

GA3S-PHEV 配备 1.5L 四缸直列阿特金森发动机，在增程模式下带动发电机发电，为整车提供能量。在高速混动模式下，参与驱动车辆前进，为整车提供充沛动力。

该发动机配备双顶置凸轮轴、16 气门，燃油供给装置采用多点电子控制燃油喷射方式，配备 OBD 车载故障诊断系统。发动机外观如图 7-5-4 所示，发动机主要性能参数见表 7-5-3。

表 7-5-3　发动机主要性能参数

参数	数值
排量	1495mL
发动机型号	4A15K2
气缸数量 / 每气缸气门数	4/4
额定功率 / 转速	71kW/5500r/min
最大转矩 / 转速	120N・m/2500 ～ 5000r/min
最大净功率 / 转速	71kW/5500r/min
最大净转矩 / 转速	120N・m/2500 ～ 5000r/min
怠速稳定转速	（1000±50）r/min（空调关闭） （1200±50）r/min（空调启动）
点火顺序	1-3-4-2
缸径	75mm
行程	84.6mm
压缩比	13 ：01
辛烷值	92 号或以上
排放水平	国Ⅴ
自诊断	是
电子油门	是
三元催化转换器	是
空燃比控制调节	是
凸轮轴传动方式	链条

图 7-5-4　发动机外观

（4）机电耦合系统

GA3S-PHEV 采用 1.5L 阿特金森发动机和机电耦合系统（GMC）。GMC 将发电机、驱动电机、离合器、传动齿轮以及差速器集成为一体；该方案采用发动机与发电机同轴、双电机并排布置的结构，单速比传动，通过离合器的控制实现纯电动、增程、混动等多种模式。GMC 结构如图 7-5-5 所示。

① 工作模式

a. 纯电动模式：离合器处于分离状态，发动机和发电机不工作，驱动电机工作，能量全部来源于动力电池，该模式用于动力电池 SOC 高于一定值时，如图 7-5-6（a）所示。

b. 低速增程模式：离合器处于分离状态，发动机启动，驱动发电机发电，驱动电机驱动车辆行驶，该模式用于 SOC 较低时的低速行驶工况，如图 7-5-6（b）所示。

c. 高速增程模式：离合器接合，发动机输出动力部分驱动发电机发电，部分输出与驱动电机动力速器合，最后输出到差速器，驱动车辆行驶，该模式用于 SOC 较低时的高速行驶工况，如图 7-5-6（c）所示。

各模式执行部件和使用条件见表 7-5-4。

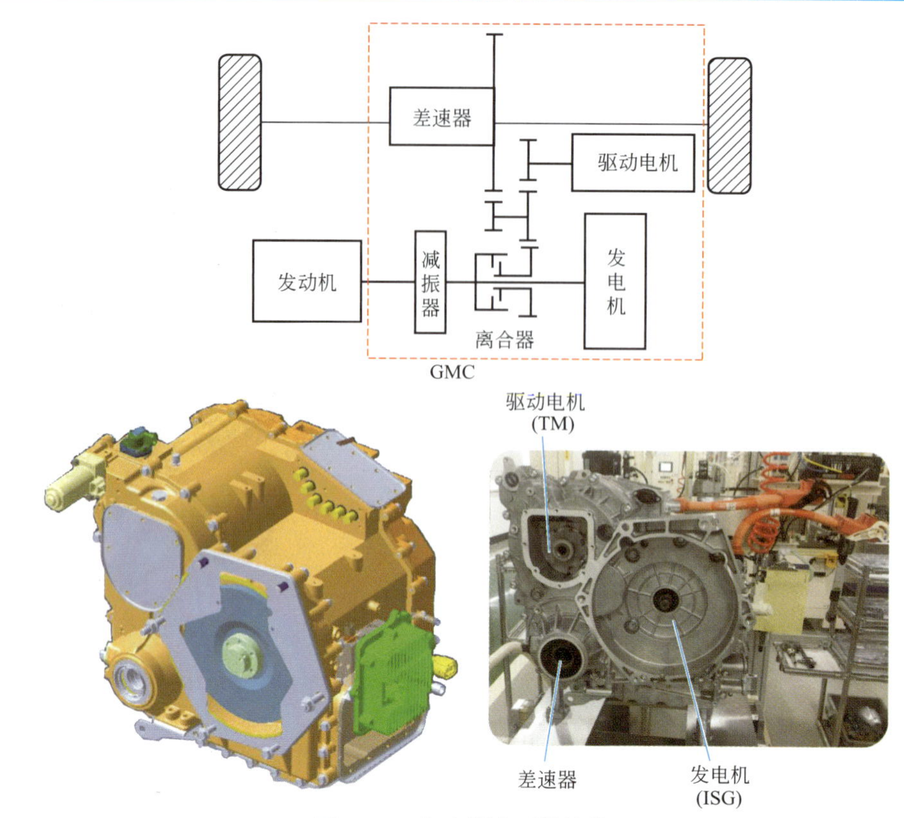

图 7-5-5　机电耦合系统结构

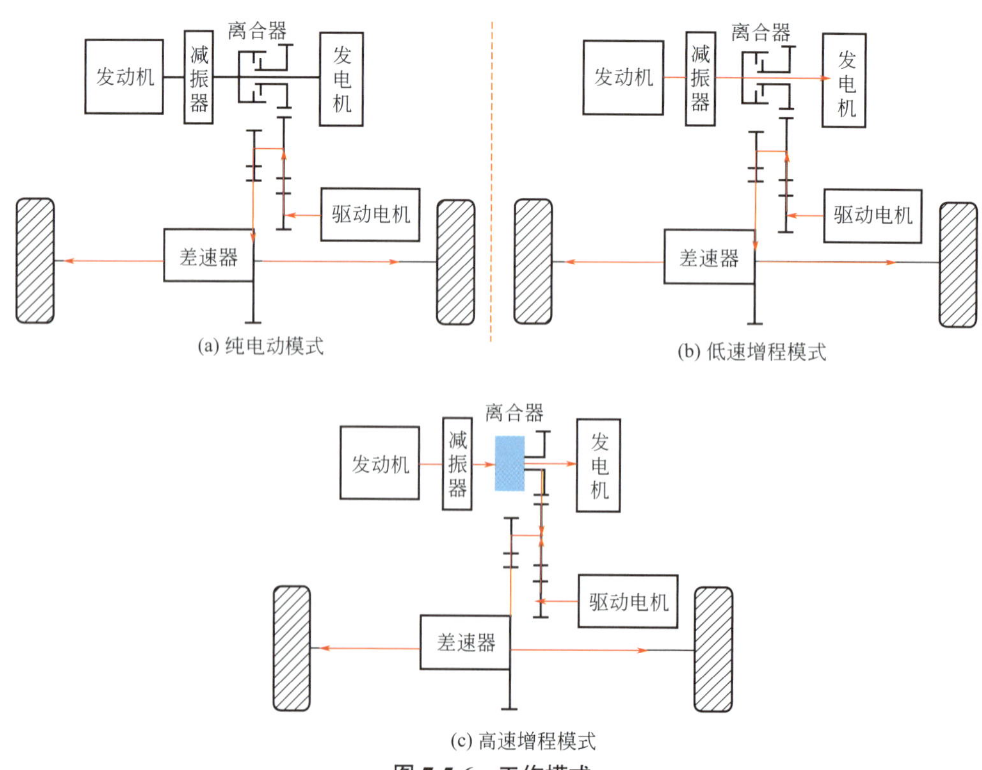

图 7-5-6　工作模式

表 7-5-4　各模式执行部件和使用条件

模式	执行部件				使用条件	
	发动机	发电机	驱动电机	离合器	SOC	车速
纯电动模式	—	—	驱动	分离	高	低
低速增程模式	发电	发电	驱动	分离	低	低
高速增程模式	驱动 + 发电	发电	辅助驱动	接合	低	高

② 零部件功能　如图 7-5-7 和表 7-5-5 所示。

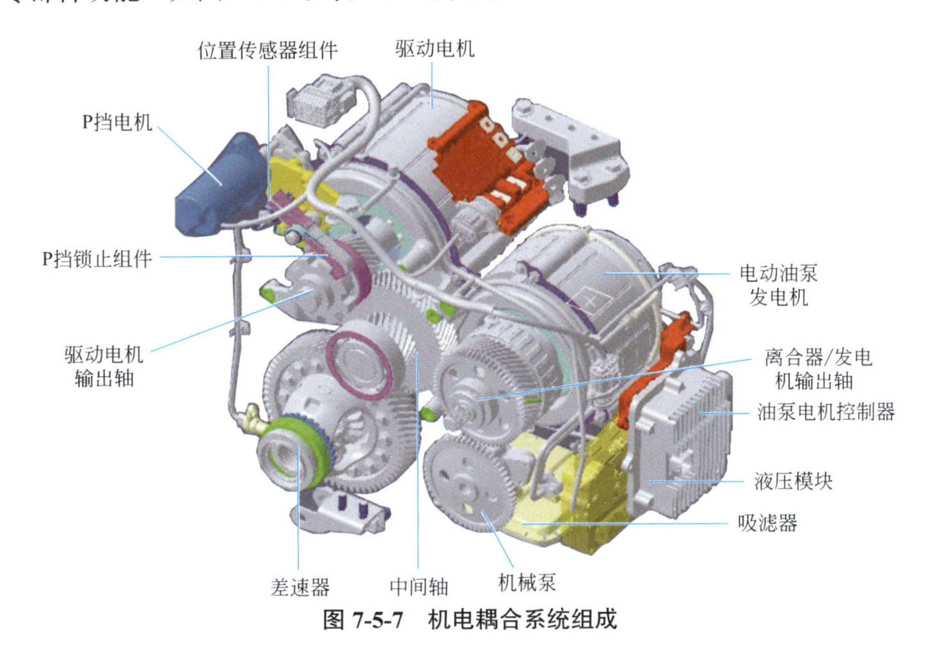

图 7-5-7　机电耦合系统组成

表 7-5-5　机电耦合系统零部件功能

产品类型	功能描述
液压模块	实现油压的控制、液压流量的分配
电动油泵	液压系统油源，为系统供油
吸滤器	过滤油液
机械泵	液压系统油源，为系统供油
P 挡电机	P 挡机构通过锁止驱动电机输出轴，实现 P 挡驻车
离合器	通过控制离合器的接合与分离，控制发动机动力是否输出到车轮参与驱动，从而实现驱动模式的切换
传动系统	实现将驱动电机、发动机动力耦合输出到驱动轴

③ 驱动电机和发电机　GMC 集成的电机包括驱动电机和发电机，采用油冷技术；双电机采用并排布置；发电机由发动机驱动给动力电池充电或为驱动电机供电；驱动电机经传动系统驱动车辆行驶。驱动电机和发电机的关系如图 7-5-8 所示，两者的实际安装关系和参

数分别如图 7-5-9 和表 7-5-6 所示。

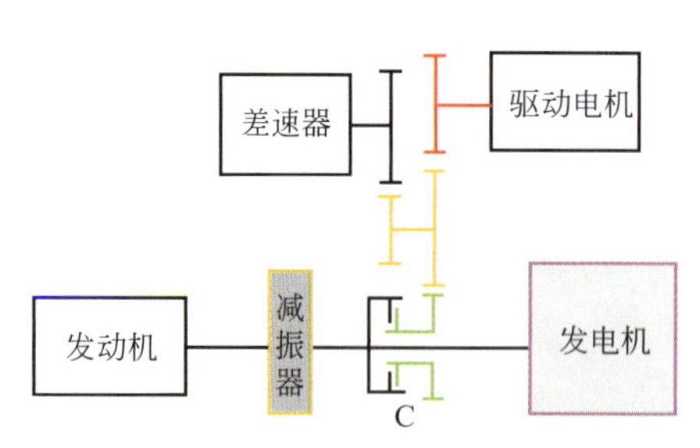

图 7-5-8　驱动电机和发电机的关系

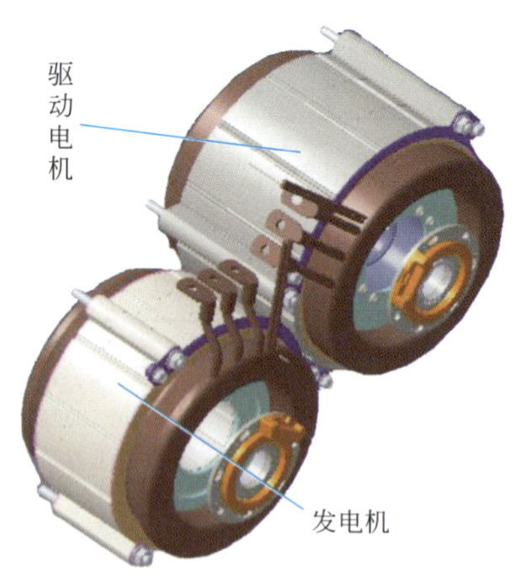

图 7-5-9　驱动电机和发电机安装关系

表 7-5-6　参数

驱动电机	额定 / 峰值功率	55 kW /120 kW
	额定 / 峰值转矩	120 N・m /280 N・m
	最高转速	12000r/min
发电机	额定 / 峰值功率	50kW/70kW
	额定 / 峰值转矩	100 N・m /120 N・m
	最高转速	7000 r/min

电机工作电压范围为 220 ～ 460V，瞬时电流为 350A。对人体非常危险，所以对电机系统进行维护及返修时，务必断开电池系统高压维修开关，并等待 5min 后，戴好绝缘劳保用品后再进行相关操作。

④ 传动系统　实现将驱动电机、发动机动力耦合输出到驱动轴；P 挡机构通过锁止驱动电机输出轴，实现 P 挡驻车；当配置离合器时，中间轴大齿轮同时与驱动电机输出轴齿轮和离合器从动齿轮啮合；当无离合器时，发动机无动力输出到传动系统。

⑤ 离合器　位于扭转减振器与发电机之间，为湿式多片离合器。离合器主动部分与输入轴相连，从动部分与中间轴齿轮相连，离合器与输入轴及轴承组成离合器组件（图 7-5-10）。通过控制离合器的接合与分离，控制发动机动力是否输出到车轮参与驱动，从而实现驱动模式的切换。

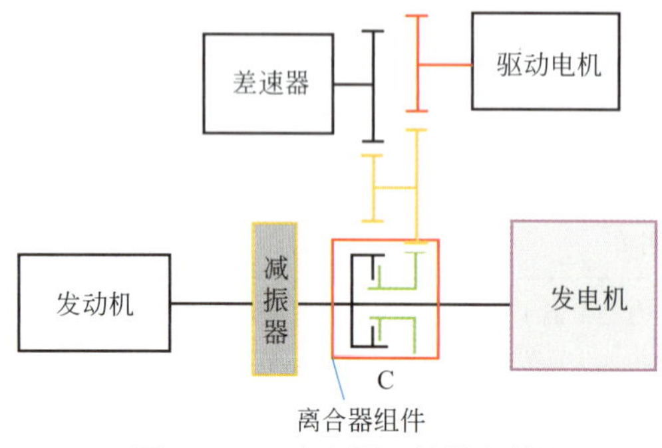

图 7-5-10　离合器组件的安装位置

⑥ 液压系统　系统功能：离合器接合压力控制；离合器冷却润滑；发电机 / 电机定子与转子的冷却润滑；齿轴系统润滑。系统主要零部件及其功能如图 7-5-11、图 7-5-12 和表 7-5-7 所示。

图 7-5-11

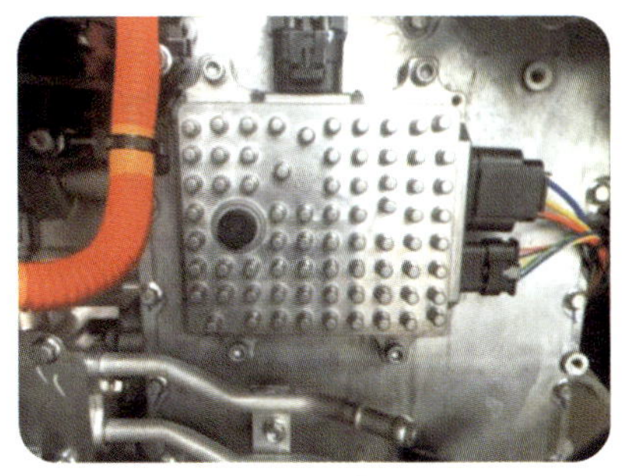

图 7-5-12　油泵电机控制器

表 7-5-7　液压系统主要零部件功能

主要零部件	功能描述
液压模块	按照 GMC 其他元件（如电机、离合器等）的需求实现油压的控制、液压流量的分配
电动油泵	液压系统油源，为系统供油，包括油泵电机、泵体和油泵电机控制器
吸滤器	过滤油液
机械泵	液压系统油源，为系统供油

⑦ 机电耦合系统控制器　安装位置如图 7-5-13 所示。其功能如下：通过控制电子油泵建立主回路油压和流量；通过控制电磁阀调节电机冷却流量；根据油压传感器和转速反馈，通过控制电磁阀实现离合器的分离与接合；监控系统的油压和油温。

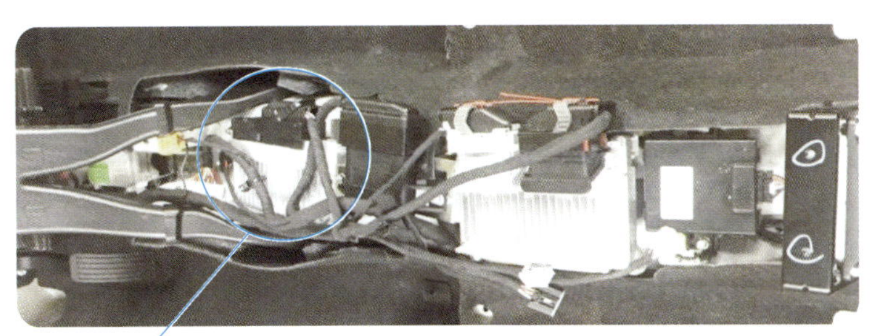

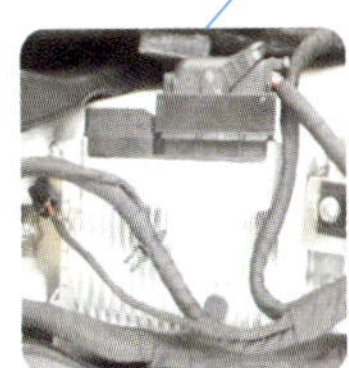

图 7-5-13　机电耦合系统控制器安装位置

⑧ 附件、线束　除以上主要子系统外，还有大量壳体附件、标准件、线束插接件等

零部件，如图 7-5-14 所示。

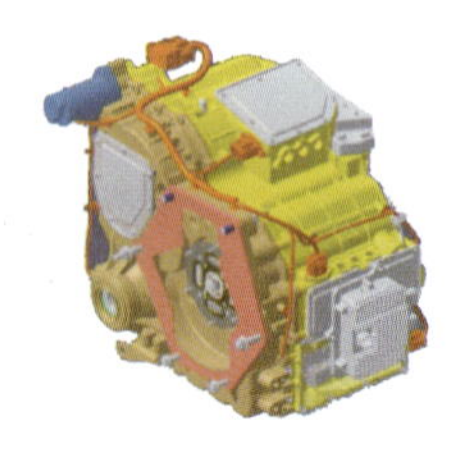

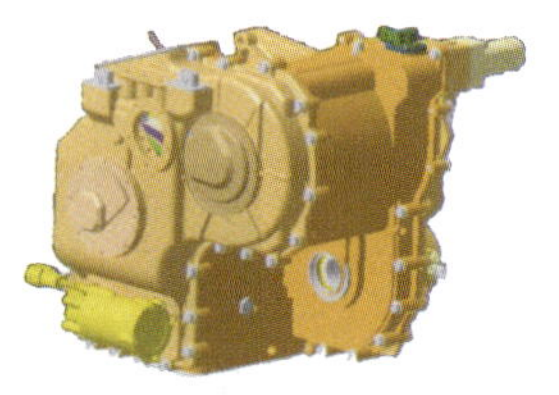

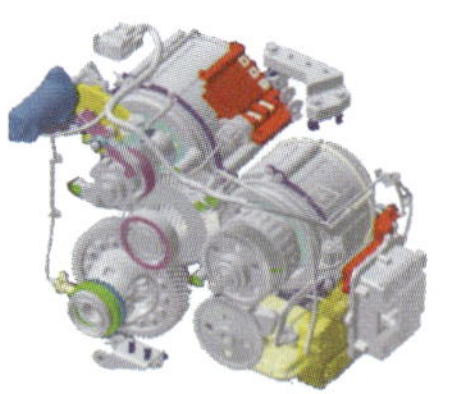

图 7-5-14　附件、线束

（5）电机控制器

电机控制器是集成了 ISG、TM 及 DC/DC 的控制器，包括控制电路、功率驱动单元、DC/DC、高低压插接件、内部线束和所有相关的软硬件等。电机控制器作为发电机和驱动电机的控制器，集成了 DC/DC，是一款双电机控制器。其安装位置和外观如图 7-5-15 和图 7-5-16 所示，技术参数见表 7-5-8。

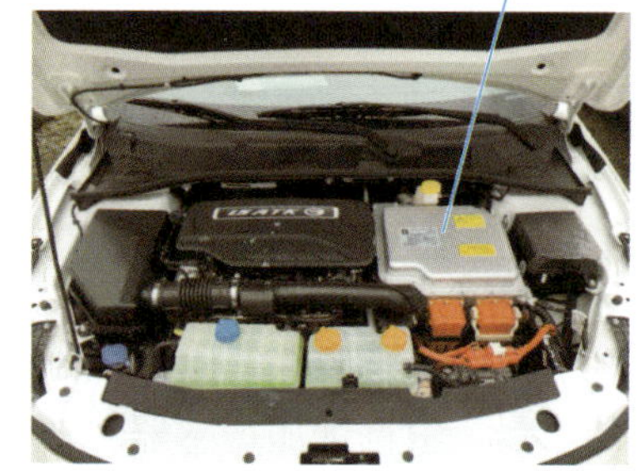

图 7-5-15　电机控制器安装位置

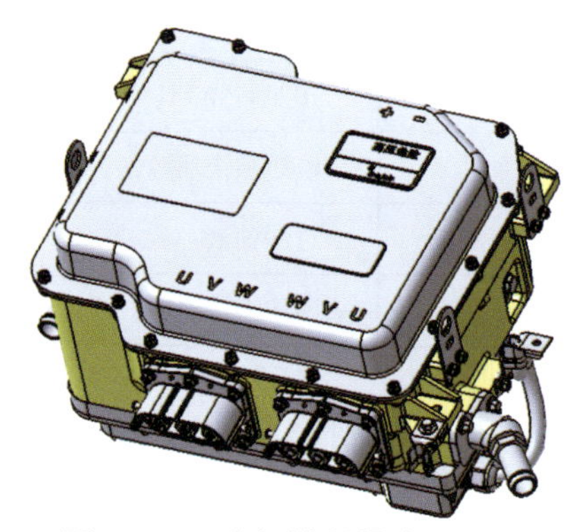

图 7-5-16　电机控制器外观

表 7-5-8　电机控制器技术参数

参数	数值
质量	27kg
尺寸	350mm×310mm×230mm
防护等级	不低于 IP67
冷却	水冷
正常工作电压（高压）	200 ～ 420V
额定输出容量	100kV・A/190 kV・A
最大输出容量	120 kV・A /250 kV・A
最高效率	≥ 96 %
DC/DC 输出功率	2.4kW/2.7kW（峰值持续不低于 6 min）
DC/DC 额定电压	12 ～ 15V
集成方式	双控制器 +DC/DC

电机控制器组成框图如图 7-5-17 所示，零部件如图 7-5-18 所示。

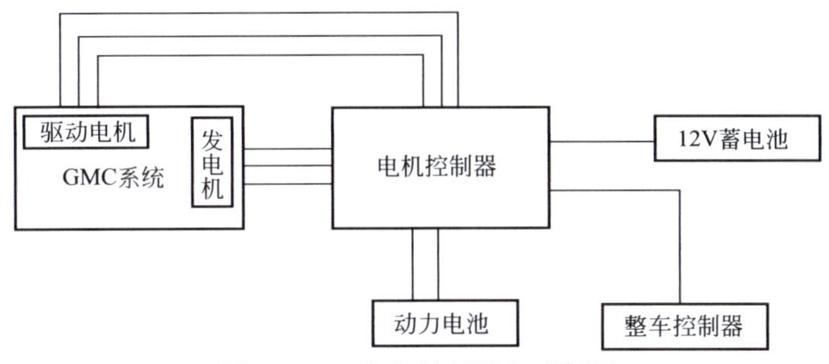

图 7-5-17　电机控制器组成框图

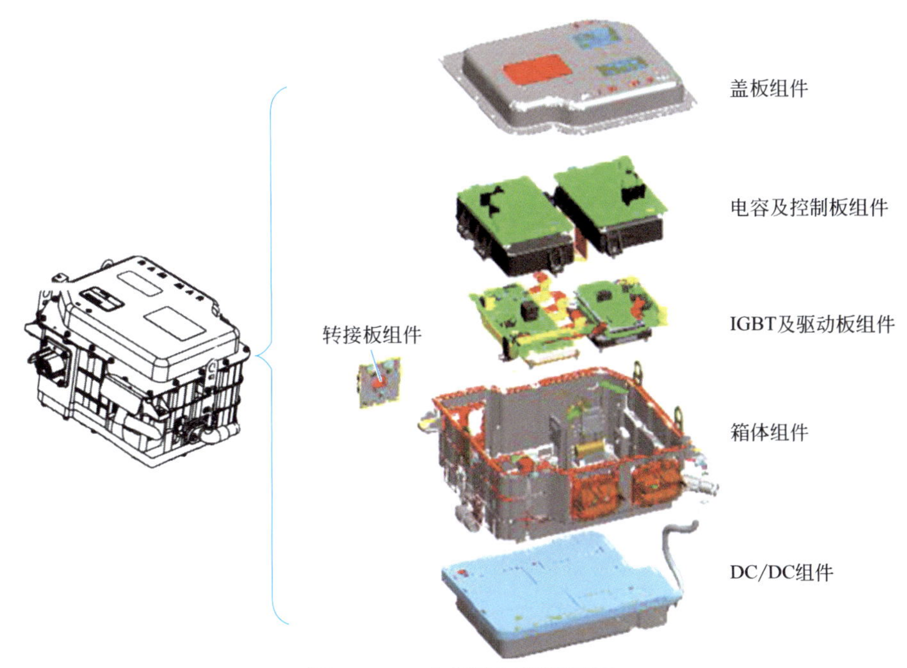

图 7-5-18　电机控制器零部件

电机控制器的作用：接收整车命令；将直流电压转化为交流电压，控制电机在不同转速下的转矩输出；将电机控制器的状态返回给整车控制器。

各部件功能：薄膜电容的主要功能是储能，特别是在电机高速制动工况下能快速储存电机能量反馈的电能，另一个功能就是在电机启动的瞬间给 IGBT 提供较大的启动电流保证电机的顺利启动；IGBT 是电机控制器的核心零部件，控制器通过 IGBT 变频开关来控制电机的运行；DC/DC 主要的功能是将动力电池的高压电转化成低压电，为动力电池补充电量，并给整车低压用电设备提供电能。

（6）驱动控制器冷却系统

驱动控制器和车载充电机在工作时会产生大量的热量，为了行驶安全必须对其进行冷却。驱动控制器冷却系统采用冷却液作为传热介质，电动冷却液泵带动冷却液循环至散热器，通过风吹散热器把热量散到空气中。冷却系统组成如图 7-5-19 所示。

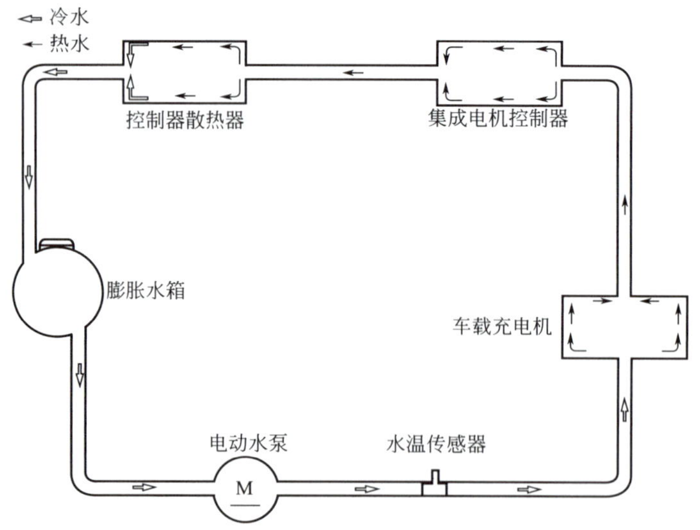

图 7-5-19 驱动控制器冷却系统组成

（7）动力电池系统

① 简介　动力电池系统布置在后排座椅底盘，由 8 个 M12 的固定螺栓固定，手动维修开关安装于右后排座下，需要拆下右后排座椅才能够进行拆装操作。

动力电池系统冷却方式为水冷，质量不大于 138kg，由 88 个三元电池单体电芯组装而成 8 个模组，标称电压为 321V，正常电压范围为 250 ～ 369V，瞬时最大放电功率为 110kW。

电池系统的标称电压和瞬时电流较大，对人体非常危险，在进行高压相关操作时，务必按相关安全要求操作，做好绝缘防护。动力电池安装位置和技术参数分别如图 7-5-20 和表 7-5-9 所示，动力电池箱的组成如图 7-5-21 所示。

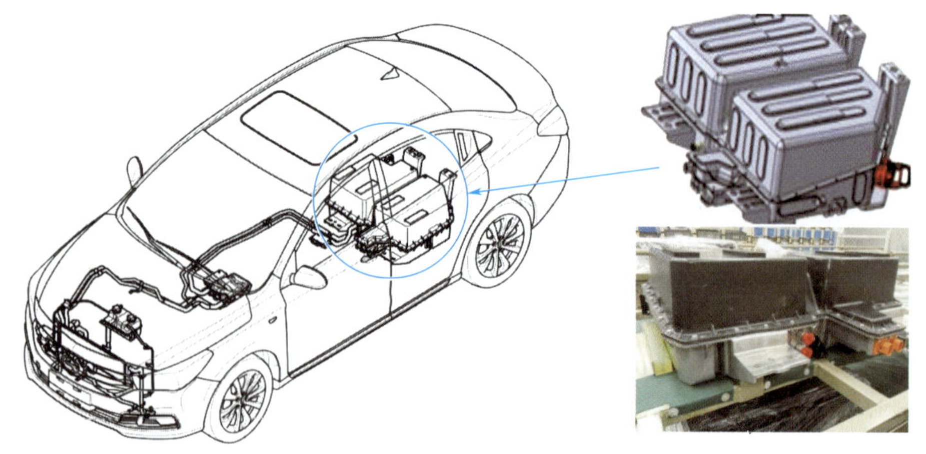
图 7-5-20　动力电池安装位置

表 7-5-9　动力电池技术参数

参数	数值
标称电压	321V

续表

参数	数值
标称容量	36A·h
总能量	11.56kW·h
尺寸	≤780mm×600mm×290mm
质量	≤138kg
冷却方式	水冷

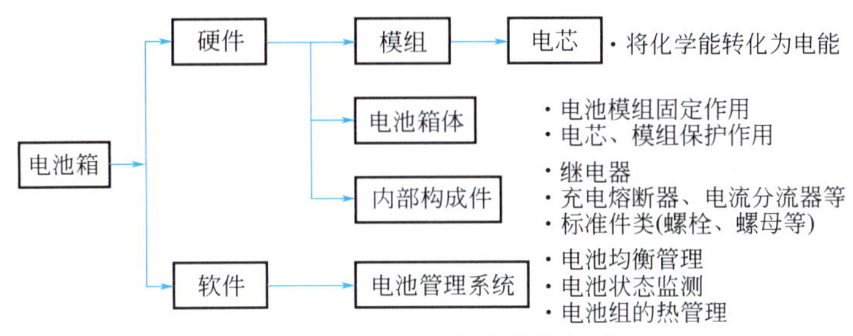

图 7-5-21　动力电池箱的组成

注意事项：长期存放不使用车辆时，务必先充电至100%；每隔1个月定期对动力电池进行充电，否则可能会引起动力电池过放，降低动力电池性能。

动力电池温度特性：由于低温环境会对电池性能产生一定的影响，若车辆需长时间停放在0℃以下低温室外，建议连接充电枪对车辆进行充电，动力电池温控系统会自动对动力电池进行保温，否则车辆启动后，整车动力性能会有所下降，需待动力电池温控系统工作一段时间后，车辆动力性能才能恢复至正常水平。

由于低温环境会对动力电池性能产生一定影响，为保持整车性能，在特定寒冷环境下使用暖风功能时，SOC值较高的情况下，发动机会提前启动。

② 高压线束　是高电压、大电流的电缆，用于连接动力电池、电机控制器、PTC加热器、车载充电机总成、电动空调压缩机等。

高压线束从位于后排座椅下面的动力电池开始穿过地板下方连接高压液体加热器，沿着地板加强件侧，延伸到发动机舱内，连接电机控制器、PTC加热器、车载充电机总成、电动空调压缩机，如图7-5-22所示。

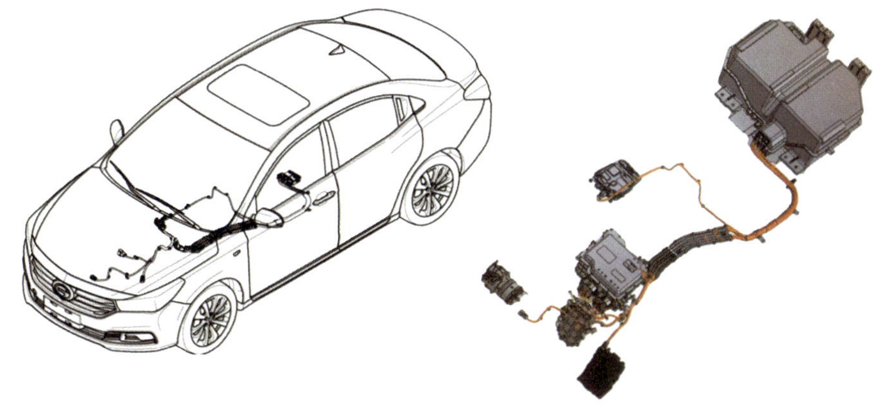

图 7-5-22　高压线束位置

③ 惯性开关　安装在行李厢左侧，如图 7-5-23 所示，用来在车辆发生碰撞时切断高压配电系统的供电。

惯性开关由钢球、磁座、开关组成，正常情况下钢球被吸附在磁座上。当发生严重碰撞时，钢球克服磁座的磁力，滚到一锥形的滑道上并撞中目标盘，这样就打开了开关的电气接头。整车控制器检测到惯性开关电压变化后，将切断高压配电系统的供电。

要使车辆恢复高压配电系统功能，必须手动将惯性开关复原。

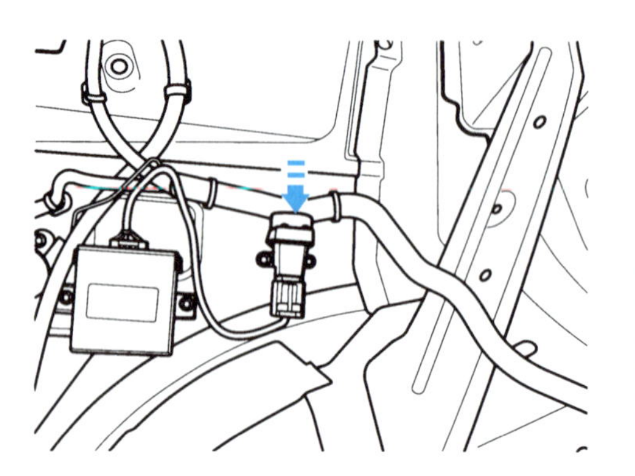
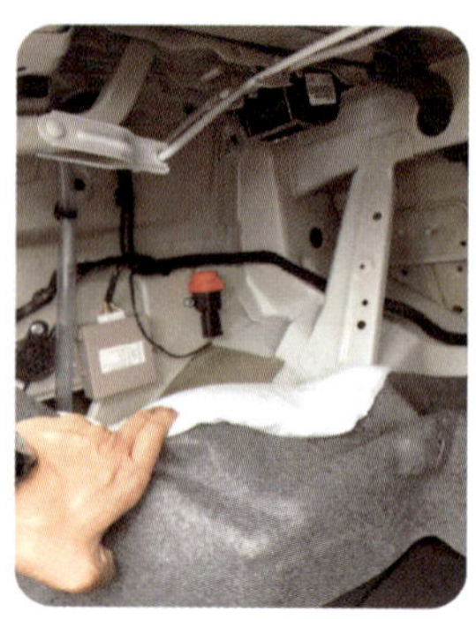

图 7-5-23　惯性开关安装位置

④ 手动维修开关　安装于右后排座椅下面，需拆下后排座椅才能进行拆装操作。手动维修开关安装位置和原理如图 7-5-24 和图 7-5-25 所示。

手动维修开关串联在电池组单体中间，在进行装配、整车维护或维修前，首先要拔出手动维修开关，断开整个高压回路。

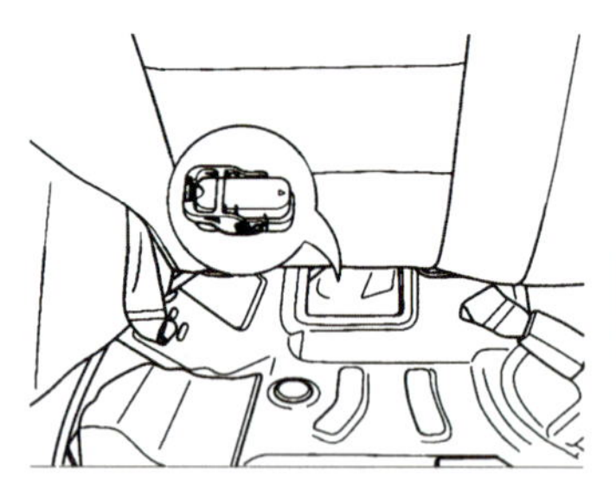
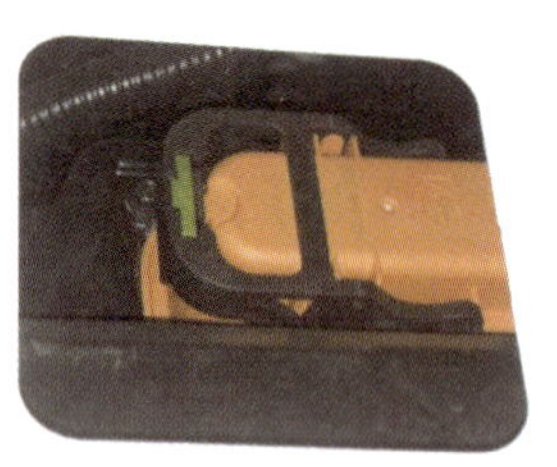

图 7-5-24　手动维修开关安装位置

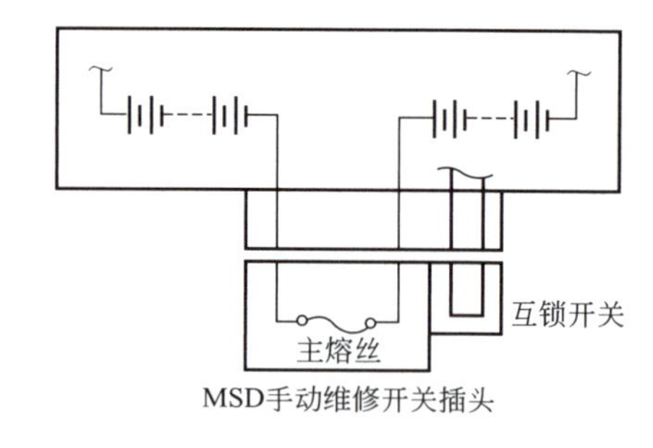

图 7-5-25　手动维修开关原理

手动维修开关内部安装有高压电路的主熔丝和互锁的舌簧开关。拉起手动维修开关上的卡子锁止器可断开互锁，从而切断动力电池正、负极继电器。为确保安全，务必将启动开关置于 OFF 位置，断开动力电池负极接线柱，等待 10min 后再拆下手动维修开关。在执行任何检查或维护前，应先拆下手动维修开关，使高压电路在动力电池的中间位置切断，以确保维护期间的安全。

（8）动力电池温控系统

动力电池温控系统采用冷却液作为传热介质，它有三种工作模式：慢冷模式、快冷模式和加热模式，系统原理如图 7-5-26 所示。这三种工作模式可以根据环境温度和电池芯体温度的不同需求进行自动切换。

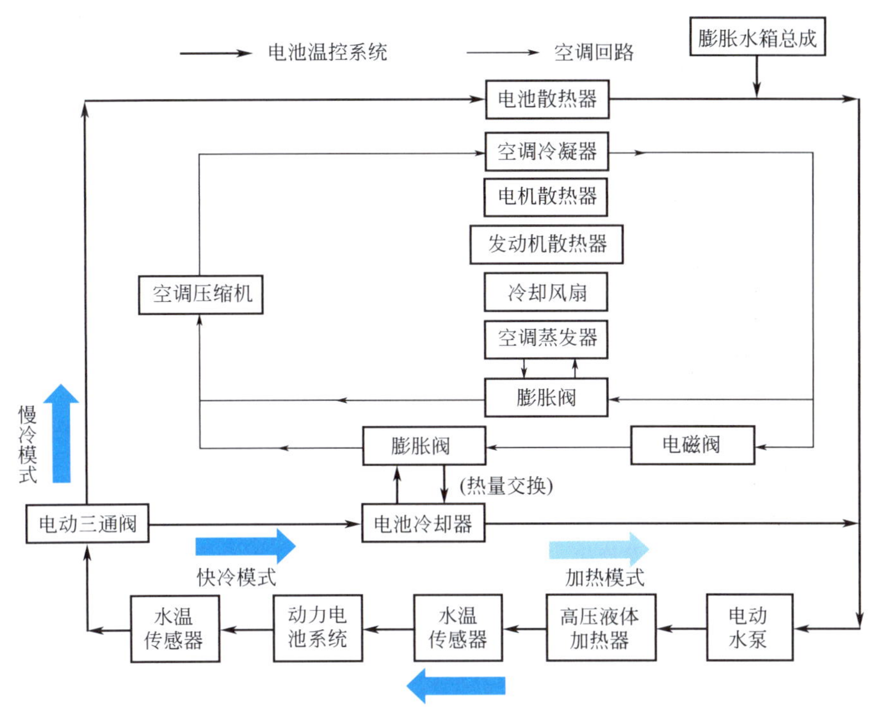

图 7-5-26 电池温控系统原理

慢冷模式：电池工作产生的热量通过冷却液带到前格栅处电池散热器，然后通过风吹散热器把热量散到空气中。

快冷模式：电池工作产生的热量通过冷却液带到电池冷却器，电池冷却器一侧流过冷却液，另一侧流过空调制冷剂，空调制冷剂冷却冷却液，冷却液再冷却电池。当空调系统工作时就进入快冷模式。

加热模式：通过高压液体加热器加热冷却液，冷却液再加热电池。

（9）充电系统

GA3S-PHEV 配备最大输出功率 3.3kW 的车载充电机，使用标准充电桩或家庭 220V 电源进行充电，备用充电线束会自动根据允许电流值选择充电功率曲线进行充电，5 ～ 6h 可充满电量。车载充电机的安装位置如图 7-5-27 所示，外围线路连接如图 7-5-28 所示，参数见表 7-5-10。

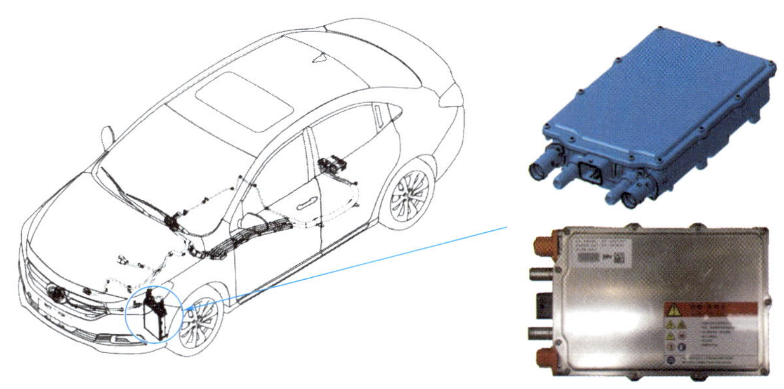

图 7-5-27 车载充电机安装位置

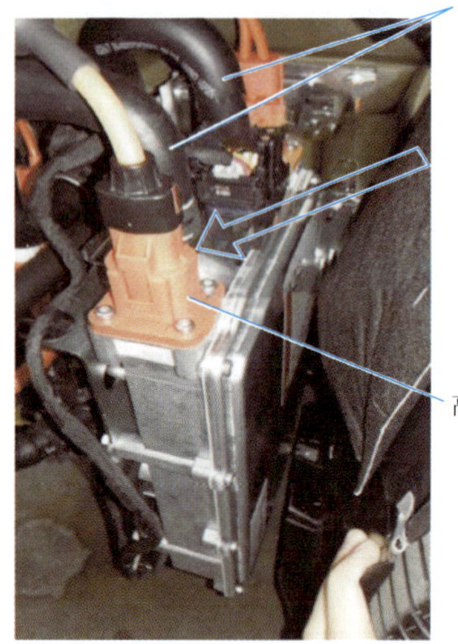

图 7-5-28　车载充电机外围线路连接

表 7-5-10　车载充电机参数

参数	数值
输出电压	170 ～ 410V
最大输出功率	3.3kW
效率	>95%
功率因数	≥ 0.99
最大输出电流	12A
质量	4.2kg
尺寸	281mm×190mm×65.6mm
冷却方式	水冷

家庭充电：在充电前完成停车操作并关闭车辆，然后按照以下步骤进行充电。

① 如图 7-5-29 所示向上扳动慢充充电口外盖手柄，慢充充电口盖板将解锁并轻微弹起。

② 按压图 7-5-30 箭头所指的卡簧机构解锁并拉出慢充充电口盖。

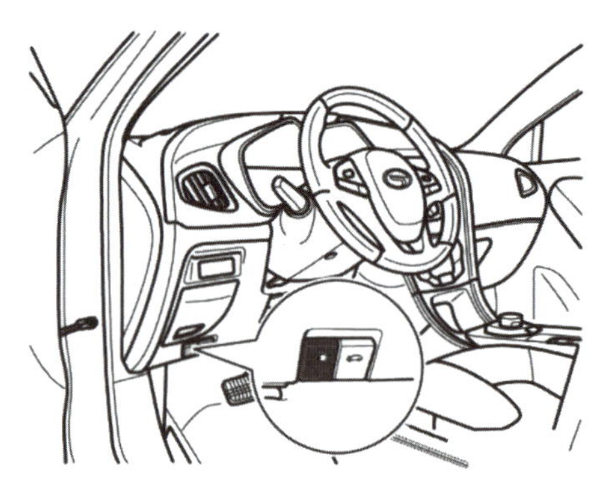

图 7-5-29　扳动慢充充电口外盖手柄

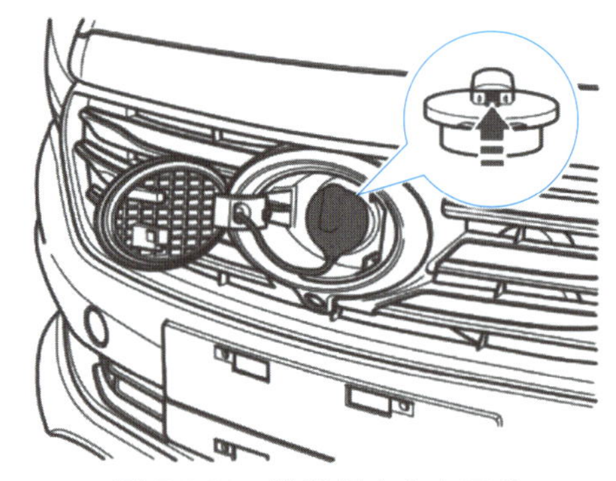

图 7-5-30　拉出慢充充电口盖

③ 从行李厢拿出充电电缆（家庭专用），然后如图 7-5-31 所示用手指扣动充电枪的扳机并拔出充电枪插接器护套。

④ 将充电电缆三芯插接器插入插座［家用 220V（16A），电源功率 3.5kW，并要有地线］。

⑤ 将充电枪插入充电口，如图 7-5-32 所示。

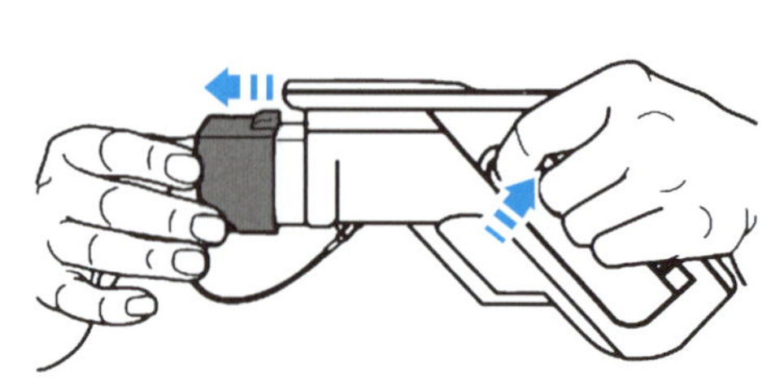

图 7-5-31　拔出充电枪插接器护套

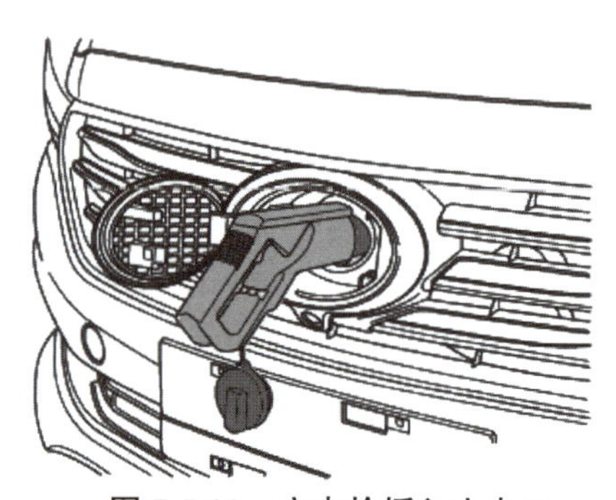

图 7-5-32　充电枪插入充电口

⑥ 观察在后窗内侧布置的充电指示灯的点亮情况，如图 7-5-33 所示，如果显示正常充电，则驾驶者可以离开，电池充满时间不大于 6 小时。

⑦ 充电完成后，控制盒的充电指示灯会熄灭。

⑧ 充电结束时，用手指扣动图 7-5-34 箭头所示的充电枪的扳机，拔出充电枪，再拔掉充电插接器。

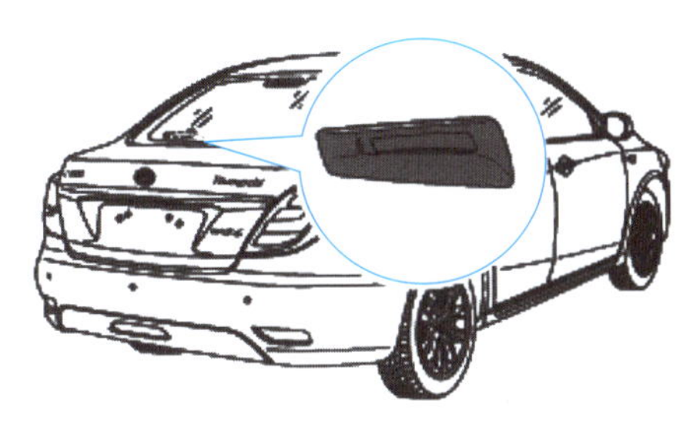

图 7-5-33　充电指示灯

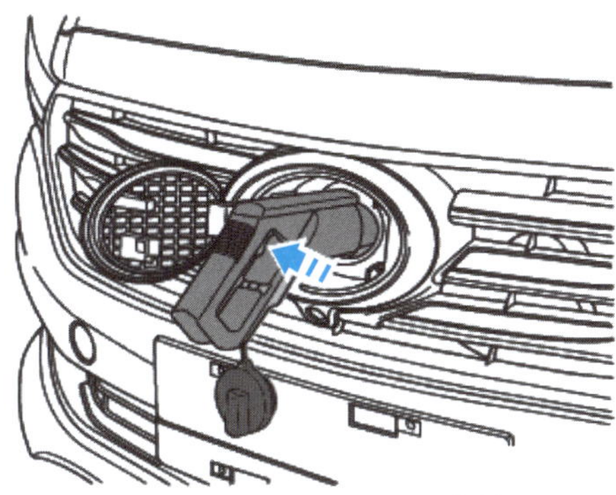

图 7-5-34　取下充电枪

⑨ 关闭好内、外充电口盖。

⑩ 放置好备用充电线束（家庭专用）。

充电桩充电：在充电前完成停车操作并关闭车辆，然后按照以下步骤进行充电。

① 向上扳动慢充充电口外盖手柄，慢充充电口盖板将解锁并轻微弹起，如图 7-5-35 所示。

② 如图 7-5-36 所示按压卡簧机构解锁并拉出慢充充电口盖。

图 7-5-35　打开充电口盖

图 7-5-36　拉出充电口盖

③ 从行李厢拿出备用充电线束（充电桩专用），打开充电口盖，如图 7-5-37 所示。

④ 将充电枪插入充电口，如图 7-5-38 所示。

⑤ 将备用充电线束（充电桩专用）（桩端）插入充电桩。

⑥ 观察在后窗内侧布置的充电指示灯的点亮情况，如图 7-5-39 所示，如果显示正常充电，

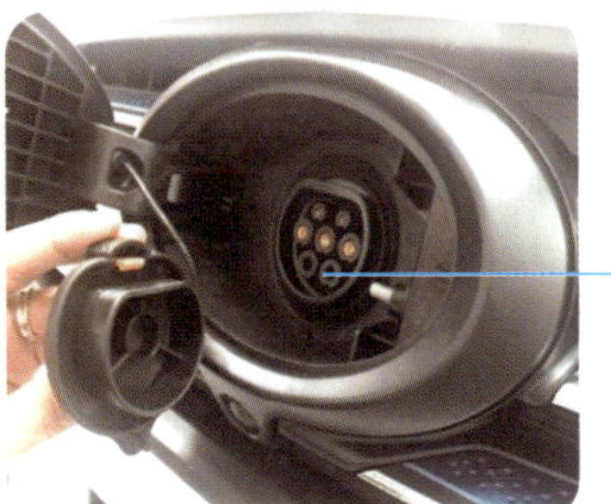

图 7-5-37　打开充电口盖

则驾驶者可以离开，电池充满时间不大于 6 小时。

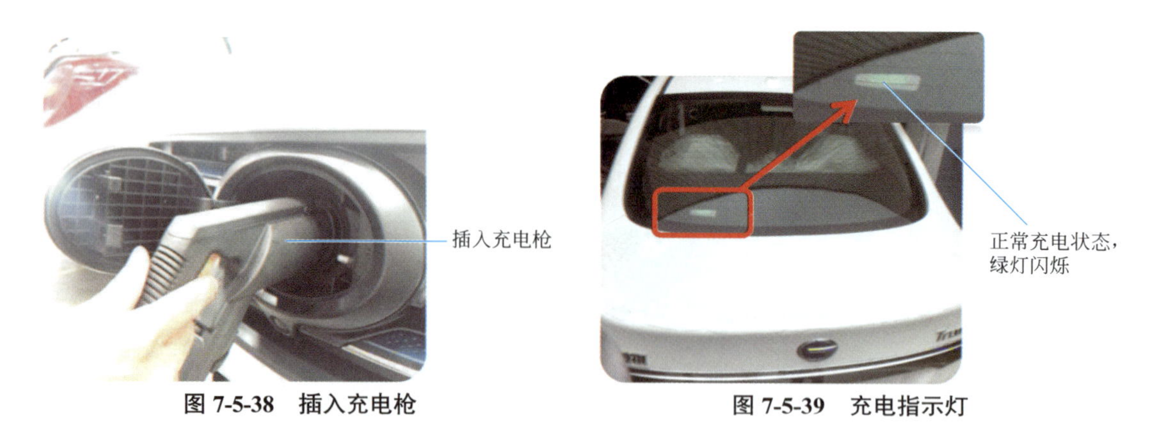

图 7-5-38　插入充电枪　　　图 7-5-39　充电指示灯

（10）空调系统

① 空调制冷系统　GA3S-PHEV 空调制冷系统除了使用电动压缩机外，原理和部件与传统车辆基本一致。空调制冷系统结构如图 7-5-40 所示，电动空调压缩机安装位置如图 7-5-41 所示。

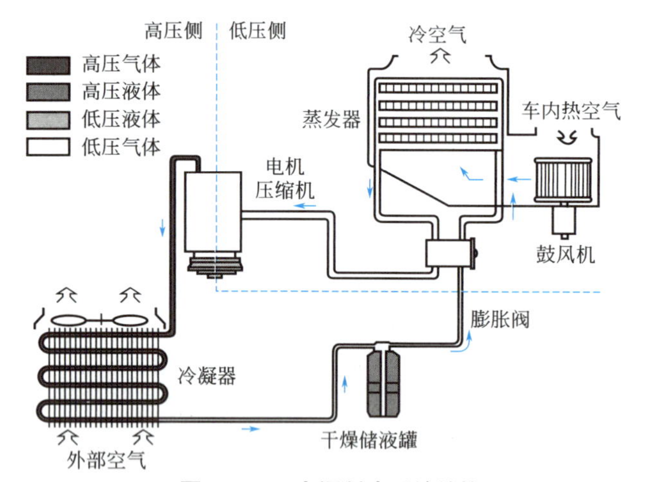

图 7-5-40　空调制冷系统结构

图 7-5-41　电动空调压缩机安装位置

空调不制冷排查思路如下。

a. 传统部件则按传统排查思路排查，先确认制冷介质压力是否正常，排查管路制冷介质是否泄漏，排查电子风扇是否有故障，排查相关继电器熔丝是否有故障等。

b. 三电系统排查电动压缩机供电是否正常（排查时需做好绝缘防护）。

② PTC 加热系统　GA3S-PHEV 暖风系统采用发动机及 PTC 加热器（最大功率为 5000kW）作为供热元件，根据车辆的使用工况及用户需求，自动选择发动机或 PTC 供暖。PTC 加热器通过发热元件将水加热，将电能转化为热能。PTC 加热器安装位置如图 7-5-42 所示。

冷却液在 PTC 加热器中被加热后，经暖风水管流入空调暖风水箱中，通过鼓风机使车厢内冷空气与暖风水箱进行热交换，之后热风从风道进入乘客舱，从而起到采暖、除霜、除雾的作用，如图 7-5-43 所示。

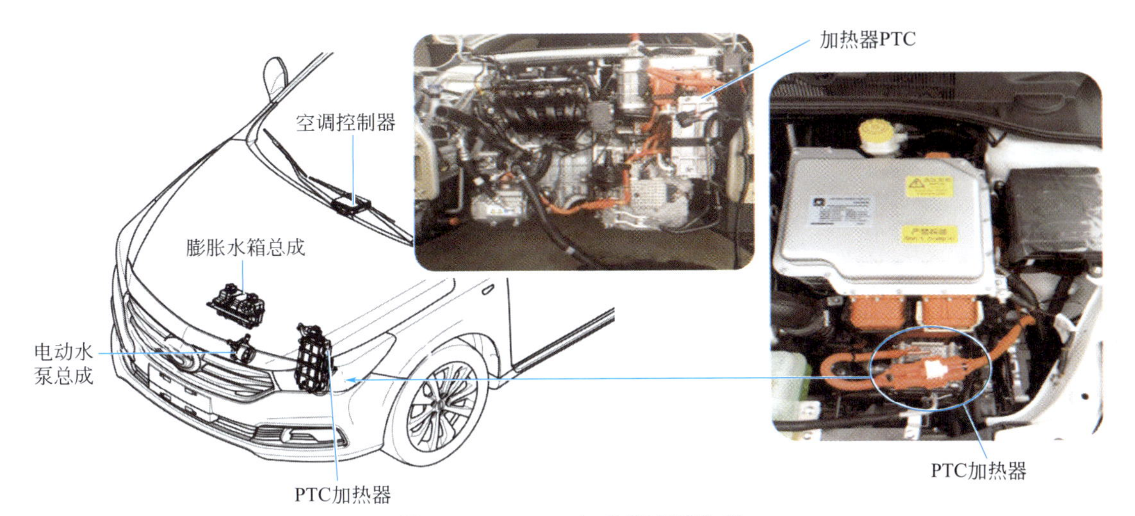

图 7-5-42　PTC 加热器安装位置

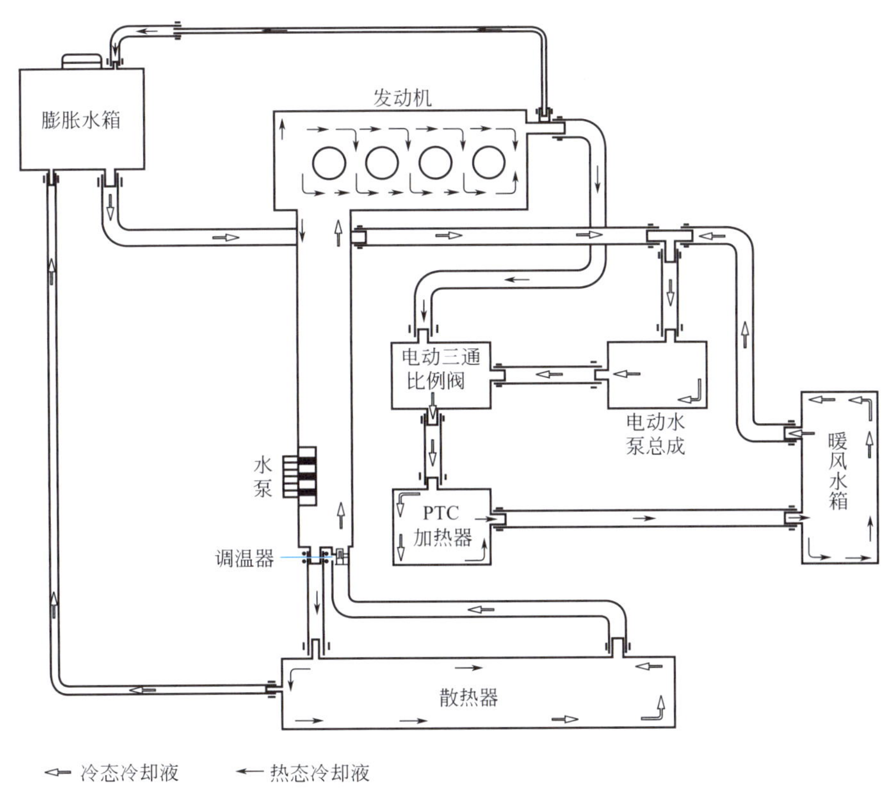

图 7-5-43　PTC 加热系统原理

PTC 系统有发动机和 PTC 两个循环回路，根据系统的需求进行切换，保证能够满足用户需求，同时考虑效率最佳，如图 7-5-44 所示。

PTC 水加热器、电动压缩机为新能源汽车的耗电部件，会消耗动力电池电能，长期开启时会影响纯电行驶里程。建议使用时适度开启，避免动力电池电量消耗过快。

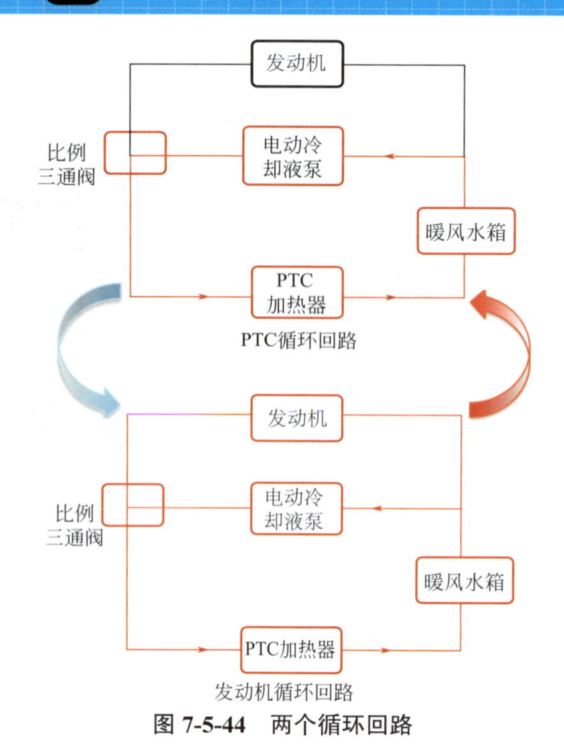

图 7-5-44　两个循环回路

7.6 比亚迪 K9 纯电动客车

7.6.1 整车高压配电系统

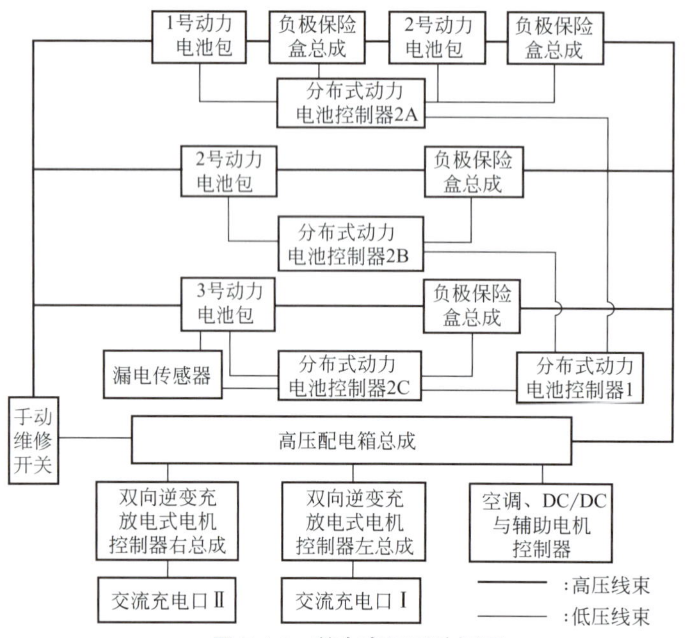

图 7-6-1　整车高压系统框图

整车高压系统（图 7-6-1）由动力电池、分布式动力电池控制器、漏电传感器、负极保险盒、高压线束、手动维修开关、高压配电箱、交流充电口、电机控制器、DC/DC 与辅助电机控制器等负载组成。动力电池由三组电池包并联组成，每组电池包可单独供电。整车的每组电池包分别由一个分布式动力电池控制器对其单体电池进行电压和温度的采样监测，电池包配有漏电传感器，检测电池包的漏电情况。手动维修开关是手动切断动力电池连接的一种装置，当维修或紧急状态下可切断整车高压电。

整车充电是由外部充电设备与车辆配备的交流充电口对接，由分布式动力电池控制器控制打开或关闭高压配电箱连接对动力电池充电，充电过程分布式动力电池控制器对动力电池实时监测，一旦某组电池先充满就停止充电，防止过充电。

7.6.2　动力电池

（1）动力电池安装位置

动力电池系统共有三组电池包：1 号动力电池包共有 12 个 14 节单体电池组成的模组，布置在车后部底盘车架处；2 号动力电池包共有 14 个 12 节单体电池组成的模组，布置在车中部底盘车架处；3 号动力电池包共有 12 个 14 节单体电池组成的模组，布置在前轮包处，如图 7-6-2 所示。

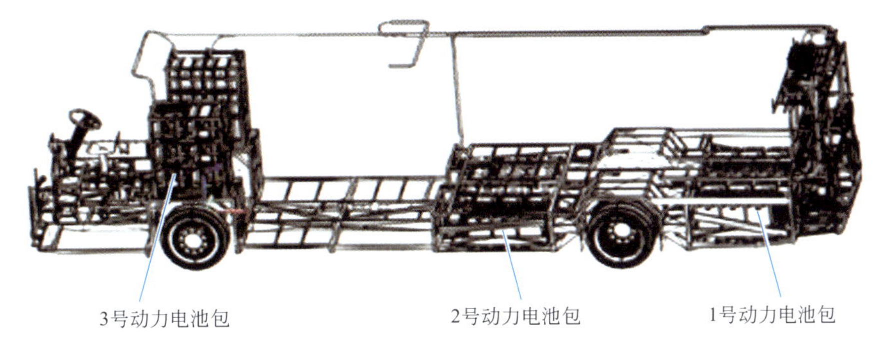

图 7-6-2　动力电池安装位置

（2）单个电池模组连接方式

电池包之间通过动力连接线连接，需佩戴相关的防护用具依次连接，注意连接顺序，顺序错乱电池将不能正常工作或发生短路事故。

1 号动力电池包连接顺序示意如图 7-6-3 所示。2 号动力电池包连接顺序示意如图 7-6-4 所示。3 号动力电池包连接顺序如图 7-6-5 所示。

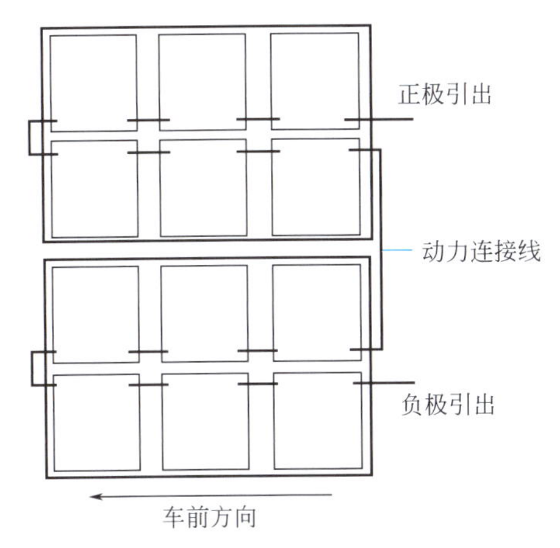

图 7-6-3　1 号电池包之间的动力连接方式

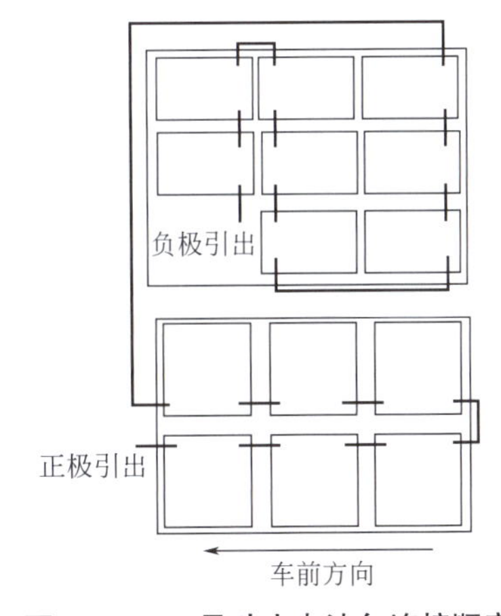

图 7-6-4　2 号动力电池包连接顺序

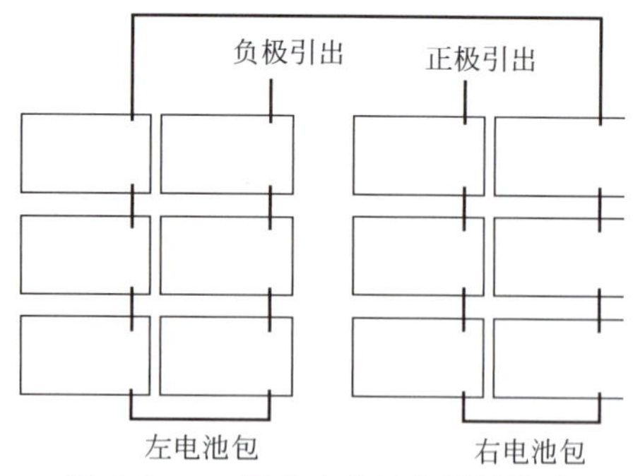

图 7-6-5　3 号动力电池包连接顺序

7.6.3　电池控制系统

电池控制系统包括分布式动力电池控制器和分布式动力电池信息采集器。

如图 7-6-6 所示，整车共有 4 个分布式动力电池控制器，分别是分布式动力电池控制器 1、分布式动力电池控制器 2A、分布式动力电池控制器 2B，分布式动力电池控制器 2C。分布式动力电池控制器 2A、2B、2C 分别将各组电池采集器采集的电池信息进行汇总和控制，并将相关电池模组信息发送给分布式动力电池控制器 1，对整车进行控制。分布式动力电池控制器 2A、2B、2C 分别安装在电池密封包内，分布式动力电池控制器 1 装配在车内后检修口高压维修开关旁。

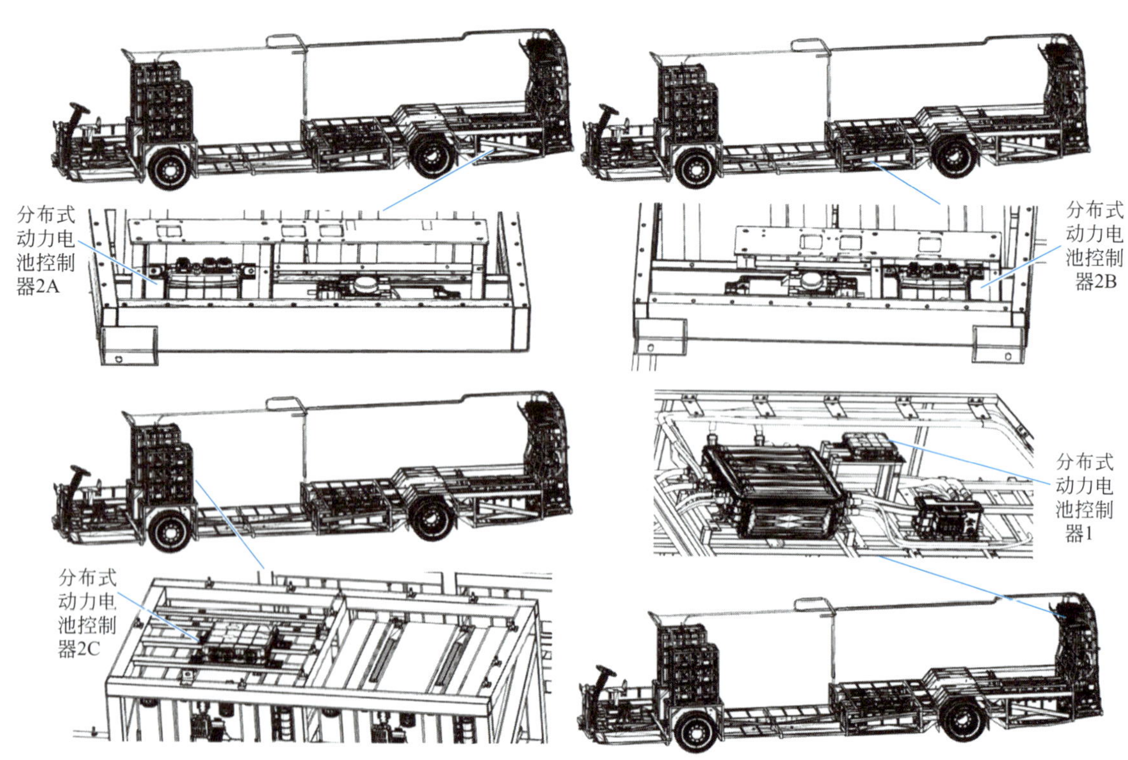

图 7-6-6　分布式动力电池控制器及其安装位置

每个电池模组上装配一分布式动力电池信息采集器，负责收集该模组信息，并发送给对应分布式动力电池控制器，如图 7-6-7 所示。

7.6.4　漏电传感器

漏电传感器安装在左前轮包处，如图 7-6-8 所示，漏电触感器安装示意如图 7-6-9 所示，用于检测漏电并通知动力电池控制器切断动力电池供电，提高了整车安全可靠性。

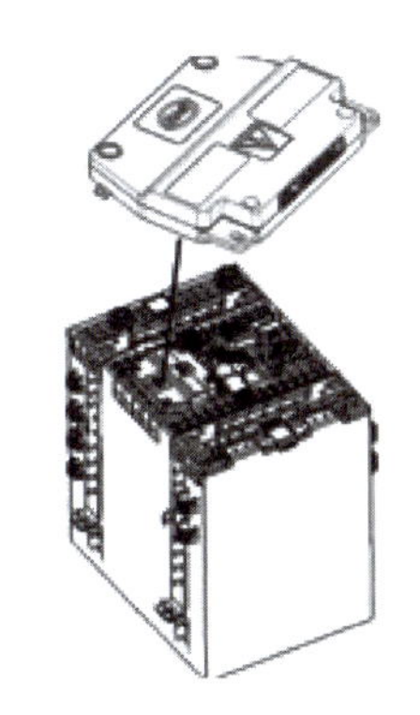

图 7-6-7　电池模组上的分布式动力电池信息采集器

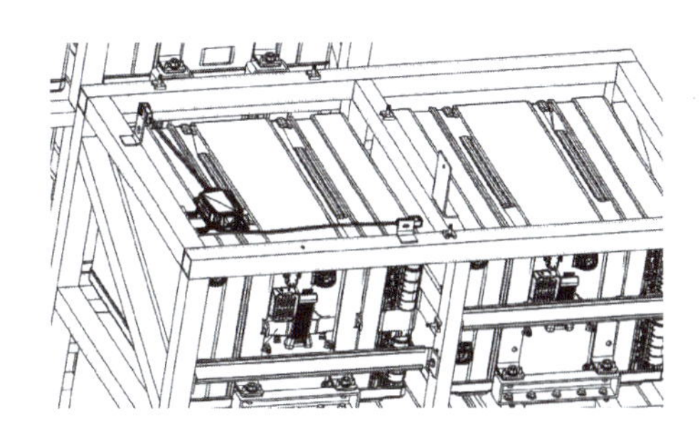

图 7-6-8　漏电传感器安装位置

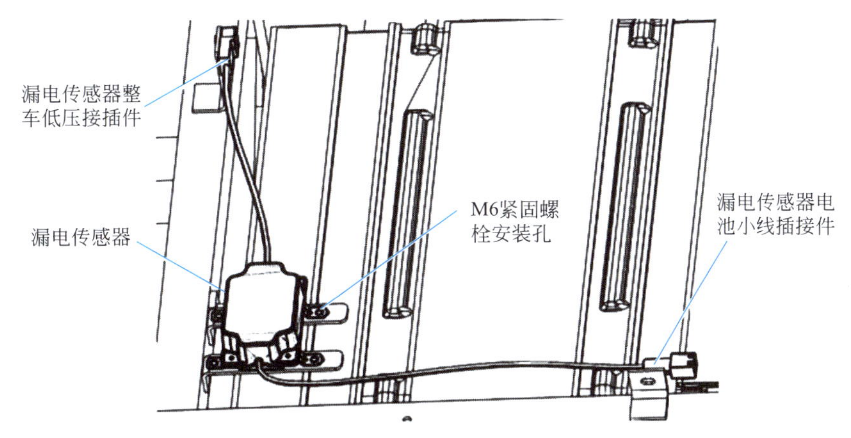

图 7-6-9　漏电传感器安装示意

7.6.5　交流充电口

交流充电口安装示意如图 7-6-10 所示。交流充电口采用六角法兰面螺栓和六角法兰面螺母固定。

拔下与交流充电口对接的所有插接件测量通断，检查是否损坏。若出现交流充电口损坏或线束破损，立即更换同一型号充电口。更换前需先断开手动维修开关，然后拔掉插接件，松开线夹，松开充电口安装板的螺栓，将充电口与安装板一起取下，取下后拆除充电口电子锁，再将充电口从安装板上拆除。

安装时先将充电口固定在安装板上，再固定电子锁，安装时需注意防错结构，左交流充电口和右交流充电口不能装反，然后再将整体安装到充电口舱门内。安装完毕检查是否固定良好。维护后调试确认。

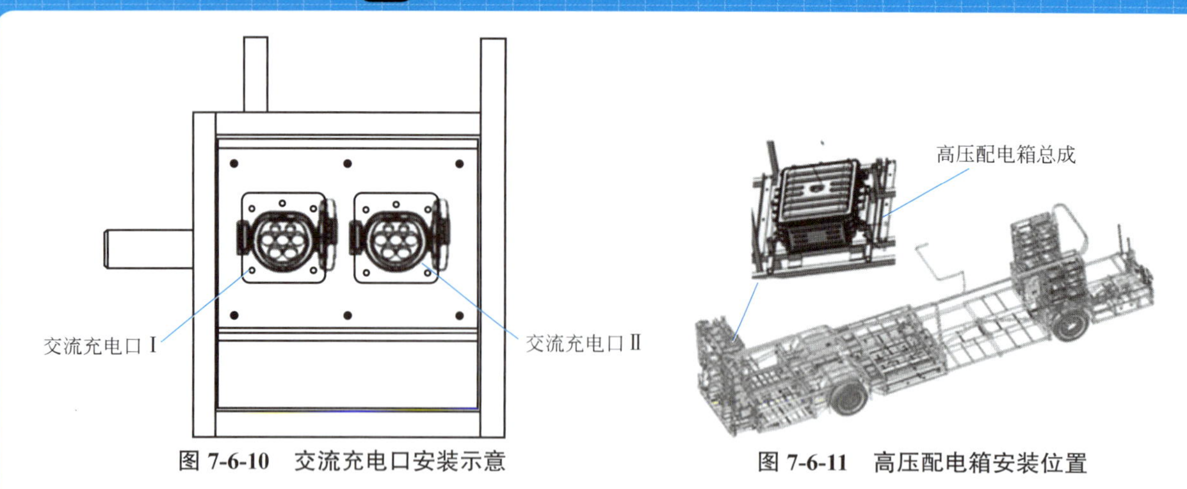

图 7-6-10　交流充电口安装示意

图 7-6-11　高压配电箱安装位置

7.6.6　高压配电箱

（1）高压配电箱安装位置

高压配电箱安装在后内顶上方，如图 7-6-11 所示，配电箱外围接口如图 7-6-12 所示，配电箱内部结构如图 7-6-13 所示。

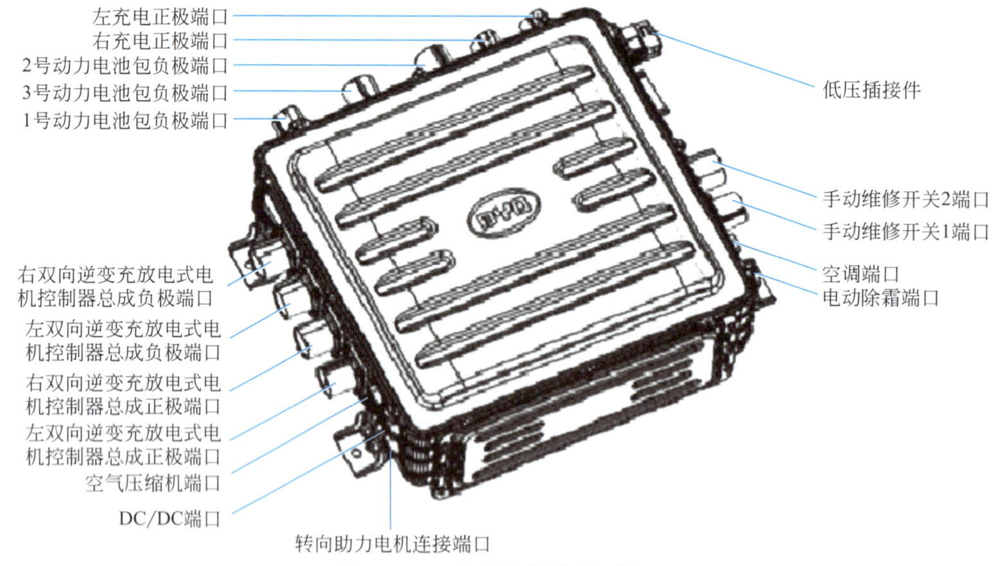

图 7-6-12　高压配电箱外围接口

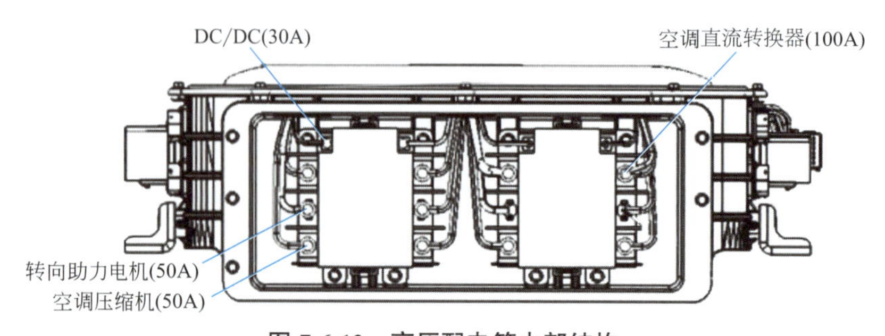

图 7-6-13　高压配电箱内部结构

(2)高压配电箱故障诊断流程

高压配电箱故障一般表现为接触器烧结，检测流程如下。

① 车辆退电，断开手动维修开关。

② 打开万用表电阻挡，测量任一负载端正极和维修开关之间的电阻，以及充电口正极与手动维修开关之间的电阻。万用表一端接任一负载端正极，另一端接维修开关的一端，如果测得电阻为零即可判断为正极接触器烧结，电阻为360Ω可判断为预充接触器烧结。充电口正极与手动维修开关之间的电阻为零可判断为充电接触器烧结。

③ 更换维护确认，结束。

7.6.7 手动维修开关

手动维修开关装配在后内顶处，由六角头螺栓和六角螺母固定，如图7-6-14所示。

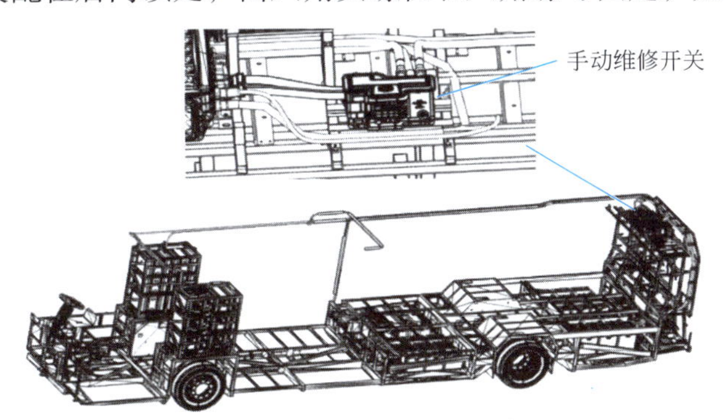

图7-6-14 手动维修开关安装位置

7.6.8 高压线束

(1)高压线束安装位置

高压线束装配在左、右风道和后舱处，如图7-6-15所示，通过线夹和扎带辅助固定，固定线束的螺母为六角法兰面螺母。

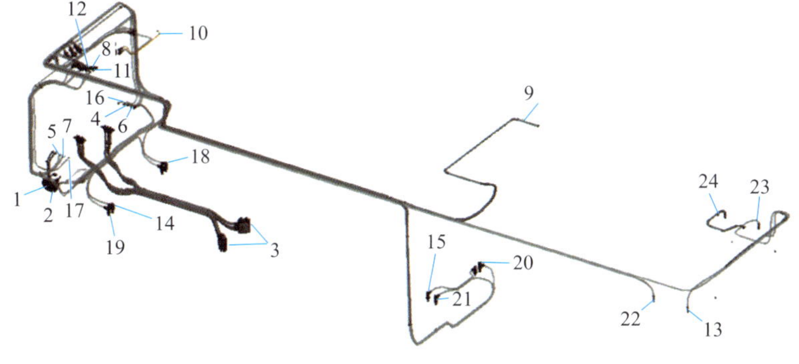

图7-6-15 高压线束布置

1—欧标交流充电口总成Ⅰ；2—欧标交流充电口总成Ⅱ；3—轮边电机三相线（控制器端）；4—左双向逆变充放电式电机控制器正极高压线束总成；5—右双向逆变充放电式电机控制器正极高压线束总成；6—左双向逆变充放电式电机控制器负极高压线束总成；7—右双向逆变充放电式电机控制器负极高压线束总成；8—DC/DC转换器高压线束总成；9—空调驱动器高压线束总成；10—DC/DC变换器2高压线束总成；11—集成控制器转向高压线束总成；12—空气压缩机高压线束总成；13—3号动力电池串联高压线束总成；14—1号动力电池串联高压线束总成；15—2号动力电池串联高压线束总成；16—左双向逆变充放电式电机控制器充电正极高压线束总成；17—右双向逆变充放电式电机控制器充电正极高压线束总成；18—1号动力电池正极高压线束总成；19—1号动力电池负极高压线束总成；20—2号动力电池正极高压线束总成；21—2号动力电池负极高压线束总成；22—3号动力电池正极高压线束总成；23—3号动力电池负极高压线束总成；24—3号动力电池负极保险高压线束总成

（2）高压线束检查

为保证车辆更好地运行，应定期检查高压线束有无磨损。高压线束若出现损坏应立即更换，并检查损坏原因做好防护，避免再次损坏。插拔动力电池高压线束过程中，注意线束插接件防护，禁止线束端子搭铁短路。

（3）高压线束更换流程

① 车辆退电，断开手动维修开关，打开相关内饰饰盖。

② 拔掉相应插接件，用 10 号套筒拆下线夹，移除故障线束。

③ 更换线束，用 10 号套筒固定线夹，做好磨损防护。

④ 维护确认，结束。

7.6.9 双向逆变充放电式电机控制器

（1）双向逆变充放电式电机控制器安装位置与外围接口

整车的电机控制器为双向逆变充放电式电机控制器，包括左双向逆变充放电式电机控制器和右双向逆变充放电式电机控制器，布置在整车后舱两侧，如图 7-6-16 所示。

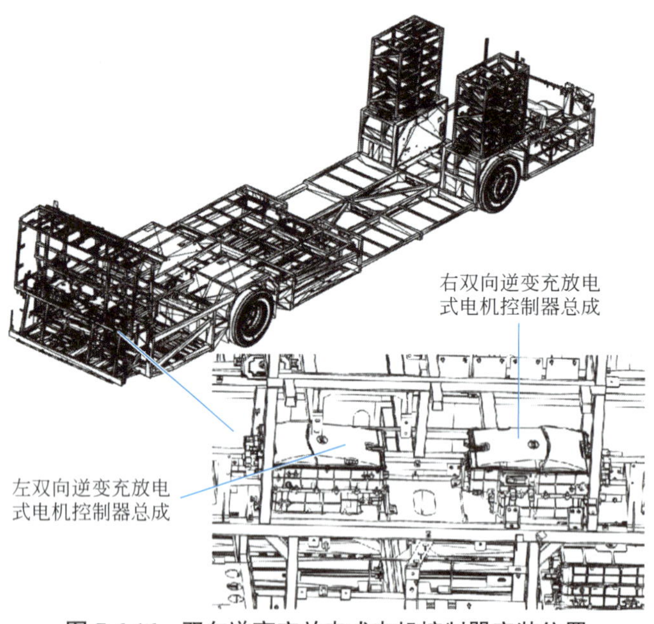

图 7-6-16 双向逆变充放电式电机控制器安装位置

电机控制器采用 4 个固定点固定，紧固件为 4 个六角法兰面螺栓和 4 个六角法兰面螺母，其外围接口如图 7-6-17 所示。

（2）双向逆变充放电式电机控制器故障诊断流程

① 低压线束及供电无故障，车辆上 ON 挡电。

② 用诊断仪连接 CAN 网络诊断。

③ 依据故障码对相应的电机控制器进行故障诊断。

④ 确认，结束。

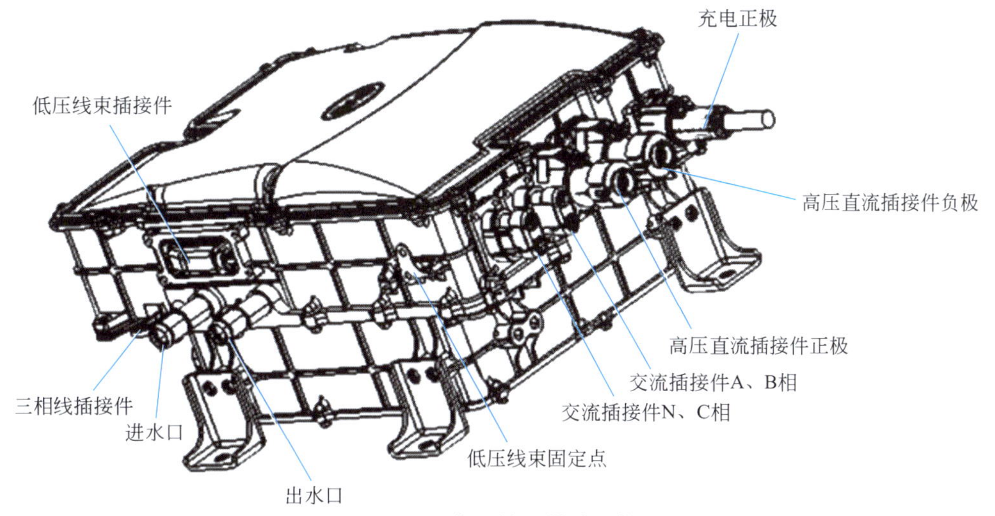

图 7-6-17　电机控制器外围接口

（3）双向逆变充放电式电机控制器更换流程

① 整车退电，断开电源总开关及手动维修开关。

② 拔掉低压线束插接件，用套筒拆下电机三相线和搭铁线（控制器端），拔掉和控制器相连的两根高压线。

③ 用钳子拆下进、出水管，并用器具接好溢出的冷却液，循环利用。

④ 用 10# 套筒拆下固定电机控制器的紧固件。

⑤ 更换同一型号电机控制器。

⑥ 连接固定好低压线束和高压线束，用紧固件定位电机控制器的位置（先不紧固）。

⑦ 用套筒固定电机控制器和搭铁线。

⑧ 插上进、出水管并紧固。

⑨ 在膨胀水箱处补充适量冷却液，维护结束。

7.6.10　DC/DC 与辅助电机控制器总成

（1）DC/DC 与辅助电机控制器安装位置

DC/DC 与辅助电机控制器布置在后舱，用 4 个六角法兰面螺栓和 4 个六角法兰面螺母固定，如图 7-6-18 所示。

（2）DC/DC 与辅助电机控制器故障诊断流程

① 低压线束及供电无故障，车辆上 ON 挡电。

② 用诊断仪连接 CAN 网络诊断。

③ 依据故障码进行故障诊断。

④ 确认，结束。

（3）DC/DC 与辅助电机控制器更换流程

① 整车退电，断开电源总开关及维修开关。

② 打开后舱门。

③ 拔掉高、低压线束插接件（控制器端），用套筒拆下搭铁线（控制器端）。

④ 用钳子拆下进、出水管，并用器具接好溢出的冷却液，循环利用。

⑤ 用 10# 套筒拆下固定控制器的紧固件。

⑥ 更换同一型号的控制器。

⑦ 连接固定好低压线束和高压线束，用紧固件定位控制器的位置（先不紧固）。

⑧ 用套筒紧固控制器和搭铁线。

⑨ 插上进、出水管并紧固。

⑩ 在膨胀水箱处补充适量冷却液。

⑪ 关上后舱门，结束。

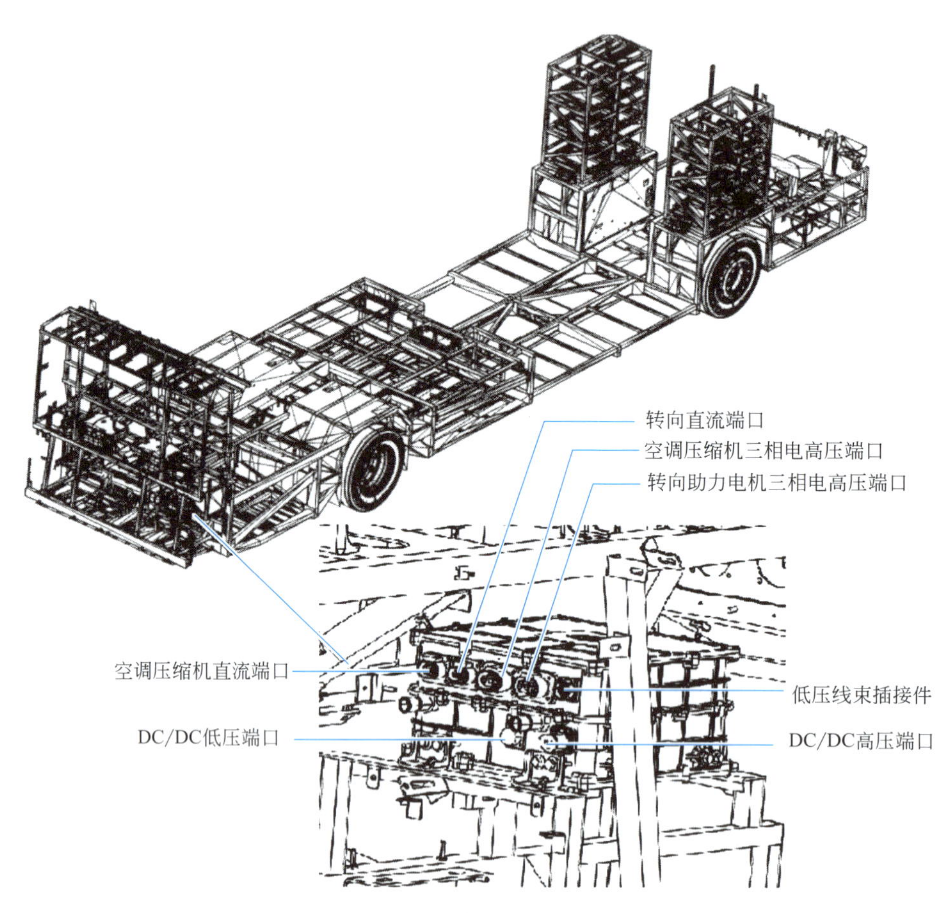

图 7-6-18　DC/DC 与辅助电机控制器安装位置

7.6.11　前辅助控制器

（1）前辅助控制器安装位置

前辅助控制器用 2 个六角法兰面螺母和前舱支架的背焊螺栓固定，如图 7-6-19 所示。

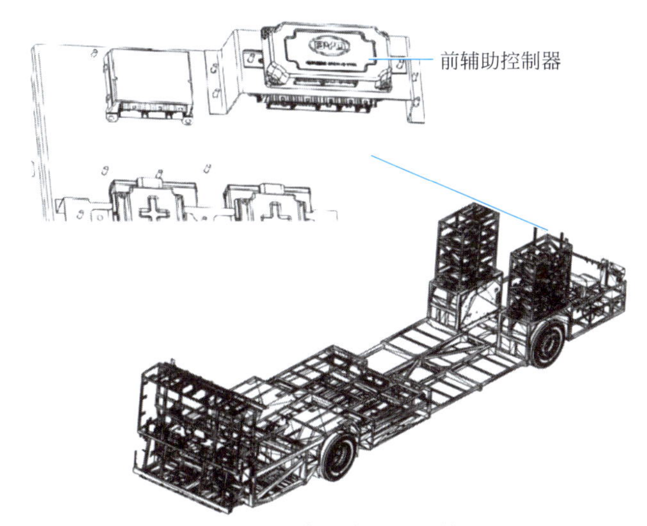

图 7-6-19 前辅助控制器安装位置

(2) 前辅助控制器故障诊断流程

① 整车低压线束及供电故障确认，直至确认无故障。对 A 端口（40 端子），A1、A2 为 ON 挡电，A21、A22 为地线。测量 B 端口（32 端子），B16 CANL 和 B32 CANH 之间的电阻是否为 60Ω，同时测量对应的产品端的 16 号和 32 号端子之间电阻是否为 120Ω。

② 低压线束及供电无故障，车辆上 ON 挡电。

③ 用诊断仪连接 CAN 网络诊断。

④ 依据故障码对应的故障信息进行故障诊断。

⑤ 确认，结束。

(3) 前辅助控制器更换流程

① 打开仪表台处检修口。

② 车辆退电，拔下插接件。

③ 用 10# 套筒松开螺母。

④ 更换相同型号的前辅助控制器，接上插接件。

⑤ 用 10# 套筒紧固螺母，关上检修口，结束。

7.6.12 后辅助控制器

(1) 后辅助控制器安装位置

后辅助控制器采用 2 个六角法兰面螺母和 2 个六角法兰面螺栓固定于后舱骨架上，如图 7-6-20 所示。

(2) 后辅助控制器故障诊断流程

① 整车低压线束及供电故障确认，直至确认无故障。

测量后辅助控制器 A 端口（40 端子）的 A1、A2 有 24V 电压，A21、A22 为车身地。检查 B 端口（32 端子）的 B16 CANL 和 B32 CANH 之间的电阻为 60Ω，对应产品端电阻为

120Ω。

② 低压线束及供电无故障，车辆上 ON 挡电。

③ 用诊断仪连接 CAN 网络诊断。

④ 依据故障码对应的故障信息进行故障诊断。

⑤ 确认，结束。

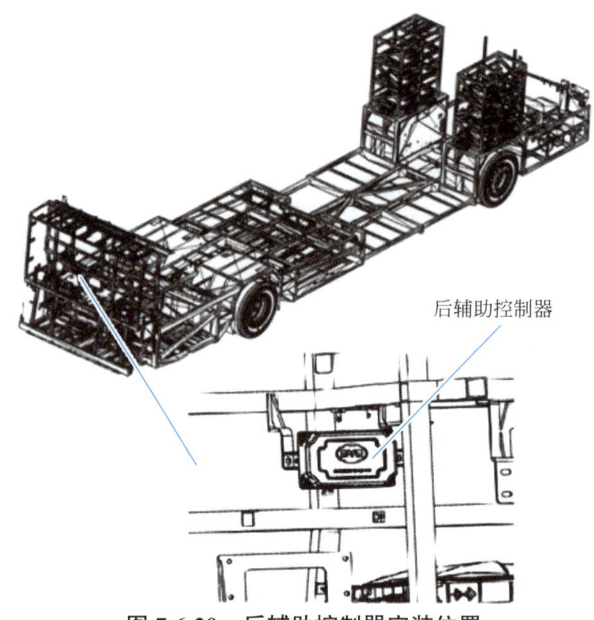

图 7-6-20　后辅助控制器安装位置

（3）后辅助控制器更换流程

① 打开后舱门。

② 车辆退电，拔下插接件。

③ 用 10#、8# 套筒松开螺栓。

④ 更换相同型号的后辅助控制器，插上插接件。

⑤ 用 10#、8# 套筒紧固螺栓，关上后舱门，结束。